スノーボードを生んだ男
ジェイク・バートンの一生
The Life of JAKE BURTON

福原顕志 Kenshi Fukuhara

Bungeishunju

ジェイク・バートン・カーペンター（1954－2019）

初期の試作品　（一番左が試作品第一号、一番右が試作品100枚目）

BURTON
PATENT
PENDING
BURTON
BOARDS
PATENT
PENDING
PENDING

1982年、商品に試乗するジェイク。圧雪したゲレンデも滑れるようにボードやバインディングに改良を加え始める

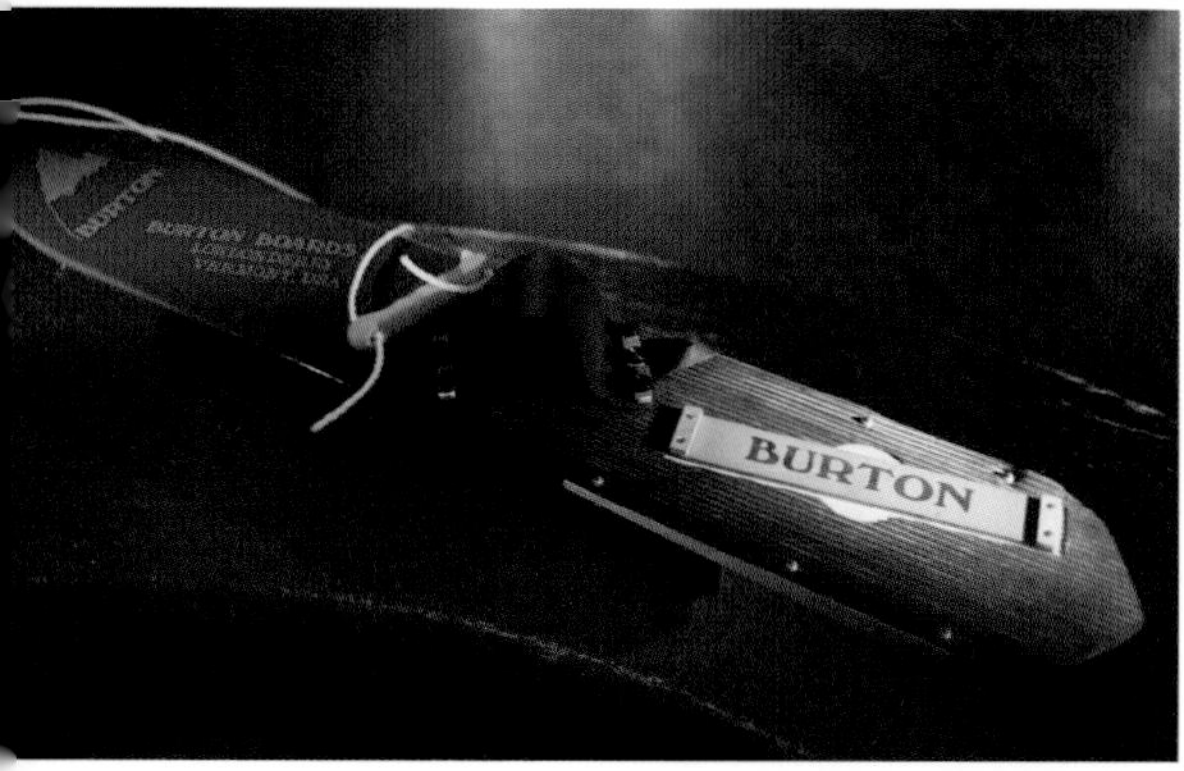

『BB1 (Burton BackHill 1)』と名付けられた商品第一号モデル。足を乗せる板の後ろ半分には滑り止めのゴムパッドが貼り付けられている。前足は差し込む形の革のバインディング。後ろ足はゴムのストラップの中に入れ、ある程度動かせる自由度を与えている。サイドフィンと呼ばれる金属製の羽が横についていて、今で言うエッジの役割を果たす。ノーズの先端にはロープがついていて、それを片手で持って操作する。写真のバインディング付きが当時88ドル、バインディングなしのモデルは45ドルで販売された。

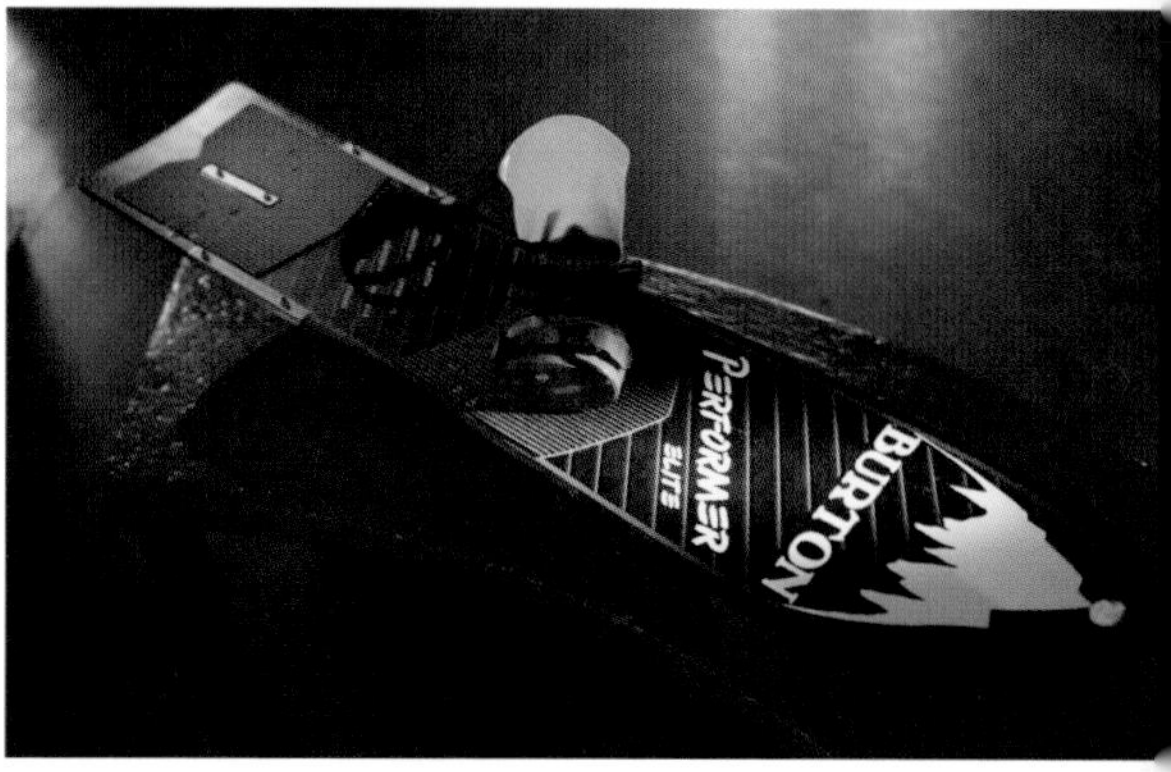

1985年発売のバートン『パフォーマー・エリート』。足元をしっかり固定するため今のバインディングの元となるハイバック（かかと側をふくらはぎの部分まで高くガードする）も装着された。このハイバックの発明は、スノーボードの道具の進化の中でも特に重要なブレイクスルーの一つで、ジェイク自身の発案による。

フリースタイルの人気で、左右対称のツインボードが現れ、主流になっていった。ジャンプして回転した際に、ボードのどちら側で着地しても同じように滑ることが出来るようになった。

1984年の大会で滑るバートンチームライダーのアンディ・コグラン。
アンディは、当初から高校生のバイトとしてジェイクを支えた一人

『ミステリーエアー』でハーフパイプを滑るクレイグ・ケリー（1991）

バートン本社の正面玄関。丸太に彫られたオリジナルのロゴがお出迎え

ロビーに掲げられたバートンスタンス

自宅でくつろぐジェイク

ジェイクの自宅で毎年開催されるライダーラウンドテーブル

自由な社風が現れているバートン社内の様子

自社工場でボードのエッジを磨く作業

トリノ五輪ユニフォーム

バンクーバー五輪ユニフォーム

ソチ五輪ユニフォーム

平昌五輪ユニフォーム

周囲の人を笑顔にさせるのが得意なジェイク

専属ライダーたちと日頃から密なコミュニケーションを欠かさなかった

退院間近のジェイクと妻のドナ

スノーボードを生んだ男　ジェイク・バートンの一生

プロローグ

3月13日は「ジェイクの日」A Day For Jake

まだ誰も踏みしめていないふかふかのパウダースノーの上に、シューッという音と共にゆるやかなカーブが描かれていく。3日間降り続いた雪が止んだこの日、南カリフォルニア最大のリゾート、スノーサミットは早朝から見事に晴れ渡った。ゲレンデは一面真っ白な新雪に覆われている。凛とした冬の終わりにキラキラした春の陽が差し込む、このエリアのベストシーズンだ。

リフトから見下ろすと、輝く銀白の斜面を滑り降りる人たちの半数は、スノーボーダーだと気づく。ストリートでも着られそうなカジュアルなウェアに身を包み、玉虫色の大きなゴーグルを着けている。ヘルメットが滑っているように見えるちびっこライダー、パークで果敢にジャンプしたりレールをヒットする若者たち、そして優雅に大きな弧を描く熟練ライダー、誰もが思い思いのスタイルで雪を楽しんでいる。

スノーサミットのメインリフトに乗ると、レストランなどのある山の麓から標高2500メートルの山頂までのちょっとした空中散歩の時間になる。肩に乗せた雪を時折パサッと降ろす針葉樹林の間を抜け、なだらかに続く尾根をひとつ越えると、ビッグベアーレイクの碧い湖面も見えてくる。

カタカタと鳴るリフトの小刻みな揺れをお尻に感じながら、隣のライダーの顔いっぱいを覆ったゴーグルを何気なく眺めてみる。そのつるりとした球面に映ったセピア色の景色を見ていると、スキーを始めたばかりの１９８０年代後半の日本のゲレンデをふと思い出した。

バブル景気で弾む若者たちの笑顔と、赤、青、紫などの鮮やかなスキーウェアが、白い雪の上に花を咲かせている。当時はスキー全盛期だった。大学生になると稼いだバイト代で夜行バスに乗り、スキー場に行くのが楽しみで仕方なかった。

原田知世が主演した映画『私をスキーに連れてって』がヒットし、ユーミンが歌う主題歌が冬の街に響いた。ウインタースポーツといえばスキー一色で、誰もがゲレンデでストックを軽快に突き、スキー板の足を揃えて綺麗なスラロームを描く姿に憧れた。スノーボーダーはまだほとんど見かけなかった。

あれから30数年、スキー場の様子は大きく変わった。世界中どのスキー場でも、スキー客と同じくらいの数の人がスノーボードを楽しんでいる。海外ではもはや「スキー場」とは呼ばないところも多い。「スノーリゾート」もしくは「マウンテンリゾート」だ。スノーボードは誕生してからわずか40年で、スキーと並ぶ一大ウインタースポーツに成長した。

しかし——。
１９７７年に一人の男が雪遊び用のソリから新しいスポーツの発想を得なければ、スノーボードは生まれなかったかもしれない。その男が、度重なる試作品の失敗と孤独に耐えられず、１００枚目の試作品のブレイクスルーに辿り着かなければ、その発想は雪に埋もれたままだったかもしれない。そして、彼がスキー場一つひとつを訪ね、まるで宣教師のようにスノーボードの安全性と魅力を説いて歩かなければ、スノーボードは多くのスキー場で禁止されたままだったかもしれない。彼が才能を見出さなければ、雑誌「ローリングストーン」のカバーを飾るほどのスーパースター、ショーン・ホワイトは出てきていないだろうし、そのショーンと平昌オリンピックで金メダルを競い合う平野歩夢の姿に、日本中がテレビの前で熱狂することもなかっただろう。

その男の名前は、多くのスノーボーダーたちが履いている板の裏や、着ているウェアのポケットに印されている。

――BURTON――

スノーボードの世界最大ブランド、バートンスノーボードの創始者、ジェイク・バートンだ。この日、3月13日は、2019年に亡くなったジェイクを偲ぶ「ジェイクの日」。世界中のスノーリゾートで「Ride on Jake」(ジェイクよ、永遠に)と書かれた旗を持ちステッカーを貼ったライダーたちが、「スノーボードの父」と呼ばれるジェイクの人生とレガシーを称えて滑った。

バートン本社のあるバーモント州のストウマウンテンリゾートでは、ジェイクの名前が付けられた"Jake's Ride"トレイルを、集まった数百人のスノーボーダーたちが、歓声を上げながら滑り降りた。

「スノーボードは私の人生を想像もできないくらい変えました。ジェイク、あなたがいなければスノーボードはここまで発展しなかったでしょう。あなたがみんなを一つのファミリーにしてくれました。ありがとう」(20代女性)

「ジェイクの先見の明にみんな刺激されています。一枚の板の上に立って雪を滑ることがこんなに楽しいなんて、あなた以外誰も思いつかなかった。ありがとう、ジェイク。世の中がもっと素敵な場所になるように天国から見守ってね」（30代男性）

同じ日に、アルプスのキッツシュタインホルンの山頂では、茶色い包装紙と小瓶が特徴的なドイツの薬草酒「ウンダーベルグ」で乾杯するグループがいた。ジェイクが滑る前に必ず飲んでいたアルコール度数44％の苦いお酒だ。

「ジェイク、あなたがいたから、私は毎年極寒の冬や今日のような春の陽気の日に、外に出て滑りたいという意欲を持てています」（40代男性）

「ジェイク・バートン。命、レガシー、スポーツ、ライフスタイル……あれほどの人をどう表現すればいいか分からない。板に乗って横向きに滑るだけで、もっと良い人間になろうと思えます。周りの人たちに敬意をもって接しようと思えるんです」（50代男性）

全員が揃って口にした「ありがとう、ジェイク」。

これほど世界中の人々の心に触れ、影響を与えたジェイク・バートンとは一体どんな人間なのか？　今のスノーボードの原型を開発したエンジニアであり、スノーボードをオリンピック競技にまで発展させたパイオニア。そして「ＢＵＲＴＯＮ」を一代で世界有数のスポーツブランドに成長させたビジネスマン。一つのブランドの創始者に留まらず、新しいスポーツと文化、ライフスタイルをも作り上げるという偉業を成し遂げた。

スポーツ競技としてのスノーボードは、バートンが日々開発する新しいボードやギアの技術と共に今も進化の一途を辿っている。一番人気の種目ハーフパイプでは、世界のトップライダーたちが6メートルの宙を舞い、一度のトリックで縦2回転＋横4回転スピンするという人間離れした技を競い合っている。プロスノーボーダーには飲料メーカーや車メーカーなどのスポンサーが付き、その他のプロスポーツ選手と肩を並べる存在になった。

14歳からバートンがスポンサーし始め、オリンピックで3度の金メダルに輝いたアメリカのスーパースター、ショーン・ホワイトは、ジェイクの功績をこう振り返る。

「常にライダーを守ってくれた。スノーボードが生まれた日から、一日も絶やさずずっと愛し続けて業界を支えるのは、並大抵なことではないよ」

小学校4年生の時からバートンのチームライダーで、今や世界的なスノーボーダーに成長した平野歩夢は、ジェイクの人柄をこう語る。

「やっぱフレンドリーというか、いつもみんなで何かをしようとするんです。ライダーたちが何かを得られる環境を常に作ろうとしてるんですよね」

スノーボードの発展の歴史は、常にスキー業界からの抑圧との戦いだった。タイトなボディラインを強調する原色のスキーウェアに対し、ダブダブのパンツを腰で穿き、オリーブグリーンやブラウンのウェアをラフに着崩したスタイルは、規律や秩序への挑戦といったスノーボードのいわば反逆者的な文化を育んだ。バートンが常にそのシーンを牽引したファッションは、自己表現のキャンバスとなり日常的にストリートでも着られるようになって、雪山と街の境界をなくしていった。スノーボードはスポーツの域を超え、ライフスタイルとなっていったのだ。

ジェイクと長年親交があり、バートンのアウターウェアでコラボをしてきた藤原ヒロシは、ジェイクのことをこう表現する。

「なんか良い意味でヒッピーがそのまま大人になったというか、バートンという大きな企業の社長感はゼロな人でしたね。『こういう大人になっても大丈夫なんだ』っていう自信を与えてくれる存在でした」

自身のファッションには意外に無頓着で、いつもワークパンツにチェック柄のシャツという出立ちで、どこにでもカジュアルに現れたジェイク。若い頃から変わらず少しカールがかった栗色の髪の毛を襟足まで伸ばし、目尻を下げた人懐っこい笑顔は、クマのぬいぐるみを思い出させ、会う人誰でも安心させてしまう。そんなあたたかい存在だった。

ジェイクは、癌の再発と合併症により2019年11月20日、65歳の若さで他界した。生前、彼は自らの人生とスノーボードについてこう語ってくれた。

「僕がBURTONを始めた時、このスポーツがこんなに大きくなるなんて思ってもみなかった。スキー場は滑らせてくれなかったから、高価なスキーの代わりに誰もが気楽に天然の雪山で滑るものになればという思いだった。

スノーボードは成長し続けるだろう。でも我々は忘れてはいけない。このスポーツの未来を決めるのはいつもライダーたちだということを。彼らがトレンドを作り、スポーツのレベルを押し上げる。我々は彼らが成し遂げたいことを実現させるための道具を提供し続けるんだ。運転席に座っているのは彼らライダーなんだ。

だから僕はライダーたちに特別な敬意を払う。でもそれは僕自身のわがままでもあるんだ。僕の幸せや心の平和は、スノーボードというスポーツがハッピーであるかどうかに密接に繋がっているからね」

1977年まではこの世に存在さえしなかったスノーボードというスポーツ。
今や世界の競技人口は3000万人にまで成長した。
板一枚で世界を変えた男、ジェイク・バートン。
彼が真っ白な雪の上に描いた一本の軌跡を辿ろう。

CHAPTER

1

The Beginning of Burton

きっかけは一枚のソリ

“You take a crash, you get back up and next time you succeed and that’s a great feeling.”

「クラッシュして、起き上がって、次には成功する。
最高にいい気分だよ」

——— ショーン・ホワイト（トリノ・バンクーバー・平昌オリンピック金メダリスト）

歴史に残る名勝負

2018年、2月14日──平昌五輪、大会6日目。

スノーボード競技が開催されているフェニックスパークで、ジェイクは空を見上げていた。曇り空に粉雪が舞っている。標高700メートルを超えるこの地帯は韓国最寒の地とされ、冬季五輪には最適の場所だ。まもなくスノーボードの花形種目、男子ハーフパイプ決勝が始まろうとしている。

今大会は序盤から強風など悪天候の影響で複数の競技が中止や延期となった。体感温度が氷点下20度近くの過酷な環境で開催される日もあったが、この日は気温0度、風もなく予定通り決勝が始まりそうだ。ジェイクはゴール地点で多くの観衆の中に立ち、ホッと胸を撫で下ろしていた。

目の前には、世界最大規模のハーフパイプのコースが聳《そび》えている。大きな円柱を半分に切った形状のそのコースは、全長183メートル、幅21メートル、高さ6・7メートル。それはトンネルを逆さにしたようにも見え、ボーリング場のガターを巨大にしたようにも見える。真下から見上げると、ここでこれから繰り広げられる物語を呑み込もうと、大きな口を開けて待つ溝のようにも見えた。

ゴール地点では、パイプから流れてくる水が溜まったように観客が密集している。地元韓国の人々に混じって世界中から訪れた大勢の五輪ファンが、自国の旗を振りながら応援している。

ジェイクはこれまでの五輪や訪れたどの大会でも、必ずこの一般チケットで入れるエリアで観戦していた。その後ろに建てられた観戦用のスタンドや、コース全体を高い位置から見渡せる室内で暖かいＶＩＰルームにも席が用意されているが、そこから見たことは一度もない。常にスノーボードファンたちと同じ目線で、彼らの歓声の中で競技を体感したいのだ。


パイプのはるか上方のスタート地点では、決勝に進んだ12人のライダーたちが自分の順番を待ちながらウォーミングアップをしているのが見える。決勝では一人ずつ順番に３回飛んで最高得点を競い合う。圧倒的にメダル候補と目されているのが、31歳になった絶対的王者、アメリカのショーン・ホワイトと、19歳になったばかりの日本の天才ライダー平野歩夢だ。

トリノ（２００６年）、バンクーバー（２０１０年）と２大会連続で金メダルを獲得し、３度目の金を狙うレジェンドのホワイト。そのトリノの優勝シーンを７歳で見て以来、ずっとホワイトの背中を追いかけてきた平野は、前回２０１４年のソチ五輪で電撃デビューを果たし、冬季五輪で日本人史上最年少の15歳74日で銀メダルを獲得した。スノーボードのハーフパイプシーンは、ここ数年この二人のライバル関係に牽引されてきた。

決勝では予選の成績に従って得点の低かった順に滑る。決勝に備え予選を抑えて滑った平野は10番目の滑走、ホワイトは最後だ。ハーフパイプ種目では、パイプの内側を振り子のように左右に振られながら壁を使って５回もしくは６回ジャンプする。ジャンプの際に繰り出すスピンの回転量や技の完成度、着地の姿勢などで得点が付けられる。

ジェイクの周りから「あーゆーむ！　あーゆーむ！」というコールが聞こえ始めた。まもなく平野の1本目だ。頬に日の丸の国旗をプリントし「がんばれ歩夢」と書かれたプラカードを持った日本のファンたちが、白い息を吐きながら声援を送っている。

平野が勢いよく飛び出した。パイプの縁から中へとドロップインする。最初のジャンプでふわりと6メートル近く宙を舞った瞬間、歓声はどよめきに変わった。平野は群を抜くエアーの高さを披露する。1ヒット目にスピンを入れず真っ直ぐ飛んで高さを出すのは平野のスタイルだ。それは彼のスノーボーダーとしてのポリシーであり、エアートリックの美しさを最大限に表現するためだ。またこの高いジャンプの着地から一気にスピードを加速させ、続く4連続の高難度のスピントリックに繋げる狙いもある。

2ヒット目、4回転の大技『ダブルコーク1440』を決めるが、続く3ヒット目の着地に失敗して尻もちをつき、得点は100点満点の35・25に終わった。ゴール地点で見ていたジェイクの周りでは、応援していた日本人の観客たちの落胆の声が漏れる。モニターに映し出された得点をチラリと確認した平野は、表情を変えずすぐさま次のランに向けてスタート地点に戻った。まだチャンスは2回ある。

その様子をゴール脇で見ていたジェイクは、バートンの契約ライダーである平野の、苦しかった1年を思い出していた。

平野はこのオリンピックの11カ月前、バートンが主催する全米オープン選手権でジャンプの着地に失敗し、選手生命が脅かされるほどの大怪我を負った。ジャンプの踏み切りのタイミングが遅れ、着地の際にリップと呼ばれるパイプの縁に激突した。そのまま頭からきりもみ状態でパイプの底に落下する危険な事故だった。左膝の靭帯を損傷し、全治3カ月。

「平野のオリンピックは終わった」

と囁《ささや》かれた。その時チャレンジしていた技が、平野を含めまだ世界で3人しか成功していない、縦2回転＋横4回転の『ダブルコーク1440』だった。

今やスノーボードのスピンの回転数は、フィギュアスケートを上回る。3カ月のリハビリに耐えて8月に南半球でようやく雪の上に戻ったが、あの忌まわしいクラッシュの記憶が脳裏から消えず、なかなかこの4回転は飛べなかった。それでも「恐怖やトラウマはもちろんあるが、それで技を見失うのが一番嫌だ」と言う平野は、それから半年、自分の中の恐怖と戦いながらこの4回転に挑んできた。

1本目の最終ライダー、ショーン・ホワイトの名前がアナウンスされると、ハープパイプに一際大きな歓声がこだまする。オリンピック2度の金メダルに加え、Xゲームなどあらゆる大会を総なめにしてきたホワイトは、世界的なスーパースターだ。全身白のウェアに身を包み、コーチたちとグータッチを交わしてスタート地点に立つ。ツルツル輝く白素材に赤線が入ったアメリカチームのユニフォームは、NASAの宇宙飛行士をモチーフにしたユニークなデザインだ。スノーボードのアメリカチームの公式ユニフォームは、毎回バートンが製作を担当している。

歓声を浴びながらホワイトが勢いよくドロップイン。1ヒット目から『ダブルコーク1440』4回転を見事に決めた。空中遊泳さながらのダイナミックなジャンプに観客は目を奪われる。その後も3回転や、手で板を掴みながらスピンする「グラブ」を上手く取り入れ、完成度の高い演技で滑り終えた。

ヘルメットを投げ捨て雄叫びを上げるホワイトに、周りを囲む観客も熱い声援で応えた。得点は94・25。一気に1位に躍り出た。

ホワイトは、3連覇をかけて臨んだ前回のソチ五輪では、表彰台にも登れず悔しい思いをした。ソチから新設されたスロープスタイルにも出場を予定し、ハーフパイプとダブルでのメダル獲得を目論んでいたが、スロープの公式練習中に転倒し手首を痛めた。結局スロープスタイル出場を断念し、本来のハーフパイプのみの出場となったが、決勝では集中力を欠きミスを連発した。結果4位。絶対王者と言われながらメダルを逃した。この悔しさを胸に、それから4年、再びハーフパイプに専念して臨んだのが、この平昌五輪だった。

平野の2本目。再び歩夢コールが沸き起こるが平野の耳には届かない。耳にさしたイヤホンでお気に入りの音楽を聴きながら静かにパイプを見つめている。集中してゾーンに入るいつものルーティンだ。これから飛ぶジャンプのイメージを一つひとつ頭の中で描いて確認している。

予選では出していない秘策があった。決勝ランは残り2回、ここでトライするしかない。

「人が全開でパフォーマンスしても、それを上回れる滑りを目指している。自分は攻めて、周りを黙らせるしかない」

常にチャレンジャーである平野の信条だ。

ゴール付近で日本のファンたちが祈るように見つめる中、足元のバインディング（足を板に固定する締め具）を締め、パイプに向かって滑り出した。ドロップイン。1ヒット目はお決まりの高いエアー、そこから勢いをつけて2ヒット目、大技の『ダブルコーク1440』4回転を繰り出す。高さも技のキレも完璧だ。そして続く3ヒット目、なんと再び『ダブルコーク1

440』に挑んだ。4回転の連続技というハーフパイプ史上最高難度のトリックを見事に成功させた。

平野がジャンプするたびに、歓声はうねりとなってパイプを包んでいく。残り2つのヒットも、3回転半から3回転半と連続で決めた。95・25。ホワイトを1点超えトップに浮上した。

飛び上がって喜ぶ日本のファンたち。観客スタンドにたくさんの日の丸が振られている。当の平野はボードを少し持ち上げて歓声に応えるが、いたって冷静だ。まだライバル、ホワイトのランが残っている。

ホワイトは続く2本目、平野と同じ4回転の連続技に挑戦するが、ジャンプの高さが足らず2つ目の4回転の着地に失敗した。平野も3本目、さらに精度を上げた連続技に挑むが、同じく着地に失敗した。最初の4回転を綺麗に決めるだけでなく、十分な高さを持って飛び、スピードをつけて2本目に向かわなければ、4回転の連続技は成し得ない。

その4カ月前の10月、ニュージーランドでトレーニングを積んでいたホワイトは、この連続技の練習中に着地に失敗し、顔面を62針縫う大怪我を負った。1本目をなるべく高く飛ぼうと踏み切りのタイミングをギリギリまで遅らせた結果、ジャンプした身体がパイプの外に出てしまい着地でリップに衝突したのだ。

首をリップの角にぶつける危ない衝突で、一歩間違えれば命を失う可能性もあった。縫合手術の数日後に、肺に血が溜まりICUに緊急入院する事態にもなった。それでも入院中のベッドからSNSでメッセージを発信した。

「僕はすぐに戻る。さらに強くなって」

その言葉通り、それから4カ月、平野同様に恐怖と闘いながら再び練習に取り組み、平昌オリンピック出場を果たしたのである。しかし、まだ一度も4回転の連続技を成功させたことはなかった。

ホワイトの最後のランの順番が来た。既に選手全員が滑り終え、自分以外に誰もいなくなったスタート地点で、板で雪をバンバンと踏みつけバインディングの締まり具合を確認する。オレンジ色のゴーグルの奥に、何かを決意したような強い眼差しが光る。

先に全てのランを終えた平野は、これから始まる最後のドラマをゴール地点から不安そうに見上げていた。ホワイトがこのままで終わらないことは、ライバルの平野が一番よく分かっていた。ホワイトはこの大会が始まる前に「サプライズを用意している」という意味深なコメントを残していた。

「行くぞ!」

コーチとグータッチを交わし、ホワイトが勢いよく飛び出した。最後のドロップイン。1ヒット目、高さのある『ダブルコーク1440』4回転を楽々と決めた。着地点も高いのでスピードが落ちていない。

勢いに乗って2ヒット目、再び『ダブルコーク1440』――。

決めた!

平野と同じ連続の4回転を、見事にそしてダイナミックに決めた。これまで公式戦では一度も成功していないこの大技を、土壇場で決めてきた。ガッツポーズでゴールに入り天を仰ぐ。

パイプの横に設置された大型モニターには、今のランのリプレイが流れ、その後、得点が表示される。会場の全員が固唾《かたず》を呑んで見つめるモニターに、現れた。97・75。平野を2ポイント凌いで最高得点。
この瞬間に、ショーン・ホワイトのオリンピック3度目の金メダル、そして平野歩夢の2度目の銀メダルが決まった。ボードを放り投げひざまずくホワイト。その目には涙が浮かんでいる。スタッフから星条旗を手渡されると、パッと広げて羽織った。会場にこだまするUSA！USA！の大合唱。それを眺める平野の顔は、悔しさと充実感が入り混じって見える。チームから日の丸を渡されるが、開かず肩に束ねたまま、表彰台に向けて歩いて行った。

この2018年、平昌五輪の男子ハーフパイプ決勝は、スノーボードの歴史に残る壮絶な戦いになった。二人のライバル関係が、怪我と恐怖を乗り越え、技の限界を押し上げた。二人とも前人未到の連続4回転を達成したが、判定ではホワイトが上回った。平野が1ヒット目にスピンを入れずエアーの美しさにこだわった分、5回のヒット全てにスピンを入れたホワイトの方が技のバラエティが豊富だった。そこには、勝つことを最優先して滑るホワイトと、メダルも大切だがスノーボードのカッコよさを世界に発信したい平野という、二人の対照的なスタイルがあった。

会場のモニターには、ホワイトと平野の華麗なトリックが繰り返しスローで流れている。ジェイクは、二人がスピンするたびに、板の裏に印された自分の名前が何度も大きく映し出されるのを眺めながら、誇りに思っていた。それは、自社のブランド名が宣伝されるからではなく、バートンがサポートする二人の選手が、金銀メダルを獲ったからでもない。

自分がその誕生から発展に人生を捧げてきたスノーボードというスポーツが、こうして滑るたびに、そして競い合うたびに進化を続けていることが嬉しかったのだ。そして、癌と稀な神経系の病気ミラー・フィッシャー症候群を患い、数年前には生死を彷徨《さまよ》っていた自分が、再びスノーボードの進化を目の前で目撃できていることに感謝していた。

ご褒美はヘリボーディング

平昌五輪から1カ月後の3月14日、ジェイクとバートンのチームライダーたちは、カナディアンロッキーの山頂付近にいた。五輪のメダル獲得のお祝いと、2018年シーズンが無事に終わった慰労を兼ねて、ジェイクがチームライダーたちをヘリボーディングに招待したのだ。

ヘリボーディングは、人の立ち入らない山の頂上までヘリコプターで運んでもらい、そこから天然の斜面を自由に滑り降りることだ。いかにもジェイクらしいご褒美。スノーボーダーにとって、ふかふかのパウダーを滑ることは、極上のプレゼントである。

招待されたのは、平昌で銀メダルに輝き、シーズン最後の全米オープンを優勝で締めくくった平野や、平昌でスロープスタイル銅メダルのマーク・マクモリスの他、ダニー・デイビスやベン・ファーガソン、女子ではケリー・クラークやアンナ・ガッサーたちだ。ジェイクの妻のドナや長男のジョージも参加した。

平野によると「コロラドの全米オープンが終わると、そのままプライベートジェットに乗せられて、空港の書類や検査もなくて気がついたらカナダだった」らしい。この辺りの演出もいたずら好きなジェイクっぽい。

標高3000メートルのカナディアンロッキーの山頂まで、2機のヘリコプターで運んでもらう。見渡す限りの視界360度、雪を被った山脈が延々と続いている。ヘリが飛び去ると、そこは自分たちの声以外音のない静寂の世界だと気づいた。そこにあるのは、自然と自分たちだけだ。

目の前には足跡の一つもないまっさらな雪面が、太陽に反射してキラキラ輝いている。この真っ白なキャンバスにどんな模様を描こうが自分次第だ。足を踏み入れるのがもったいない気さえする。スノーボーダーにとって、これ以上の贅沢はないだろう。

一斉に滑り出した。もふもふの雪に腰まで埋まりながらゆったりとターンを切る。まるでスローモーションみたいだ。前の人が切り裂いた雪が顔に柔らかく降りかかってくる。聞こえるのは自分の息遣いと心臓の鼓動だけだ。

バックパックには水やスナックを詰めた。これから麓まで存分に滑るのだ。後ろを振り向くと、自分たちが雪に残した軌跡が、一本一本綺麗に残っている。真っ直ぐなライン、交差するライン、ライダーたちの個性がそのラインに現れる。

血気盛んなマクモリスやデイビスは、ジャンプ出来る起伏を探して脇の急斜面に逸れていく。平野もそれに続いた。もちろん初めて滑る斜面。突然出てくる崖や壁、森の木々の隙間を縫っていくこともある。さすがの平野もジャンプを上手くメイク出来ず、ずっぽり雪に埋まってしまうこともざらだ。それでも楽しい。普段は人工的に作られたコースで技を競い合うライバルたちと、この日は自然が創り出すバラエティに富んだ形状を共に攻める。みんな笑顔だ。平野はファミリーのような一体感を覚えた。

ジェイクは家族とゆったりフリーランを楽しんでいる。60歳を過ぎてもその滑りは健在だ。身体を右へ左へひらりひらりと返しながら器用にターンを切る。後ろには波しぶきのようにスプラッシュされた雪のかけらが飛んでいく。その姿は、まるで雪の上で波乗りをしているようだ。

正面から雪に立ち向かうスキーと違い、スノーボードは横向きに板に乗り、上体を半身にしながら予測不能なシチュエーションを乗り越えていくスポーツだ。これがサーフィンやスケートボードと共に「横乗り文化」と言われる所以《ゆえん》である。

サーフィンであれば地球の自転が生み出す不規則な波に、スノーボードであれば山の起伏が創り出す不規則な斜面に横向きに乗る。それは自然に抗《あらが》い自然を克服したり支配するのではなく、自然環境に身をゆだねていく行為だ。だからこそ、横乗りスポーツでは、波や雪に身体を「乗せていく」ライディングという言葉が好んで使われるのだ。

ジェイクがスノーボードというスポーツを生み出した原点はそこにある。

その始まりは、1968年、14歳の時にさかのぼる。

一枚の板との出会い

ジェイク・バートン・カーペンターは、ニューヨーク州ロングアイランドで生まれ育った。ロングアイランドは、文字通りマンハッタンの東に伸びる長い島。ニューヨークでは有数のサーフスポットだ。もちろん活発なジェイク少年はサーフィンがしたかったが、サラリーマンの中流家庭では、サーフボードは買ってもらえなかった。自分で買えるだけの小遣いもなく、仕方なくビーチに自転車で行って、ボディボードをしたり、ボディサーフィンをして過ごした。

そんな少年時代のあるクリスマスの夜の出来事を鮮明に覚えている。

「確か14歳だったと思う。その頃もサーフィンはしたかったんだけど、まだサーフボードは持ってなかった。両親が『クリスマスプレゼントがあるから』と家の外に取りに行ったんで、内心『やった！ ついにサーフボードがもらえる』と思ったら、両親がくれたのは勉強机だった。彼らは喜んでたけど、僕はガッカリだったよ」

しかし、このガッカリしたクリスマスが、ジェイクに新しいものとの出会いをもたらした。ちょうどその頃、巷《ちまた》ではあるおもちゃが流行り始めていた。「スナーファー」と名付けられた小型のソリのような一枚の板。バインディングもなければ、フィンもついていない、ただの黄色い板の先端にロープがついた簡単なデザイン。10ドルもしなかったため、自分の小遣いで買うことが出来た。

ロングアイランドは、冬には雪が降り街は毎年雪に覆われた。ジェイクは雪が降ればこの板を持ち、友達と裏山に登っては滑り降り、登っては滑り降りをひたすら繰り返した。

「板の上に横向きに立って転げないように雪の坂を滑るだけの単純な遊びだったけど、楽しくて仕方なかったよ。ずっとやりたくても出来なかったサーフィンが、雪の上でやっと出来た瞬間だったんだ」

しかし、この一枚の板がいずれ自分の人生を変えることになるとは、その時はまだ分からなかった。

おもちゃをスポーツに

「スナーファー」は、一人のビジネスマンが趣味で作ったおもちゃが始まりだ。1965年、ミシガン州に住むシャーマン・ポペンが、クリスマスの日に、当時妊娠していた妻に、家で暇を持て余している元気な2人の娘を外で遊ばせて欲しいと懇願された。ポペンは、子供用のスキー板2枚を1つに貼り合わせ、立って滑れるソリを作った。ポペンの妻ナンシーがそれを、SNOW「スノー」とSURFER「サーファー」を掛け合わせ、SNURFER「スナーファー」と名付けた。

これが娘の友達の間で非常に好評だったので、ポペンは特許を取り、ブランズウィックコーポレーションという会社にライセンスを与えて大量生産させた。ブランズウィックは、ボーリング場のレーンやビリヤード台などを作っている会社で、合板を曲げる製造を得意としていた。ビリヤード台の四隅のカーブは合板をスチーム加工して曲げるが、スナーファーはその余った板で作られた。スナーファーの先端の上に反って曲がった部分が、ちょうどビリヤード台の角にあたる部分だ。つまり廃材を利用してスナーファーを製造していたのである。

これがその後10年間で100万枚を売る人気商品となるが、板には何の改良も加えられず、スナーファーは裏山を滑るおもちゃの域を超えなかった。

「なぜこんな人気商品を使って誰も何もしようとしないのか?」

ジェイクにはそれが不思議でならなかった。この雪の上のサーフィンが、単なる遊びではなく、いつか新しいスポーツになるという確信があった。高校生になった頃には、その可能性を

スキーのスリル、サーフィンのスキルと書かれた「スナーファー」のちらし

周りにも話すようになった。しかし、それを自分で実現させるにはまだあまりに若く、また厳しい家庭環境がそれを阻んだ。

厳格な父と家族の不幸

高校3年生が始まったばかりの秋、ジェイクは父の運転する車の助手席に黙って座っていた。自分が通っている高校の校長に呼び出されて、父と共に謝罪に行くところだ。ジェイクはマサチューセッツ州にあるブルックスというボーディングスクールに通っていた。ボーディングスクールとは、ロビン・ウィリアムズ主演の映画『いまを生きる』の舞台となった学校のような、規則の厳しい全寮制の私立高校のことで、アイビーリーグなど全米のトップ大学を目指す子供たちが通う進学校だ。

ロングアイランドの実家から州をまたいで5時間のロングドライブ。窓の外には、紅葉した木々が流れていく。ニューイングランド地方の秋は全米でも有数の美しさだ。しかし、真っ赤に燃えるもみじの森を見ても、黄金のイチョウ並木の間を抜けても、ジェイクの心は晴れなかった。高校である問題を起こし、退学になるかもしれない瀬戸際だった。

運転する父親の横顔をチラリと盗み見る。父親は唇をまっすぐ引き結びハンドルをギュッと握りしめたまま前を見つめていた。

父エドワードは、体罰こそしないが厳格な人だった。イギリスのオックスフォード大学に留学した後、アイビーリーグの一つイェール大学を卒業したエリート。その後、アメリカの軍隊の中でも最も規律の厳しい海兵隊に入り、太平洋戦争を戦った後、証券会社で働くビジネスマンになった。

クリスマスプレゼントに、サーフボードではなく勉強机を選ぶあたりに、エドワードの人間性と教育方針が現れている。ジェイクは、父の高い期待に応えられない、といつも感じていた。ブルックス高校は、エドワードが通った名門校で、兄のジョージもここを卒業したばかりだ。兄は在学中、生徒会長で競艇部のキャプテン、学校のスターだった。

ジェイクは本当は友達のたくさんいる地元の公立高校に通いたかったが、選択の自由はなかった。父は当然のように、ジェイクを自分の母校に入れた。自分と同じ道を歩ませることが、親のできる最大のつとめだと考えていた。

しかし、親の期待とは裏腹に、ジェイクは本人曰《いわ》く「生意気な劣等生」で、友達とLSD（薬物）をやって週に2日は寮で一晩中騒いでいるような生徒だった。そんな悪ガキぶりが目立ったジェイクは、2年生の終わりに、先輩から見込まれ悪ガキに代々こっそり引き継がれてきた、学校内のどこにでも入れる秘密のマスターキーを受け取った。そして、夏休みが終わって3年生が始まった時、寮の部屋に隠しておいたその鍵を、掃除に来ていた清掃員に見つかってしまったのだ。

ただでさえ長い5時間の道のりは、車内の無言の空気でさらに長く感じられた。カーラジオから聞こえるニュースだけが、虚しく車内に流れていた。ジェイクは言い訳をしようと口を開きかけたが、結局やめた。父の横顔がそれを制止していた。

校長室では「干したスモモ」のあだ名で呼ばれている校長が待っていた。父の時代も兄の時代もこの校長だった。「スモモ」は怒鳴るでもなく、干からびてしまったような顔の皺をさらに深めて、ジェイクと父の顔を見比べ、静かに退学を告げた。父はその通告に逆らうこともなく、校長に短く礼を言って部屋を出た。ジェイクは黙ってその後をついていくしかなかった。再び5時間かけてロングアイランドまで戻る車内、父をどれだけ失望させ、どれだけ恥ずかしい思いをさせてしまったか、後悔に胸がじわじわと締め付けられた。

ジェイクがこの時期に荒れていたのは、父親が敷いたレールに乗っかって生きていくことに抵抗したかったからだけではない。この前年の1967年、ジェイクが13歳の時、高校を卒業し海兵隊に入隊した兄のジョージが、ベトナム戦争で戦死したのだ。ブルックス高校から海兵隊という、父と全く同じ道を歩んだ兄。姉2人と兄1人の4人兄弟の末っ子で育ったジェイクは、特にジョージとは仲が良かった。最愛の兄を失った悲しみと父への怒りに似た感情が、ブルックス高校での荒れた行動を引き起こしていた。

しかし、この退学事件で目を覚ました。

「これ以上家族を悲しませることは出来ない」

父に頭を下げ、セカンドチャンスを与えてもらった。コネチカット州のマーベルウッドという進学校に入り直し、心を入れ替えて猛烈に勉強とスポーツに励んだ。結果、学年でトップの成績をおさめ、スキーチームに所属し、ついには卒業生総代をも務めた。頭の片隅には常に、スナーファーをスポーツにする夢があったが、まずは父親の期待に応えることを優先させた。

高校を卒業後コロラド大学ボルダー校に入学。大学のスキーチームに入ろうとトライアルを受けたが、その頃交通事故で鎖骨を折っていたこともあり、落とされてしまう。コロラド大学は、NCAA（全米大学体育協会）屈指の強豪校で、チームのほとんどはヨーロッパから来たエリートスキーヤーが占めていた。この時、ジェイクを落としたビル・マロットは、数十年後にFIS（国際スキー連盟）でオリンピックを巡り天敵となるが、振り返ればこのコロラド時代がスキーヤー人生の終わりとなった。

コロラド大学には3万人も学生がいたが、誰一人知り合いはいなかった。孤独感に苛《さいな》まれたジェイクは1年でニューヨークに戻った。その後、名門ニューヨーク大学の夜間コースに4年間通い、経済の学位を取って卒業した。そして、父親と同じ道を辿り、マンハッタンの投資銀行に就職したのだ。

実は高校を卒業する前に、カーペンター一家をもう一つの悲劇が襲っていた。母キャサリンが白血病で亡くなったのだ。17歳だったジェイクは、父が必死に母を看病し、最後まで看取る姿を見た。そして、母親が亡くなったあと、あの厳しかった父が、最高のシングルファーザーに変わるのを見てきた。これまで苦労をかけてきた父親のためにも、父の望む仕事に就きたかった。

そうしてついにアメリカ経済の中心、マンハッタンでフルタイムで働き始めたが、お金を稼ぐためだけに毎日12時間働くような生活が次第に耐えられなくなってきた。勤め先の投資銀行は、大企業が中小企業を合併・買収するM&Aを主な業務にしていたので、仕事を通じて中小企業の社長たちと話をする機会が多くあった。彼らの話を聞くうちに、会社を興すこと自体はそんなに難しくない、と思えるようになった。また、学生時代に住宅の庭の芝を刈ったり植木を剪定する庭師のビジネスを行った経験がある。親から譲り受けた古いステーションワゴンの車と2本のクマ手、幾つかのゴミ箱だけの投資で始めたビジネスだったが、それが結構成功して儲かったのである。

それでジェイクはついに決断した。投資銀行を辞め、ずっと気になっていたアイデアを実現する。自分で会社を興し、スナーファーを改良して一つのスポーツに発展させるのだ。「バートンボード」の発足である。23歳、1977年のことだった。

小学校の卒業式にて。ジェイク（左）と父エドワード

CHAPTER

2

Prototype Development

失敗だらけの試作品開発

“I rode my heart today and am very satisfied, the rest is out of my hands.”

「今日は自分のハートに乗れた。それにすごく満足している。
その他は僕の手には負えないよ」

—— マーク・マクモリス（ソチ・平昌オリンピック銅メダリスト）

1977年12月、ニューヨーク――。

凍てついたマンハッタンのアパートで、ジェイクは窓枠に寄り掛かり一人思案に暮れていた。

「さあ、何から始めよう」

長年心の中で育んだアイデアを実現するために、思い切って投資銀行を辞めた。セントラルパークにほど近いアッパーイーストサイドのアパートの窓からは、身なりの良い人々がストリートを行き交う姿が見える。アッパーイーストサイドといえば、マンハッタン随一の高級住宅街だ。銀行を辞めると共に、定収入とここからウォールストリートに通うというヤッピーの生活も捨てた。あるのは「スナーファーを改良して新しいスポーツを生み出す」という漠然とした夢だけだ。特に明確なビジネスプランがあるわけではなかった。しかし、その夢は必ず実現できるという確信に似た思いはあった。

まずは「遊び用のソリ」の域を超えたちゃんとしたボードを作る必要があった。工具店でテーブル型の電動ノコギリを購入し、アパートに持ち込んだ。それをリビングルームにドカリと置き、ホームセンターで板を買ってきて切り始めた。参考にするのは10ドルで買ったスナーファーだけだ。

「まったく見よう見まねだった。特に手先が器用なわけでも、工作が得意なわけでもなかったからね。学校でナプキンホルダーとか作らされてもクラスで一番醜い出来だったから」

とジェイクは笑う。

2、3枚板を切ってみて気がついた。平らな板をいくらソリの形に切ってみたところで、雪の上を滑るスノーボードは作れない。先端は上に反って曲がっている必要があったし、板には柔軟性が必要だった。それより何より、作ってもそれを雪の上で実際に乗ってみなければ、使えるかどうかも分からなかった。すぐにジェイクは、本気で取り組むなら、こんなマンハッタンのアパートでちまちまやっている場合ではないと気づいた。

「住み慣れたニューヨークを離れて、もっと雪に囲まれた場所に行くしかない」

本格的にスノーボードの開発をするために、新天地に移り住むことを決めた。

身の回りの物を車に詰め込み、北を目指した。向かうのはカナダと国境を接するバーモント州だ。そこには当てがあった。幼い頃、両親の友達がバーモント州に別荘を持っていて、冬になると週末に家族でよくスキーに出掛けていたのだ。11月から3月までたっぷり雪が降り、自然溢れるバーモント州は、これから新しいウインタースポーツを生み出そうとするジェイクには格好の土地に思えた。

ニューヨークからまた5時間のドライブ。父親から譲り受けたボルボの古いステーションワゴンのハンドルを握る。今度は一人だ。横には父親は乗っていない。自分が運転席に座り、自分で選んだ行き先に向かっている。ラジオからは、この年にブレイクしたビリー・ジョエルの『Movin' Out』が流れている。

♪将来のために小銭を貯めてるけど働き過ぎで心臓発作を起こしちゃうよ。
全財産叩《はた》いてまで郊外に家が必要かい？

シボレーからキャデラックに乗り換えるのが夢だと言うけど、背骨を傷めて運転できなくなればフェンダーを磨くだけだろうね。

残業しても国に税金を取られて手元に残るのは僅かなお金。

それが出世というのなら僕はゴメンだね。僕は田舎に出ていくよ♪


都会で物欲のため過労死するほど働く生活に嫌気がさし、田舎に引っ越す若者が主人公のこの曲は、まるで自分のことを歌っているような気がした。自分と同じくニューヨーク出身のビリー・ジョエルに、田舎に移り住む自分の決断を後押しされたような気がした。夢を叶える新天地に早く着きたかった。今度の5時間のドライブは短く感じた。窓の外の景色は、都会の冬枯れの街路樹から、たっぷりと雪を蓄えた豊かな山々に変わってきた。

懐かしのバーモントへ

ジェイクが向かったバーモント州は、アメリカの北東部ニューイングランド地方にある。面積は全米50州のうち6番目に小さく、人口は約60万人と全米で2番目に少ない。フランス語のles Verts Monts「緑の山地」が語源と言われるバーモントという州名の通り、深い森林に覆われた山地が広がる自然豊かな州だ。春から秋まで四季に応じて木々が色を変えていく美しい山々と、ニューイングランド地方独特の煉瓦造りの建物が、絵葉書のような景色を見せて多くの観光客を魅了する。長い冬には、その豊かな山々が真っ白な雪で覆われるため、アメリカでは西のコロラド州やユタ州と並び、東のスキーの中心地となっている。

バーモント州に着いて真っ先に向かったのは、州都モントピリアの州政府ビル。ここで新会社を法人登録した。起業の瞬間である。名前は「BURTON BOARDS」とした。そして、州の南に位置するロンドンデリーという町に腰を据えた。人口1700人にも満たない小さな町だが、幼少期に週末に来ていたブロムリースキー場がすぐ近くにあり馴染みのある場所だ。その際に泊まらせてもらっていた両親の友人の別荘を、住み込みで管理しながら2頭の馬の世話もする、という条件で住まわせてもらうことになった。

マンハッタンの高層ビルに囲まれた忙しい日々から、森の木々に囲まれた自然の中の一軒家での暮らしへと、生活は180度変わった。別荘の敷地内には納屋があり、そこを会社「バートンボード」として、スノーボードの試作品の開発を本格的に始めることにした。昼は一人で納屋に籠って板を作り、夜は近くのホテルでバーテンダーのアルバイトをして過ごす生活が始まった。既に1977年は12月も終わりに近づき、冬真っ只中だった。街も納屋も真っ白な雪に覆われる中、ジェイクはやる気がみなぎっていた。

「頑張ればそのシーズン中に板を開発し売り出せると思ってたんだけど、始めてみてすぐにそれがとんでもなく甘い見込みだったことを思い知ったよ。実際にはその次のシーズンをも逃しそうになったんだから」

あらゆる製法を試せ

1978年3月——。ジェイクはこの日も納屋の中でひとり電動ノコギリに向かっていた。

おがくずだらけになったジャンパーを手で払い、埃よけのマスクを取って「ふぅーっ」とため息をつく。窓からは春を感じさせる柔らかい陽が幾筋か差し込み、納屋の中に舞う細かな木屑の埃を薄いカーテンのように照らしていた。

「何がいけないんだろう……」

納屋の隅に乱雑に重ねてあるこれまでの失敗作の山に目をやった。既に試作品のボードを50枚近く作っていたが、満足のいくボードは作れていなかった。最初、材料の木材には、北米産のアッシュを選んだ。アッシュは適度に硬く耐久性に優れ、家具や野球のバットによく使われている。体重を乗せて雪の上を滑っても折れない頑丈さが必要だと考えたのだ。

板を曲げるために木工家具の製法を真似してみた。アッシュの一枚板の無垢材をプレス機に入れ、沸騰するほどの熱い蒸気に当てて先端部分を曲げる。そうやって徐々にボードを理想の形に近づけていった。

次に、板から落ちずに長く乗っていられるように、ウォータースキーの板のようなバインディングを前足側に設置した。バインディングといっても現在のような複数のプラスチックのバックルが付いた立派なものではなく、一枚の革のシートをドーム型に貼り付けただけのもので、そこにつま先から足を入れて固定する。後ろ足を固定するかどうかは試行錯誤を続け、滑り止めのパッドを貼り付けたり、足を前後にスライド出来るように余裕を持たせたゴム製のストラップを貼ったりしてみた。作っては裏山に持って行って滑り、改良してはまた滑り、を繰り返した。

「スナーファーよりは圧倒的に良いものが出来たよ。もっと幅が広くて先端がもっと反り上がっていたので、パウダースノーの上でよく浮いたんだ」

しかし、決定的な問題があった。板が硬すぎて柔軟性がないのだ。板が適度にしならなければ、上手くターンすることができない。ターンができなければ、直滑降するしかなく、それでは遊びのソリと変わらなかった。

「これじゃあスポーツにはなり得ない」

スキーのように、ちゃんとターンしながら滑り降りるようにならなければ、スノーボードの未来はなかった。その後、木材以外の材料も試してみようと、合成樹脂を使ってみた。

「頑丈でアッシュの木よりは柔軟性もあったけど、これでは重すぎたんだ」


窓の外を見ると、ところどころ雪が解け始め、下の土が顔を出している。バーモントの長い冬もそろそろ終わりに差し掛かっていた。

「初心に戻らないといけないのかもしれない」

初めてスナーファーに乗った14歳の頃を思い出していた。それは、雪の上で念願のサーフィンが出来た喜びだった。思い切った行動を取ることにした。サーフボードの製法でスノーボードを作ってみるのだ。3月の終わり、西海岸のカリフォルニアを目指した。言わずとしれたサーフィン天国だ。

サーファー天国へ

機内では、窓の外の移りゆく景色をぼんやりと眺めて大半の時間を過ごした。バーモントからカリフォルニアまで、アメリカ大陸を横断する空の旅は6時間以上かかる。雪が残る東海岸の山岳地帯から五大湖を抜けて中西部に入ると、円や四角に区画された幾何学模様のような広大な農地が見えてきた。黄緑色や茶色がかった緑など、区画された農地はそれぞれ微妙に色が違っていて、パッチワークのキルトが敷き詰められたようで見ていて飽きなかった。

特に景色が見たくて窓の方を向いていたのではない。おしゃべり好きなアメリカ人は、飛行機で隣に座った人に必ずと言っていいほど話しかけてくる。それが礼儀とでも思っているようだ。他愛のない世間話や身の上話をして、旅の退屈を凌ぐのがお決まりの習慣だ。ジェイクは元々話好きなタイプではなかったが、特にこの時は知らない人に自分のことを話す気にはなれなかった。それでも案の定、隣の年配の女性が話しかけてきた。

「お仕事は？ と聞かれたけど、適当にでっち上げて嘘を言ったんだ。まさか『スノーボードという新しいスポーツを作ろうとしているんです』と言っても、とても理解してもらえるとは思えなかったし、そんな話をするのも恥ずかしかった」

機体はコロラド州のロッキー山脈の上空に差し掛かった。窓からの景色は春の農場から再び雪に覆われた険しい山岳地帯に変わった。

「アメリカはやっぱり広いな」

アメリカの懐の深さを感じ、不可能な挑戦はない気がして心が少し軽くなった。雲を抜けると、遥か下に真っ直ぐ続く長い海岸線が見えてきた。ビーチに沿って白い波が立っている。飛行機はまもなくサンフランシスコ国際空港に着陸しようとしていた。

試作品を作るジェイク

いつかきっと成功するさ

まず向かったのは、サンフランシスコから車で1時間ほど南にあるサンタクルーズ。北カリフォルニアでは有数のサーフタウンだった。ここにある「フリーラインデザイン」というサーフショップを訪ねた。

この店は、4度の全米チャンピオンに輝いたサーファー、ジョン・メルの店で、彼が店の裏の小さな工房でシェイパーとしてサーフボードを作っていた。知り合いのつてでメルを紹介されると、ここに泊まりこんでサーフボードの製法を学び、それを真似てスノーボードを作らせて欲しいと頼んだ。

メルは快く了解した。自身もサンディエゴとハワイでサーフボード作りを学び、1969年にサンタクルーズに移り住んでショップを立ち上げたメル。最初は自分や友人のために自宅兼工房で一人でサーフボードをシェイプし、少しずつビジネスを拡大していったメルは、一人でスノーボード開発と格闘するジェイクに、少し前の自分の姿が重なったのだろう。

昼間はメルの工房でサーフボードが作られる過程を学び、彼らが帰宅した後、一晩中工房に籠り自分のスノーボードを作らせてもらった。サーフボードと同じように発泡スチロールやファイバーグラスを材料にしてスノーボードを作ってみた。長さ2メートル、厚さ10センチくらいのサーフボードの厚板を少しずつ削って、理想のスノーボードの形にシェイプしていった。

メルのショップの目の前のビーチには、プレジャーポイントというサーフスポットがあり、朝と夕方には地元のサーファーたちがそこで波に乗っていた。ジェイクはビーチに座ってその姿を眺めては、自分の作ったスノーボードで若者たちが雪の上をサーフィンする姿を想像した。「椰子の木が並ぶビーチ沿いのサーフショップで、雪山のスポーツの開発をしている僕の姿は滑稽に映ったんだろうね。メルたちは笑ってはいたけど、いつも『頑張れよ』と応援してくれたよ」

ファイバーグラスで作ったスノーボードは軽くて柔軟性もあったが、致命的な欠陥があった。衝撃に弱いのである。サーフボードは岩に当たったりすることを考えて作られていないが、スノーボードは岩を含め色々な物に当たる衝撃に耐えられなければならない。何度も試作品を作ってみたが、なかなか上手くいかなかった。

結局、サーフボードの製法には限界を感じ、悔しい思いを胸に抱きながらカリフォルニアを去ることになった。ジョン・メルは別れ際「あきらめるな、いつかきっと完成するさ」と励ましてくれた。メルとはとても仲良くなり、その後も友達関係は続いた。メルの「フリーラインデザイン」は今も健在で、地元の人々に愛されるサンタクルーズの老舗サーフショップになっている。息子のピーターもプロサーファーになり、今は孫のジョンが世界ランキング14位の注目の若手プロサーファーに成長している。

残された製法は一つだけ

バーモントに戻って、再び納屋でスノーボードの開発を始めた。隅に積み上げられた試作品の山は大きくなる一方だ。アッシュの無垢材、合成樹脂、発泡スチロール、ファイバーグラス……様々な素材を試してみたが、どれも上手くいかなかった。

もう一度、木の素材に立ち返ってみることにした。

「明確な理由はよく分からないけど、木の板に乗った時の感覚が正しい気がしたんだ」

今度はボートなどの海用の合板を使う製法を試してみることにした。ボート用の板は、防水加工されている上に、一枚板の無垢材と同じように熱したり曲げたりすることも出来た。何枚か作り乗ってみた。頑丈で耐久性には問題なかったが、雪の上で自由にターンするにはまだ重かったし、柔軟性も足りなかった。

開発中に危険な目にも遭った。

「モーターとノコギリが付いたピンルーターという大きな機械で板を切っていたんだけど、板がモーターに巻き取られ、納屋の壁まですっ飛んでいったんだ。板は壁に突き刺さり、ナイフが刺さった時のように『ビィィーン』と小刻みに揺れてたよ。もし板が自分に当たっていたらと思うとゾッとするね」

そうこうするうちに納屋の周りの山々はすっかり雪解けし、バーモントは春を迎えていた。庭には花が咲き始め、山の木々は緑を深めていたが、華やぐ景色とは裏腹に心は塞ぎがちだった。

「あの頃は本当につらかった。周りに雪がなければ、スノーボードに思いを寄せるのも難しいからね」

そして、孤独だった。

「寂しくて時々ニューヨークの友達に連絡を取るんだけど、彼らは『お前がやってるのは無謀な挑戦だよ』と笑うんだ。作業場に向かう気になれなくて、朝ベッドからなかなか抜け出せない日もあったな」

いつまで経っても成功しない試作品作りに、ジェイクは雪解けのぬかるみに嵌《はま》っていくような気がしていた。

夏が近づき始めた頃、まだ試していない製法が一つだけ残っていることに気がついた。同じ「横乗り文化」のスポーツであるスケートボードの製法だ。大きさも違えば、乗る斜面もコンクリートと雪という違いはあったが、横向きに乗って足と体重で板を操作してターンを切っていくという共通性があった。スケートボードは薄い板を何枚も接着剤で貼り合わせた集成材を使う手法で作られていた。この製法でスノーボードを作ってみることにした。

まず薄い板を接着剤で丁寧に貼り合わせてプレスする。スケートボードは5枚の板を貼り合わせていたが、さらに強度を増すために7枚を貼り合わせることにした。それでいて、板が重くなるのを防ぐため、一枚一枚の板はさらに薄くし、7枚重ねてもスケートボードより薄い集成材を作り上げた。接着剤が乾いて一枚の集成材になったら、今度は蒸気で熱してプレスし、ボードの先端部分が上に反るように片側だけ曲げる。最後にそれをスノーボードの形に電動ノコギリで切り取るという工程だ。これまでの製法よりかなり手間と時間がかかったが、それだけに期待も高まった。

完成した試作品を手で持ってみる。一枚板のアッシュの無垢材やボート用の合板より軽かった。手で押して曲げてみると、適度にしなった。手応えを感じた。

「これならいけるかもしれない」

さっそく雪の上で試してみたかったが、周りにはもう雪がなかった。試せるのは1箇所だけ。隣のニューハンプシャー州にあるアメリカ北東部の最高峰、マウントワシントンを目指した。

100枚目の試作品

6月末、ジェイクは完成したばかりの試作品を背負って、マウントワシントンをハイキングしていた。標高1917メートルのこの山は、ミシシッピー川以東では、麓と山頂の標高差が最も大きい山として知られている。この山頂は、ヨーロッパ人による開拓時代より前までは、この地域に住んでいた先住民アベナキ族に「神が宿る場所」と呼ばれ、誰も登ったことがなかった場所だ。気象が異常なほど変わりやすい場所としても有名で、風速370キロを超える突風が観測されたこともある。そんな危険な場所だったが行かざるをえなかった。6月末のこの時期に雪が残っているのはこの山頂付近だけだ。これを逃せば、次の冬まで新しい板を試せるチャンスは訪れない。

バックパックに水と食料を入れ、試作品の板を縛り付けて、ゴツゴツした岩場を登っていく。山頂までのトレイル自体の距離は短いため、甘く見られがちなマウントワシントンのハイキングコースだが、急勾配ゆえに高度が一気に上がり空気は急に薄くなる。ハイキングには自信があったが、さすがに息が上がってきた。登り始めて4時間、ようやく山頂が見えてきた。それと同時に、岩でゴツゴツした足場も雪で覆われてきた。

「よし、ここらへんでいいか」

バックパックと板を背中から下ろし、一息ついた。まだ所々に岩が見えているが、板を試せるだけの雪面は確保できそうだった。下を見ると、遥か彼方に麓の街が見えた。登ってきた長い道のりを振り返ると共に、これまでの長かった開発の道のりも思い出された。

「頼む、今度こそ上手くいってくれ」

祈るような気持ちで、板を斜面に置きバインディングに足を入れた。まずはゆっくり斜滑降してみる。安定感があった。

「うん、悪くない」

続いて体重をつま先からかかと側に移動し左にターンしてみた。板がちょうどよくしなり綺麗にターンが出来た。少しスピードを出して雪と岩場の境界線近くまで行ってみた。雪がはげて土と混ざった部分でも、衝撃に負けなかった。

「これだ！」

柔軟性、耐久性、操作性、そして軽さ、求めていた理想の板がついに完成した。

「数えてみたら、スケートボードの製法を取り入れたこの板が、ちょうど100枚目の試作品だったんだ。結局、開発を始めてから半年かかったけど、ようやく辿り着いた。この製法で、バートンボードの商品第一号の生産を始めることにしたんだ」

試作品に試乗するジェイク

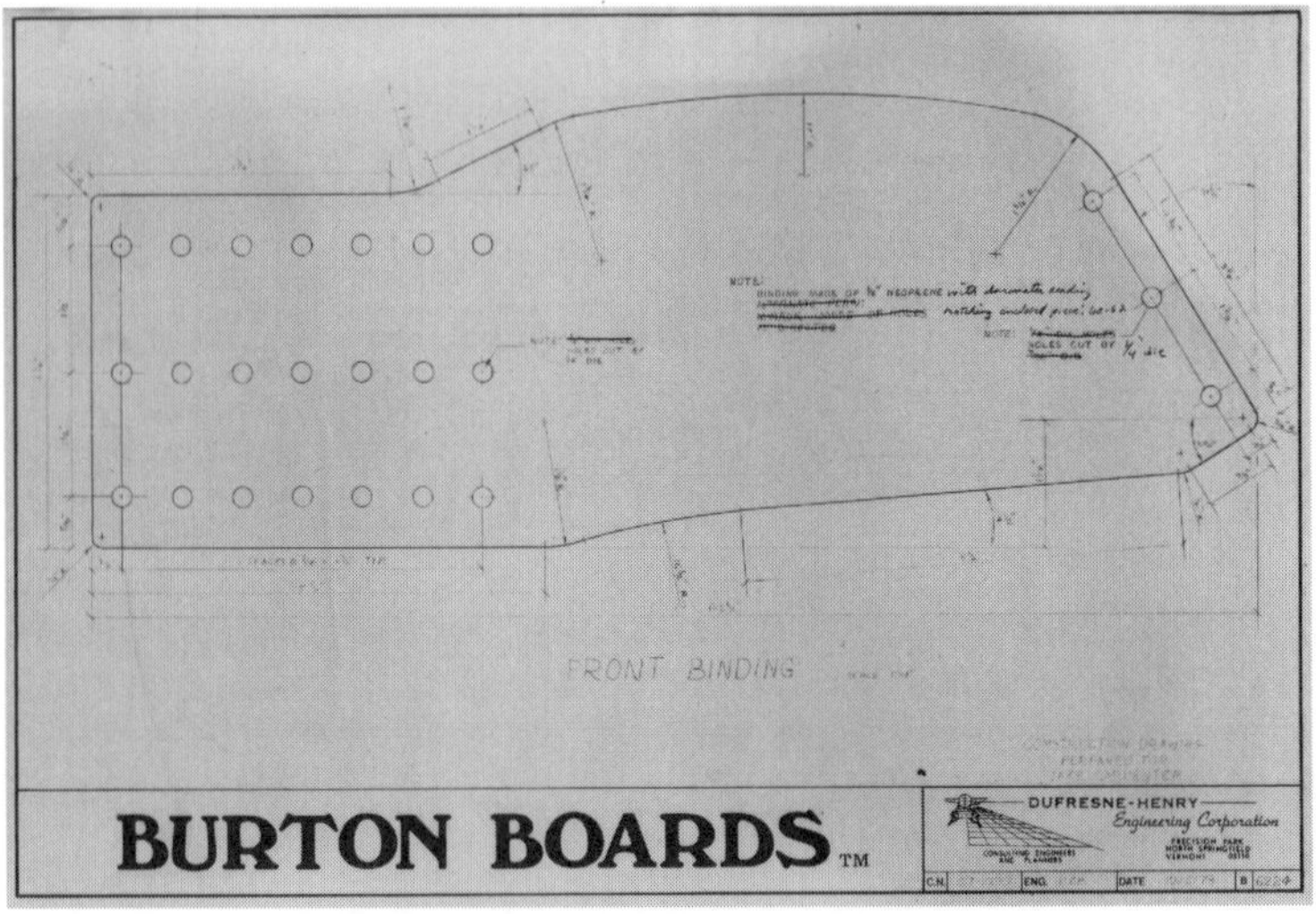

商品第一号となったフロントバインディングの設計図

CHAPTER

3

Underestimated Sales Plan

甘すぎた販売計画

**“There is no blueprint to snowboarding.
You can really just make your own mark.”**

「スノーボードに設計図なんてないんだ。
自分だけの軌跡を残せばいいんだよ」

―――― セージ・コッツェンバーグ（ソチオリンピック金メダリスト）

野心的な目標

ついに商品化第一号のモデルが決まり、これから生産を始めるにあたって家の納屋では手狭になった。そこで、ロンドンデリーの街に小さなビルを借りて、そこを工場にすることにした。賃貸とはいえ、初めてのちゃんとした社屋だ。ストリートに面した工場の入り口の上に、大きく白い文字で「BURTON BOARDS」と社名を書いた。工場の前に立ち、その名前を見上げてジェイクは少し誇らしい気持ちになった。

「バートンというのは、実は僕のラストネームじゃなくて、ミドルネームなんだ。ジョン・バートンという人にちなんで親がつけてくれたんだけど、幼少期にその人に非常によくしてもらったので、会社名はバートンにしようと昔から決めていたんだ」

商品化にあたって、ボードにはブランド名だけでなくロゴも必要になった。自分一人で考えるのには限界があったが、お金を出してプロにデザインしてもらう余裕もなかったので、親戚からアイデアを募ることにした。ただ募集するだけでなく、コンテストにして優勝者には賞金を払うと言うと、親戚たちが色々なロゴを送ってくれた。その中で、義理の姉ミミ・ライトが考えた、バーモントの山に雪が積もったデザインが気に入って、これを採用することにした。

「ミミには賞金の5ドルを支払ったんだけど、このロゴはオリジナルのロゴとして今でも使っているんで、ずいぶん得しちゃったね」

大学で経済を学んだジェイクは、生産にあたってビジネスプランを立ててみた。それは、1日に50枚のボードを作れば、1年間で10万ドル（約1100万円）の利益が出るという試算だった。野心的な目標だったが、非現実的ではないように思えた。

「その計算通りに生産するには、自分一人では到底無理なので、従業員を雇うことにしたんだ。気心の知れた人との方がやりやすいと思って、ミミを含む2人の親戚と1人の友人を雇うことにしたんだけど、これが大きな過ちだった」

まもなく始まるウインターシーズンに間に合わせるため、4人で急ピッチで生産を始めた。長年の夢がようやく雪の上を滑り始め、ジェイクはやる気と希望に満ち溢れていた。

しかし、その夢は半年後には一気に谷底まで滑り落ちてしまうのである。

見当違いの試算

生産を始めた1978年から79年にかけての冬が終わった。

「秋から冬にかけてひたすら生産を続けたけど、蓋を開けてみれば、この最初のシーズンで売れたボードは350枚。当初の試算のたったの7日分の生産量だったよ」

ジェイクは、工場に積み上げられた在庫の山を見ながら、途方に暮れていた。1000枚以上のボードが売れずに残っていた。自分の試算がとんだ見当違いだったことをようやく実感した。

「世の中にない新しいものを生み出したんだから、きっと多くの人が飛びつくだろうと思っていたんだ。スナーファーが爆発的に売れたので、スノーボードも同様に売れるだろうと、ちょっと楽観的に考えていた」

しかし、10ドル以下で買えるおもちゃのスナーファーと違い、90ドル近くする本格的なスポーツ用品では、買う方の財布の紐も固くなる。しかも、70年代のアメリカは戦後50〜60年代と続いていた経済成長に翳りが見え始めた時代である。泥沼と化したベトナム戦争はようやく終わりを見せたものの、2度のオイルショックも経験し、景気の停滞と物価の上昇が共存するスタグフレーションに突入していたのだ。

工場を閉じるか、従業員をクビにするか、どちらかの選択肢しか残っていなかった。これだけの在庫を抱えて、さらに生産を続けるのは意味がなかった。やむなく親戚2人と友人に頭を下げ、辞めてもらった。最初に知り合いを雇ったことを後悔した。それは彼らに解雇を告げるのが辛かったからだけではない。

「仲の良い人や自分に似た人を雇うと、会社が困難に陥った時に自分が思いつく以上の解決策が出てこないんだ。自分とは違う種類の人、自分の足りない部分を補ってくれるような人を周りに集めるべきだと、この時学んだよ」

夏の間はニューヨークに戻り、テニスのコーチとバーテンダーをしてお金を稼いだ。生まれ育ったロングアイランドの街がテニス愛好家の多い場所だったので、幼少期はテニスを熱心にしていてスキルがあったのだ。稼いだお金で、何とかバーモントの工場の家賃や光熱費などを払い、会社を存続させた。せっかく立ち上げた会社をたった1年で潰すわけにはいかなかった。

冬になり再びバーモントに戻ると、まず在庫のボードを売ることに専念した。それまでは、やっとの思いで完成した商品第一号を大量生産することばかりに気を取られ、販売の明確なプランを持っていなかった。前のめりになりすぎると、突っかかって転げてしまう。それは雪の上をスノーボードで滑る時と同じだ。

あらゆる手段で販売を試みることにした。工場はお店という構えではなかったが、興味を持って見に来てくれた人には店頭で販売した。またスケートボード雑誌やスキー雑誌に広告を載せ、問い合わせをくれた人にカタログを郵送した。カタログから注文してくれた人に、ボードを郵送するいわゆる「メールオーダー」で、今で言うネット販売のようなものだ。小売店や販売員にも卸した。売ってくれるという人なら誰にでも頼んだ。ガソリンスタンドにさえ卸した。

前回の失敗から従業員は雇わず、というより雇うだけの金銭的余裕もなく、再び孤独な闘いを始めたジェイクだったが、ボードにバインディングやフィンを付ける組み立て作業や、箱に詰めて梱包する作業に、アルバイトを雇った。地元の高校生が放課後に手伝いに来てくれた。

訪問販売員

1980年1月のある日、ジェイクは夜の雪道をニューヨークからバーモントに向けて車で戻っていた。ついにボードを愛車ボルボのステーションワゴンに積み込み、自ら売り歩き始めたのだ。ニューヨーク、マサチューセッツ、ニューハンプシャー、コネチカット、車で行ける近隣の州のめぼしい町は全て回った。英語で言う「トラベリングセールスマン」、いわゆる訪問販売員だ。スキーショップ、スケートボードショップ、サーフショップ、可能性のありそうな店を片っ端から訪問した。

この日は、2泊3日でニューヨーク州を売り歩いた帰りだった。バックミラーに目をやると、後ろが見えないほど積み上がったボードがあり、深いため息をついた。

「3日間売り歩いたけど一枚も売れなかった。それどころか、35枚を積んでバーモントを出発したのに、帰りには37枚に増えてるんだよ。訪ねた店の一軒が、前回の訪問の時に2枚購入したんだけど、全く売れる気配がないので返品したいと言うんだ。店主に"This is a joke"『これは冗談みたいな商品だな』って言われて頭にきたよ」

ジェイクは怒りに震えたが、グッと堪《こら》えて引き取った。まだ世の中に認知されていない商品を売るというのは、想像以上に難しいことだと思い知らされた。

ボードは思うように売れないまま、創業して2度目の冬が終わろうとしていた。山の斜面では雪が解け、下からゴロゴロした岩肌が見えてきた。起業のために用意した貯金も徐々に消えていき、バートンボードは資金難という大きな岩にぶち当たっていた。創業資金は祖母からの遺産が大半を占めていた。若い時に母と兄を亡くしたジェイクは、祖母が亡くなった時、本来母が相続するはずだった遺産を2人の姉と分け合って相続した。この相続金の分け前に自分が庭師のビジネスで貯めたお金を合わせて約10万ドル。このお金でバートンボードを立ち上げたのだ。

ブレイクスルー

創業から3年目に入り、大切な資金がまさに底を突きそうになってきた頃、雑誌の広告を見た人から少しずつメールオーダーが入るようになってきた。この頃は不安と期待が入り混じっ

バーモント州ロンドンデリーに建てた初代のバートンの工場

愛車のボルボ240ステーションワゴンにボードを詰め込んで訪問販売していた頃

た気持ちでポストを確認するのが日課になっていた。空っぽでがっかりする日もあれば、5〜6通届いている時もあった。おまけのTシャツの方が欲しいというメールもあれば、家族で滑るためにと4枚分のスノーボードのオーダーが一気に届く時もあった。

そんなある日、バートンボードに一つのブレイクスルーが訪れる。

いつもと同じように、高校生のアルバイトと一緒にメールオーダーのボードを箱に詰めている時だった。過去の郵送記録をつけた帳簿を見て、何気なく2年目のシーズンに売れたボードを数えたら700枚だった。思わずその高校生と顔を見合わせて叫んでいた。「前年の2倍じゃないか！」

その時、実感した。毎年売り上げが2倍ずつ増えていけば、ビジネスはゆっくりだが確実に成長すると。

「その日を境に過去を振り返るのをやめたんだ。それまではバーモントで孤独だったし、故郷ニューヨークの友達たちを見返してやりたいという気持ちもあった。そして正直に言えば、一気にたくさん売れればすぐにお金持ちになれる、という甘い考えも持っていたんだ」

しかし、その瞬間にクリアになった。「自分の決断は正しかった。スノーボードは確実にスポーツになる」。それを実現させることが、お金儲けより何より大事なことだと、本当の意味で気づいた。

「それからは、新しいスポーツを作ること、そしてその中でのバートンの位置付け、それだけを考えるようになった。すると不思議なことに、ビジネスは軌道に乗り始めたんだ。もちろん当初期待していたよりはとても遅いスピードだったけど、それでも確実に成長し始めたんだ」

立役者は高校生

創業から4年目の1981年、ビジネスが軌道に乗り始めると、会社をロンドンデリーから25キロほど西のマンチェスターに移した。マンチェスターは人口4000人余りだが、歴史的な建築物や山々の美しい景観があるため、ニューヨーク州やコネチカット州からの観光客やリゾート客が訪れる裕福な町だ。

今度は賃貸ではなく、初めて納屋付きの家を購入した。納屋を工場に、リビングはお店に、地下は倉庫に、そして寝室をオフィスにと、自宅そのものが会社になった。そしてこれを機に、社名を「バートンボード」から「バートンスノーボード」に変えた。その頃、雑誌に載せた広告からフリーダイヤルでカタログを注文出来るようにしたことが功を奏し、お店の電話は鳴り続いていた。

当初、親戚や友人を雇って失敗したジェイクは、家をローンで購入し出費を抑えたかったこともあり、引き続き正社員は雇わず、高校生のアルバイトを数人に増やした。これが結果的にスノーボードをスポーツとして発展させる大きなきっかけになる。

冬のシーズン中は、アルバイトの高校生たちも試乗を兼ねて自由に商品のボードを持ち出して滑っていた。ジェイクは元々ハイキングが好きだったので、ボードを抱えて山に登っては滑り降り、また雪の中を歩いて登っては滑り降りるのを繰り返した。しかし、若い高校生たちはそんなに忍耐力がなく、もっと楽をしてたくさん滑ろうと知恵を絞り始めた。

「ある日、彼らが『僕らは夜にスキーリゾートを滑ってるんだよ』と言ってきたんだ。もちろん、当時はまだどのスキー場でもスノーボードで滑ることは許されていなかったので、僕は驚いて聞き返した。『一体どうやって?』。そこで彼らがしてくれた説明に『なるほど』と感心したよ」

会社の近くにあるブロムリースキー場は、山頂から三分の一くらいのところにビレッジがあり、そこまでは車で行けた。彼らは、夜に3人で交代でシャトル運行しながら滑っているというのだ。つまり、3人で一台の車に乗って上まで行き、2人が滑って1人は車で下まで降りる。下で合流してまた車で上に行き、今度は運転手が交代する。これを繰り返して夜のスキーリゾートの斜面を何度も滑っていたのだ。

その話を聞くと、次から高校生と一緒に自分も夜のブロムリースキー場に行き始めた。そしてさらに大胆な行動を取った。

「スキー場では夜にスノーキャット(雪上車)でゲレンデの斜面を圧雪するんだけど、このスノーキャットの運転手と仲良くなって、ビールを1パック差し入れして、スノーキャットに乗せてもらって山頂まで行って滑るようになったんだ」

それで、元々スキー場のコース外のパウダースノーを滑るつもりで開発したスノーボードだったが、圧雪された斜面も滑れるように、板やバインディングを改良し始めることになった。思えばこのブロムリースキー場は、7歳で初めてスキーをした場所で、幼少期に毎年ニューヨークから週末に訪れていたスキー場である。夜とはいえ、この同じゲレンデを、自分が開発したスノーボードで滑っていることに、不思議な感覚と、ある種の達成感を持った。そして高校生たちの発想と度胸に感謝した。

「彼ら高校生はスノーボードと共に生き、スノーボードと共に呼吸していた。彼らを通じて僕はスポーツを学び、市場を理解したんだ」

ジェイクの元でバイトしていた3人の高校生の1人に、クリス・キャロルがいる。クリスはのちに、スノーボードの初めての世界大会で初代チャンピオンに輝くのだが、当時のジェイクやバートンの様子をこう語っている。

「ジェイクはいかした人でしたね。例えば、ボードを車に詰めて売りに行く旅に、私も一緒について行った時のことです。長旅で疲れてきたら、高速道路で急に路肩に車を止めるんです。そして道路を挟んでフットボールを投げて私にキャッチさせて、そうやって息抜きしてました。『世の中を変えてやろう』と鼻息荒くやっていたようには見えませんでした。その頃は会社が潰れないように生き残るのが精一杯で、結果的に世の中を変えることになったんだと思います」

クリスは当時まだティーンエイジャーだったので、ジェイクがどれだけの覚悟でビジネスをしていたのか、最初は理解していなかったと言う。ジェイクという20代半ばの大人に見える人が面白いものを作っていて、自分たちに何でも好きなことをさせてくれる、そんな存在だった。大したバイト代をもらえたわけではなかったが、遊び盛りの高校生にとってジェイクの仲間としてスノーボードが滑れるだけで十分だった。スノーボードはとても楽しくて、彼らはすっかり虜《とりこ》になっていた。

そんなクリスはその次の夏休みに、あることがきっかけでジェイクの置かれている状況の厳しさを知ることになった。クリスはジェイクに頼まれて、ジェイクの家のペンキを塗るアルバイトをすることになった。時給は4ドルで、昼間はペンキを塗ったりショップでボードの梱包などをして、夜はソファーで寝泊まりする生活だった。クリスはバイト代が4ドルでは安いと思い、ジェイクに値上げしてくれないかと頼んだ。すると驚いたことに、ジェイクが泣き出したという。聞けば、ジェイクはこの会社兼自宅を買うために、3つもローンを組んでいて、本当に生き残りギリギリの状態だったのだ。

「それを聞いた時に、大人の現実が理解できました。それから我々高校生のバイトも一丸となってジェイクを支え始めました。スノーボードというスポーツのこと、バートンというボードについて、少しでも多くの人に知ってもらえるように、可能な限り広めていきました」

こうして高校生たちティーンエイジャーを中心に、スノーボードは全米に少しずつ広まっていく。例えばアリゾナ州のある町、ミシガン州のある町、カリフォルニア州のある町に、一人のティーンがスノーボードを持ち込む。すると、その友達も手に入れる、さらに噂を聞いたその友達の友達も注文するようになる。スノーボードの楽しさが口コミで知れ渡っていったのである。

ジェイクはようやく自分が市場について大きな誤解をしていたことに気づいた。当初、自分と同世代の20代半ばの人たちが、スノーボードを買ってくれると思い込んでいた。当時スキーは高価なスポーツだったので、お金をかけずにスノーボードと履き心地の良いブーツで山に登って滑ることを望む人が多いと思った。しかし、ジェイクがスノーボードを売ろうとした時、多くの人はそれをスナーファーの改良品だと思い、それが遊び道具ではなく、新しいスポーツだとは認識しなかった。

実際にスノーボードに興味を持ったのは、15〜17歳のティーンエイジャーたちだった。まさにジェイクが最初にスナーファーに興味を持った時と同じ年頃の子供たちが、スナーファーではなく最初からスノーボードにはまっていったのだ。その後、彼らは山に自分で登るのではなく、徐々にスキー場に進出していくのだが、こうしてもっと若い世代がブームを作っていった。

ジェイクはそこからの会社の成長についてこう語る。

「よく『スノーボードが売れ始めたきっかけは何ですか？』と聞かれるが、ある出来事を境に一気に売り上げが伸びた、というわけではないんだ。1年目に350枚が売れ、2年目に700枚が売れ、それから15年間、毎年売り上げが2倍になっていった。2倍より多くも少なくもなく、なぜかちょうど毎年100％の成長率だった。最初の成長はそんなゆっくりしたペースだった」

CHAPTER

4

Getting on Track

出会いと競技で軌道に乗る

"I wouldn't call snowboarding a sport. It's just a way of life. It's a chance to shut your brain off, and live within the moment."

「僕はスノーボードをスポーツとは呼ばない。それは生き様だ。
脳のスイッチを切って、その瞬間を生きることができるチャンスだ」

―――― トラビス・ライス（プロスノーボーダー）

風変わりな出会い

1981年が終わり1982年が始まろうとする大晦日の夜、ジェイクはロンドンデリーの町はずれのレストランで年を越そうとしていた。「バートンスノーボード」を創業してから5回目の冬を迎えた。ここまで会社は潰れずに何とかやってきた。

クリスマスからニューイヤーにかけての年末は、アメリカは休暇に入り多くの人は里帰りして家族と団欒するのが習慣だったが、ジェイクにとってはシーズンの書き入れ時なのでニューヨークの実家には帰らずバーモントに残った。アルバイトたちも誘って一緒に年越しを祝いたいところだったが、高校生を飲みに誘うわけにもいかず、ひとりでバーカウンターに座って飲むことにした。

このThe Mill Tavernというレストランは、冬のスキーシーズンのみオープンする街の人気店で、冬の間はスキー客で賑わう。その名の通り、西部開拓時代の納屋や木造の古い製粉所をモチーフにした雰囲気のある建物で、店内には天井からアンティークな農耕器具が吊るされ、壁にもノコギリやヤスリなど工具がぶら下がっている。

ジェイクはバーカウンターで木製のスツールに腰掛け、ジャックダニエルの入ったロックグラスを揺らしていた。

店内は家族連れやスキー仲間らしきグループで賑わっていた。バーモントに来て以来、孤独な生活を強いられてきたジェイクにとって、人々の喧騒の中に身をゆだね、暖炉でゆらゆらと揺れる炎を眺めているのは心地よかった。

店の入り口から入って来た若いグループの中の一人の女性に目が止まった。洗練された身のこなしと服装からニューヨークからのスキー客だと思った。思い切って話しかけ、バーで一緒に飲もうと誘ってみた。

「僕の名前はジェイク。スノーボードを作ってるんだ」

と名乗ったが、その女性はスノーボードとは何なのか分からない様子で首を傾げていた。

女性の名前はドナ・ガストンといった。思った通りニューヨークからのスキー客で、まだ大学に通う18歳だった。好奇心が旺盛そうな大きな丸い瞳と意志の強そうな真っ直ぐ通った鼻筋が特徴的な、チャーミングな子だと思った。歳の差は10歳ほどあったが、同じニューヨーク出身の二人は話が合った。ドナは若くして色々と経験してきたのか、年齢よりは精神的に大人に感じた。

ドナは、ジェイクがジャックダニエルと一緒に牛乳を飲んでいることに驚いて訊いた。

「なんでそんなものをチェイサーにしてるの？」

ジェイクは、胃潰瘍を患っているので胃の粘膜を保護するためだと答えた。

「じゃあ、さっきから唇にくわえているマリファナは？」

それは関節炎の痛みを和らげるためだった。その頃ジェイクは、会社を軌道に乗せるためがむしゃらに働いていて、長時間労働で身体を酷使し、ストレスもいっぱい抱えて、一人暮らしで栄養の偏った生活を送っていた。

時計はまもなく0時になるところだ。誰からともなくカウントダウンが始まった。

「……5、4、3、2、1、ハッピーニューイヤー！」

店内は大きな歓声で溢れた。ハグをする人、キスする人たちもいる。ジェイクとドナもハグを交わした。

「スノーボードってなんだか未来はなさそうね。私はニューヨークに戻るわ」

と表面上はつれない台詞を残して別れたドナだったが、内心はジェイクのことが気になっていた。

「正直言ってそれまで、そんなに一生懸命働くまじめで純粋な男性には会ったことがなかったの。一人でバーモントに移住し、孤独と闘いながら、まだ誰も知らない新しいものを一から作り上げようとしている。彼のそんな情熱とライフスタイルに惹かれたの」

それからドナは、週末にバーモントにスキーに来るたびにジェイクと会うようになった。最初のデートの夜に、ドナはジェイクに、「そのスノーボードとやらに、私も乗らせてよ」と頼んでみた。

ジェイクはドナの度胸に驚いたが、喜んでいつもの裏山に夜ドナを連れて行った。ドナはスキーが得意だったので結構自信があったが、初めて乗った時、転んでボードが林の中にすっ飛んでしまった。ジェイクが苦労して暗闇の中を探してまた滑るという繰り返しだったが、二人にとっては楽しいデートだった。次第に、ドナも高校生のアルバイトたちと一緒に夜のブロムリースキー場に滑りに行くようになり、雪上車の運転手への賄賂のビールに加えて、ドナがブラウニー（アメリカの代表的な手作りデザート）で濃厚なチョコレートケーキ）を焼いて持っていくこともあった。

ジェイクが週末に、ドナの住むニューヨークまで遊びに行くこともあった。ドナは当時、アイビーリーグの一つコロンビア大学の提携校であるバーナード大学に通っていた。アパートをシェアしているルームメイトたちに「私の新しいボーイフレンドがバーモントから訪ねてくるの」とウキウキして伝えたが、当のジェイクは着いた途端に普段の長時間労働とロングドライブの疲れから、8時間ぶっ通しでソファーで寝てしまうこともあった。ルームメイトたちは「まぁ素敵なデートだったわね、お気の毒さま」と笑っていたが、ドナは怒ったりはしなかった。

ニューヨークにいるドナの友達の多くは、銀行や証券会社といったウォールストリートで働いていたが、ジェイクは既にその時、彼らとは違う人生のステージにいた。ジェイクが作ろうとしていたスノーボードの世界は、まだとても小さくて原始的なものだったが、関わった人たちは確実に魅了されて、そこには既にコミュニティのようなものが生まれているとドナは感じていた。これまでに出会ったことのなかったライフスタイルに、どんどん惹かれていった。

冬が終わりスキーに行くという理由がなくなっても、ドナは週末にバーモントに通った。いつの間にか、ジェイクの工場でスノーボード作りを手伝うようになっていた。

豪雨の結婚式

その翌1983年の5月21日、ジェイクはタキシードを着て、緊張した面持ちで鏡の前に立っていた。コネチカット州グリニッジにあるドナの実家のお屋敷の中だ。出会ってまだ1年と数カ月、瞬く間に恋に落ちてしまったジェイクとドナは、この日結婚式を挙げる。全てがトントン拍子に進んでここまで来た。

「本当にこれで良かったんだろうか」

バートンスノーボードは軌道に乗り始めたとはいえ、まだ成功とは言い難かった。ドナの両親の好意で、ドナの実家の広いガーデンで結婚式とレセプションをする運びになった。アメリカでは伝統的に新婦側が結婚式の手配をすることが多い。とはいえ、ドナの実家の豪邸には気後れした。ドナの父ドン・ガストンは「ガルフアンドウェスタンインダストリーズ」というアメリカの大手コングロマリットで副社長を務めたビジネスマンで、NBAの名門チーム、ボストンセルティックスのオーナーでもあった。


芝生の上に作られた簡易なチャペルで、まずは親族12人だけで結婚式が行われた。折り畳み式の椅子に座った親族たちの間を、ウェディングドレスを着たドナが父に手を引かれて歩いてくる。母親が亡くなったあと、男手一つで自分や姉たちを育ててくれたジェイクの父が、参列席で涙ぐんでいるのが見えた。もう後戻りは出来ない。神父の読み上げる誓いの言葉が、耳の遠くで聞こえている。言われるがままに復唱して、ドナの薬指にリングを通した。

レセプションは盛大だった。財界で名の知れたガストン家の娘の結婚である。招待されたゲストは400人。ガーデンに大きなテントが張られ、その下にたくさんの丸いテーブルが並んだ。豪華な料理、オードブルやシャンパンをトレイに乗せて運ぶ給仕たち。しかし、生憎《あいにく》天気は荒れ、テントの外では豪雨に稲妻、雷も鳴り響いていた。それでも構わずにバンドの演奏に乗って楽しそうにダンスする人たち。ジェイクはこの現実離れした風景をぼんやりと眺めながら、「これは夢なのかもしれないな」と思っていた。

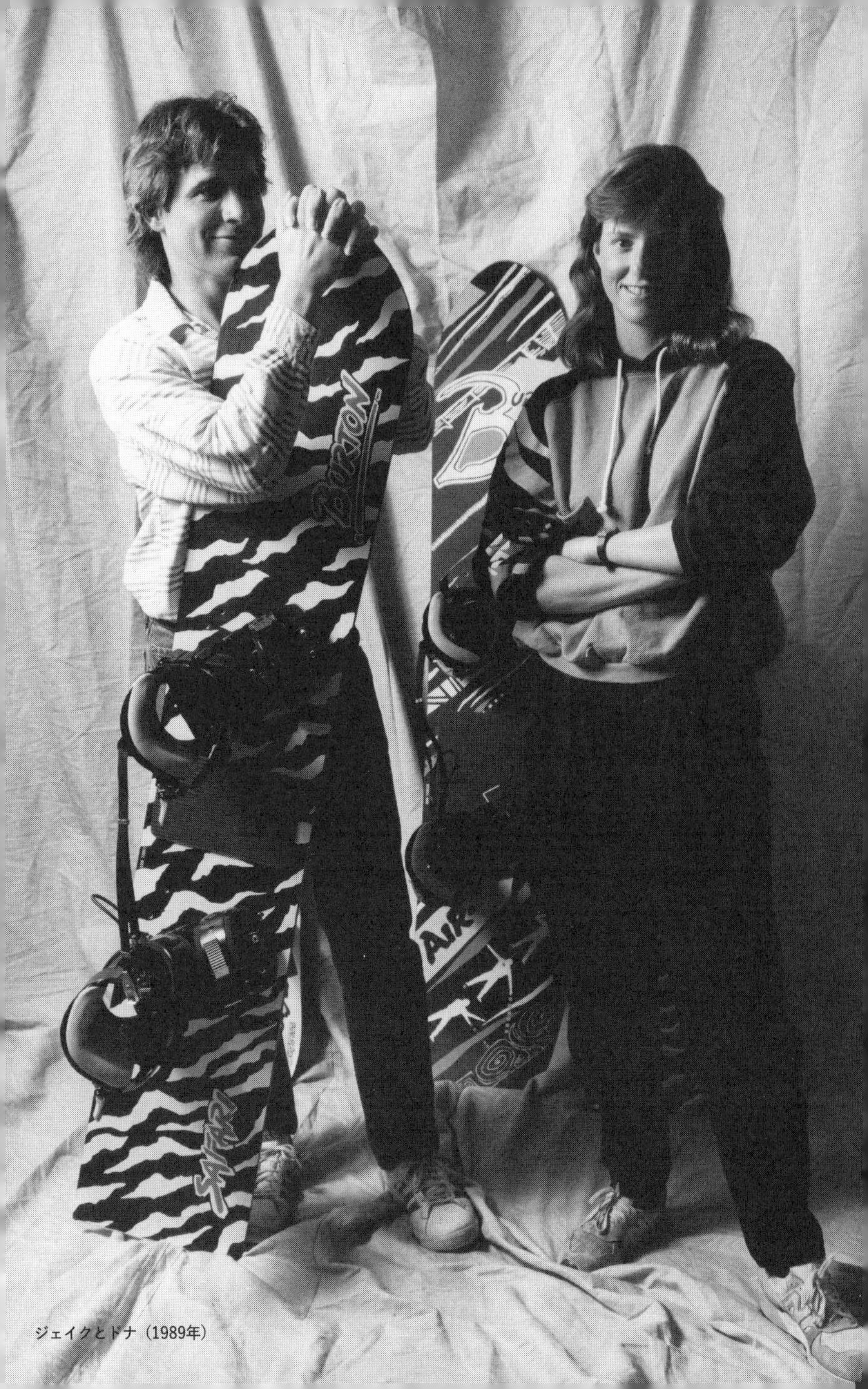

ジェイクとドナ（1989年）

新婦のドナにとっても、大学を中退してジェイクと結婚し、都会のニューヨークからバーモントの田舎に移り住むのは大きな決断だった。

「友達はみんな、私が気が触れちゃったのかと思ったようなの。私の母はジェイクに一度しか会ってなくて、私が『彼と結婚するの』と伝えたら『えー、あの熊男と？　あんな髪の毛を櫛でとかしたこともないような男と結婚するの？』という反応だったわ。みんな私たちの結婚をクレイジーだと思ったみたいね」

歳は10歳離れていたが、ジェイクとドナには共通している部分がたくさんあった。二人ともニューヨークの郊外で育ち、ジェイクもドナも冬にはスキーに興じた。子供のころはドナもスナーファーで遊んでいたという。ドナは親に敷かれたレール通りの人生を歩むのが嫌で、16歳の時に住んでいたグリニッジを飛び出してフランスに1年間移り住んだ。アメリカに戻ってから真剣に勉強し名門バーナード大学に入学した。ジェイクも高校を退学になったあと、心を入れ替えて勉強し名門ニューヨーク大学に入った。親にウォールストリートで働くことを期待されていたが、自分の信じる道に進むことにした。似たような背景を持つ二人は、自然に惹かれ合ったのだ。二人の結婚が間違いではなかったことは、その後バートンスノーボードの成功が証明することになる。

日本人の大口顧客

この結婚レセプションに出席していた日本人がいる。後にバートンジャパンの初代社長になる小倉一男だ。小倉はその時の様子を今も鮮明に覚えている。

「とってもアメリカらしい雰囲気の素晴らしいレセプションでした。そういえば、60年代の人気テレビドラマでスパイものの『0011ナポレオン・ソロ』というシリーズがあるんですが、なんとその準主役イリヤ・クリヤキン役の俳優デビッド・マッカラムが来ていたんです。ビックリして話しかけたら、ジェイクの親戚ということでした。色んな人が来ていましたね」

小倉とジェイクの出会いは、その2年前の1981年のこと。当時、ニューヨークの隣のニュージャージー州に住んでいた小倉は、アメリカの物を日本に輸出したり、日本の物をアメリカに輸入する貿易のビジネスを始めていた。色々な商品の展示会や見本市を回って、輸出入できそうなものを探すのが日課だったが、9月にマンハッタンのコロンバスサークルで開催されたスポーツ用品の展示会に行った時のことだった。何か面白いものはないかと会場を歩いていると、あるブースが目に留まった。その小さなブースには、正面にテレビのスクリーンがあり、そこで変わった映像が流れていた。雪の上を見たことのない何か一枚の板のようなものに乗って、自由に滑っている映像だった。ずっとスキーをしてきた小倉は、雪の上でこんなことが出来るのかと興味を持ち、展示している人に「これは一体何なの？」と尋ねた。すると「スノーボードですよ」という聞いたこともない名前が返ってきた。

その時、ジェイクはブースには不在で、小倉と話をしたのはジェイクの住むバーモント州から来たポール・グレイブスという人物だった。グレイブスは、スナーファーを使ってジャンプや回転の技を磨き、仲間うちで競技会を開催していた人で、ジェイクとは仲が良くブースを手伝っていた。スノーボードに興味を持った小倉は、グレイブスからジェイクの電話番号を聞き、電話をかけた。すると「雪が降ったらバーモントに来て下さい」と言われ、12月になると本当にジェイクから電話がかかってきた。

小倉は早速バーモント州マンチェスターに行き、ジェイクの会社を訪問した。裏の納屋に案内されると、そこで何人かがボードを作っていた。小倉を笑顔で迎えたジェイクは、挨拶もそこそこに愛車のボルボ240にボードを何枚か積んで、近くの山に連れて行った。山の上に着いたジェイクは小倉にボードを渡し「板に紐がついているからそれを掴んで、そこに足を入れて膝を曲げて腰を落として」とだけ伝えて、小倉の背中を押した。

「それが私の記念すべき人生初の一本目でした。100メートルくらいずっと転ばずに滑れましたね」

と小倉は笑う。

それが、ジェイクと小倉の最初の出会いだった。そして、日本にスノーボードというスポーツが伝わるきっかけとなる大事な一ページだった。「これは面白い」と思った小倉が、日本に輸出することを決める。小倉はバートンの第一号モデル『バックヒル』を50枚と、廉価版でバインディングがついていないモデル『バックヤード』を50枚、合わせて100枚を注文した。いきなり100枚の注文にジェイクは驚いたが、喜んで小倉と握手を交わした。

その数週間後、ジェイクは約束通り出来たてのボードをボルボに積み込んで、ニュージャージー州の小倉のところまで自分でやってきた。

「全部持ってこないとお金を払わないよ」と言ってあったが、数えたら98本しかない。ジェイクに「どうしたんだよ?」と聞けば「途中で飛んじゃった」と。「ボルボの中にも屋根にもギッシリ積んでいましたからね。彼、すごい運転荒いんですよ」と小倉は振り返る。

こうして、日本に初めてスノーボードが持ち込まれることになった。1982年のことだ。

世界に先駆けて、日本にスノーボードが輸入されるようになった背景には、このような一人の日本人とジェイクの出逢いがあったのである。

競技の芽生え

全米で若者を中心に少しずつ広まり始めたスノーボードだったが、スポーツとして発展するには一つの欠かせない要素があった。競技会だ。スポーツは競われてこそ成長する。その競技面の発展に重要な役割を果たした一人の人物がいる。それが、小倉に展示ブースでジェイクのことを紹介したポール・グレイブスだ。グレイブスは12歳からスナーファーに乗っていた熟練のライダーで、初めてスポンサーが付き、プロの「スナーファー」となった人物だ。元々サーフィンとスケートボードが得意だったグレイブスは、スナーファーにそれらのトリックを取り込んで、誰もしたことがないようなアクロバティックなライディングを見せていた。その噂を聞きつけたスナーファーの製造元のブランズウィックコーポレーションが「自社の製品を使って凄いトリックをするクレイジーなキッドがいる」ということで、グレイブスのスポンサーになったのだ。

1970年代後半には、スナーファーの愛好家たちの間でシンプルな競技会が開かれるようになり、グレイブスはそこで自分の技を披露して注目を集めていた。1979年に、ミシガン州で開かれた、初めての賞金付きの競技会では、滑りながら360度ターンを4回、片膝で滑るテクニック、そしてフィニッシュでは板からジャンプして前転し、観衆を沸かせた。

「当時の競技会はダウンヒルの種目しかなくて、タイムを競うだけでした。私は退屈しちゃって、色んなトリックを盛り込んだんです」

グレイブスのライディングに驚いた大会側は、急遽フリースタイル部門を新設し、グレイブスが初代チャンピオンに輝いた。この1979年の競技会では、もう一つ大きな出来事があったとグレイブスは言う。

「それはジェイク・バートンの登場でした」

この競技会に、ジェイクは自分で開発したスノーボードを持って参加した。しかし、ジェイクの板はスナーファーではないということで、主催者も多くの参加者もジェイクの参加に反対の声を上げた。その局面でジェイクを救ったのはグレイブスだった。グレイブスはそれまで15年間スナーファーに情熱を注いできて、いつかこれがもっと大きなものに成長するだろうと信じていた。グレイブスはスナーファーのメーカーにスポンサーされているライダーだったが、他の製品を参加させないという態度にどうしても我慢ができなかったのだ。自分のスポンサーに逆らってでも、ジェイクが参加できるように戦った。そこには、ジェイクが開発したボードで他の参加者たちとどれだけ競えるかを見てみたいという気持ちもあった。

グレイブスの熱心な説得によって、主催者はオープン部門を新たに作り、ジェイクがそこに参加できることになった。その部門の参加者は結局ジェイク一人だったので、勝者はジェイクだった。スナーファーより長くて幅も広くバインディングも付いたボードで滑走するジェイクの姿に、参加した人たちは驚いた。ミシガン州で開催されたこの1979年の競技会は、スノーボードの歴史の上で重要な出来事だったとグレイブスは振り返る。

「大きなうねりが起き始めたのを感じました。参加者もかなり増えていましたし、裏庭で始まった遊びが、裏の丘へと移動し、ついに山にまで来ました。そしてジェイクの登場によって、雪の上でサーフィンするボードは、スナーファー以外の方法でも作れることが証明されたのです」

「スノーボードはスポーツになる。そしてそれが今まさに生まれようとしている」

同じ志を持った二人の男、ジェイク・バートンとポール・グレイブスが出会った瞬間だった。この1979年の出会いから二人は意気投合し、スノーボードを世の中に普及させるために協力していくことになる。それで、小倉がニューヨークの展示会でスノーボードを見つけた時、グレイブスがジェイクのブースを手伝っていたのだ。

この大会のあと、グレイブスの曲芸的なライディングを見たカナダのビールメーカーが、テレビコマーシャルの出演を依頼した。軽快なポップ音楽と共にグレイブスが一枚の板に乗って仲間たちと雪山を滑走し、ロッジに入ってビールで乾杯するこのCMは、当時の若者たちにスキー以外の新しいウインタースポーツの可能性を感じさせた。CMはその後カナダやアメリカ北東部で4年間放映された。

開発競争始まる

この頃、広いアメリカではジェイクの他にもスノーボードを開発する人が出てきていた。ニューヨーク州北部の東海岸出身のサーファー、ディミトリー・ミロビッチは、サーフボードのデザインにスキー板のメカニズムを組み合わせてスノーボードを作った。スキーのように金属のエッジが付いていた。ミロビッチによると、彼はこのアイデアをスキー製造メーカーに売るために、スノーボードのデザインの特許を取得したということだが、特許権は行使しなかった。

ミロビッチはその後、ユタ州で「ウインタースティック」という会社を立ち上げ、スノーボードの生産を始める。サーフボードと同じく、後ろがツバメの尾羽のように2つに割れているデザインのボードを開発した。

マイク・オルソンは、中学校の工作の時間に最初のスノーボードを作り、高校時代も自分でせっせと改良を続け、大学を中退して「Gnu」というスノーボードブランドを立ち上げた。その他にも、ボブ・ウェバーは板の底をポリエチレンで作った「黄色いバナナ」と呼ばれるボードを開発して「スキーボード」として生産を開始し、チャック・バーフットは、グラスファイバーを使った試作品を開発した。ウェバーは数年かけてスキーボードの特許を取得した。

ジェイクは、スポーツ用品の展示会などに積極的にブースを出した。メインの会場には出展させてもらえなかったので、その他の雑多なメーカーの集まるサブ会場の方にブースを構えた。そういう場所で、ジェイク同様スノーボードを開発している他の人たちと出会うことも多かった。競合相手とはいえ、まだ認知度の低いスノーボードを世の中に広めたい、という同じ志と情熱を持つ仲間として、彼らのほとんどとは仲良くなった。

ただ一人を除いては。

シムスとのライバル関係

ジェイクはニューヨークで開催されたSGMA（スポーツ用品メーカー協会）の展示会に、バートンスノーボードのブースを構えていた。そこに一人の男が立ち寄って、ジェイクのボードを眺めてニヤニヤ笑っている。「これなら高校時代に作ったなぁ」と、その男はジェイクに聞こえるように言った。183センチの長身に、サラサラの金髪をなびかせた「感じ悪いヤツ」とジェイクは思った。その男の名前は、トム・シムスといった。シムスは西海岸では名の通ったスケートボーダーのようで、その展示会でも自分の作ったスケートボードを展示していた。

「へえ、そうなんだね」とその時ジェイクは相手にしなかったが、その次の展示会で再び顔を合わせた時、シムスのブースを見て目を疑った。スケートボードばかりだったシムスのブースに、たくさんのスノーボードが並んでいたのである。業界の仲間に聞くと、シムスは前回の展示会の後、他のスノーボード開発者のボブ・ウェバーから特許をライセンスして、自分のスケートボードを合体させてスキーボードなるものを作ったらしい。そして、シムスは堂々と「自分がスノーボードというスポーツを生み出した」と言い始めていた。ジェイクは「これは戦争だ」と思った。これが「バートン」と「シムス」の因縁のライバル関係の始まりだった。

トム・シムスは、1950年ニュージャージー生まれ。ジェイクより4歳年上だ。本人によると、中学校の工作の時間に自分の好きな2つのスポーツ、スキーとスケートボードを掛け合わせて「スキーボード」を作ったという。高校時代もそのボードの改良を続けたが、大学に入ったあとベトナム戦争の徴兵を逃れるため、1970年にカリフォルニア州サンタバーバラに移住した。カリフォルニアではその頃、自由と平和を求めるヒッピー文化と共にスケートボードが大ブームとなり、シムスはスケートボードにすっかりのめり込んだ。自らスケートボードを製造して「SIMS」というブランドを立ち上げ、1976年にはスケートボードのワールドチャンピオンにも輝いている。

シムスは、「ジェイクは私が彼からスノーボードのアイデアを盗んだと思ったようですが、本当はその逆で私はもう15年もスノーボードをしています。1963年にスキーボードを発明しました。夏はスケートボードとサーフィンをして、冬はスキーボードをしていました」と主張した。

しかしジェイクには、ニューヨークの展示会で自分のスノーボードを見て触発され、シムスがスノーボードに参入してきたようにしか見えなかった。ジェイクとトム・シムスは、それからあらゆる場面で熾烈なライバル争いを繰り広げることになる。

最初の全米選手権

1980年代に入ると、全米各地でスナーファーやスノーボードの小規模の競技会がポツポツと開かれるようになったが、グレイブス曰く「男どもがたくさん集まって、しこたまビールを飲んで気持ち良くなって、森の中をハイキングし、坂を競って滑り降りる」程度のものがまだ多かった。

そこでグレイブスは、国中からライダーを集めてちゃんと組織された大会を開きたい、と1982年に初めての「全米スノーサーフィン選手権」を主催した。場所はバーモント州ウッドストックにあるスイサイドシックススキー場。「こんな坂を滑るなんて自殺行為」と言われた急斜面NO.6を持つことで、スイサイド（自殺）シックスという名前が付いた謂《いわ》れがあり、全米で最初にチェアリフトが導入された歴史のあるスキー場である。ここにグレイブスが交渉し、大会開催の許可が降りた。競技種目はダウンヒルとスラロームだ。

当日の朝、不安だったので6時に早起きしてコースの下見に行ったグレイブスは、思わぬ事態に焦ることになった。ゲレンデの中で最も難しい急斜面に大会用のコースが作られていた。それは仕方ないとしても、コースの下にゴールのラインは用意してあったが、スタート地点には何も用意されていなかった。グレイブスは途方にくれたが、大会の開始まで残り2時間しかなかった。グレイブスは当時会場から10分の所に住んでいたので、とりあえず家に戻りスタートゲートの代わりになりそうな物を探した。

家では、妻がダイニングテーブルでコーヒーを飲んでいた。1950年代製の大きな長方形のテーブルで、脚の部分が金属だった。グレイブスは妻に「ちょっとごめん、そのテーブルが必要なんだ。理由は一緒に山に来れば分かる」と言い、そのテーブルをトラックに積みスキー場に戻った。スタート地点に穴を掘り、テーブルを逆さにして雪で埋めた。雪から突き出た金属製の4本の脚が、即席のスタートゲートになった。「今となっては笑い話ですが、当時は必死でした」とグレイブスは懐かしく振り返る。

なんとか無事開催に漕ぎ着けたこの大会には、全米から125人ものライダーが参加した。その中にはもちろんジェイクとシムスもいた。それぞれが自分が開発したボードを持ち寄って参加した。ジェイクはバイトの高校生たちをチームライダーとして連れて行った。ダウンヒル競技は、ただ直滑降してタイムを競うだけの単純なレース。スラロームは3回ターンがあるだけだった。ボードは原始的なデザインに、水上スキーのタイプのバインディングが付いたもの。足にはバスケットボールのシューズを履いていた。ジェイクは、「今から比べると滑るのはとても難しかったけど、楽しかったね。最高速度は時速60マイル（96キロ）も出ていたのでとても速かったけど、誰もケガはしなかったよ」と振り返る。

ダウンヒル部門はシムスが優勝し、スラローム部門と総合ではバートンのチームライダーであるダグ・ブートンが優勝した。この大会の様子は、雑誌「スポーツ・イラストレイテッド」や3大ネットワークテレビのNBCの看板番組「NBC TODAY」、ABCの「グッドモーニング・アメリカ」など主要メディアに取り上げられた。主催したグレイブスは、大会の成功にホッと胸を撫で下ろした。山の難関コースでもスノーボードで滑れることが証明できた。そしてグレイブスは、もっと大きな場所で大きな規模の大会を開催したくなった。

グレイブスは、翌1983年の大会の開催場所を探して、他のスキー場数箇所に手紙を書いた。その中の一つ、バーモント州の中心にありニューイングランド地方で5番目に大きいストウスキー場には、自ら足を運び経営陣を前にプレゼンを行った。プレゼンの出来栄えは上々で、手応えを摑んだグレイブスだったが、その後ストウから届いた手紙の返事は雪のように冷たいものだった。

拝啓　ポールさま、スノーボードについてのプレゼンありがとうございました。みなさん楽しい時間を過ごしたみたいですね。我々の中で協議した結果、ストウスキー場は1983年の全米選手権を開催することに興味はないと決定しました。それには2つの理由があるのでお伝えします。一つは、我々のスキー場ではスノーボードで滑ることを認めていませんし、おそらく今後も認めることはないでしょう。それなのにスキー場の宣伝になるからという理由で、大会を開催すれば誤解を招いてしまいます。次に、スノーボードに興味のある人たちからスキーに対するネガティブな態度を感じています。スキーと共存するスポーツではなく、スキーに取って代わるスポーツになろうとしているように見えます。あなたのイベントに適した場所が見つかると良いですね。敬具　ストウスキー場

競技人口を見ても、収入源を考えても、現在ストウマウンテンリゾートが成功している大きな要因がスノーボードであることを考えると、この話は皮肉で興味深い。1982年当時はスノーボードを許可してくれるスキー場は、まだ世界中どこにもなかったのだ。

全米オープンのはじまり

初めての全米規模の選手権は開催できたものの、大会自体で収益を上げることはできず、また次の年の開催場所も見つからなかったため、グレイブスは窮地に陥っていた。そんなグレイブスを救ったのは、今度はジェイクの方だった。ジェイクが地元の小さなスキー場、スノーバレーに掛け合ってスロープを1つだけ使わせてもらい、翌1983年の春に大会を開いた。せっかく芽生えた競技の流れを途切らせず継続させて成長させたかったため、収益は上がらなくても自分が大会を引き取ることにしたのだ。名前を「全米スノーサーフィン選手権」から「全米スノーボード選手権」に変えた。ジェイクは競技会の重要性をこう話す。

「滑っていた多くのライダーたちにとっては、みんな自分が誰よりも上手いと思ってたので『じゃあ誰が本当に上手いのか決めようじゃないか』という意味があった。だけど、僕にとっては、スノーボードの世界で何が起きているか、スノーボードでどんなことが出来るのかを世の中に見てもらうために、競技会は必要だったんだ」

その頃、たくさんの若者たちがスノーボードに乗り始めていたが、まだまだボードは乗りにくく、みんな初心者だった。「スノーボードなんてこんなものなのか」と思われがちだったので、競技会で上手な選手たちがカッコよくライディングする姿を見せて、メディアにも取り上げてもらい、スポーツそのものの価値を上げる必要があると、ジェイクは考えたのだ。

この大会では、ダウンヒル、スラローム、総合部門、全てでトム・シムスが優勝した。自分が主催した大会で、ライバルのシムスに優勝を奪われることになったが、ジェイクには成績よりも嬉しいことがあった。その大会期間中に、道具の進化が自分の目の前で起きていたのだ。その頃は、ボードの横に付けられたフィンから、ボードの縁に金属製のエッジを埋め込む技術に変わり始めた頃で、ボードの裏にはポリエチレンが使われ始めていた。競技会では金曜日に予選があり、土曜日が決勝だったが、予選で他の人のボードに新しいテクノロジーを見つけたら、その夜に自分のボードを改良して決勝に臨む、そんなことが本当に起こっていた。それはまるでカーレースの世界だった。レーサーやメカニックが翌日のレースに向けて車をチューニングするように、彼らもスノーボードを前夜にチューニングしていたのだ。スノーボードは競技会と共に物凄いスピードで進化していた。

その後も、ジェイクは毎年「全米スノーボード選手権」を開催し、それが現在3万人の観客を集める世界で最も名誉あるスノーボードの大会、ＵＳ ＯＰＥＮ（全米オープン選手権）に成長した。

ジェイク（1982年）

過熱するライバル争い

優勝してカリフォルニアに戻ったトム・シムスは、同じ春に自ら大会を開いた。ジェイクに対抗して、それを「世界スノーボード選手権」と名付けた。アメリカ以外ではまだ大会はなかったので、言った者勝ちの状況だった。西海岸有数のスキー場であるレイクタホのソーダスプリングスで行われた。

シムスは大会開催の直前になって、恒例のダウンヒルとスラローム競技に加えて、新たにハーフパイプという種目を導入すると発表した。ハーフパイプとは文字通り、大きな管を縦に半分に切った半円を下にした部分のことで、雪面をその形に掘ったいわゆるパイプの内側の部分を滑り、ジャンプや回転などの技を競う。

西海岸では、水を抜いて空になったプールの内側をスケートボードで滑るのが流行っていて、シムスたちは同じことをスノーボードでもやっていたのだ。これに対して、ジェイクたちバートンチームは、大会への参加自体をボイコットすると返答した。直前の種目の追加はフェアではないし、ジェイクたち東海岸のライダーは、ハーフパイプなど一度も滑ったことがなかったからだ。

ジェイクたちの反対にもかかわらず、シムスはハーフパイプ競技を強行した。ジェイクたちは渋々参加したが、大会の朝、バートンチームのライダーたちは、アルペンスキーヤーのような身体にピッタリしたレーシングスーツに身を包んでストレッチなどしてダウンヒルやスラロームのレースに備えたのに対して、一方シムスのチームのライダーたちは、ハーフパイプのコースの横で、リラックスして笑いながらツイストの練習を繰り返していた。

東海岸でスキーをして育ち、ビジネスを学んで、スノーボードを体系的に育てようとしていたジェイクと、西海岸でツリーハウスに住み、自由に暮らしながらスケートボードとサーフィンに明け暮れていたシムスでは、スポーツへの取り組み方が正反対だった。共に育てているのは、スノーボードという同じスポーツでありながら、東海岸と西海岸では、コインの表と裏のような関係だった。

シムスは二人の関係について、「ジェイクと私は、スノーボードというスポーツの方向性について、意見が全く違いました。最初から私たちの関係はデコボコの斜面のようでした」と振り返る。

このライバル関係をジェイクの近くでずっと見ていた妻のドナは、こう表現する。

「トムはあまり道徳的な人間ではなかったので、友達と呼べる関係ではなかったけど、スノーボードのレベルを押し上げたのは確かね。バートンとシムスという二人の立役者がいて、そのライバル関係が技術開発を加速させた。そして正直に言って、シムスの方がフリースタイルの流行については、ずいぶん先を行ってたわ。私たちはそれを見逃していて、それは間違いだった」

大会の様子がテレビで放映され、ハーフパイプの中を左右に揺れながらジャンプしツイストする姿を、若者たちはクールと思った。それからスノーボードはフリースタイルが主流となっていった。ジェイクもこの方向性の変化を認めている。

「スノーボードがまずレースから始まったのも僕が決めたことではなく、ライダーたちがそれを求めていたからだ。方向性を決めるのはいつもライダーたちだ。多くのライダーがフリースタイルに向かうのなら、それが自然だろう。それが健全なスポーツのあるべき姿だ」


どこの世界でもライバル関係というのは、お互いを刺激し合い、観る者を魅了し、その世界そのもののレベルを向上させてきた。ちょうどその頃テニス界では、冷静沈着で「氷の男」と呼ばれるビョン・ボルグと、感情剝き出しで「悪童」と呼ばれるジョン・マッケンローが、ウィンブルドンでテニス界の歴史に残る名勝負を繰り広げていた。また、シリコンバレーでは、ヒッピーのスティーブ・ジョブズがマッキントッシュなどハードウェアを作れば、オタクのビル・ゲイツがウィンドウズなどソフトウェアを作り、この2社の激しい開発競争の中でコンピューター業界は飛躍的に進歩していった。こうしたライバル関係は、二人のスタイルが対照的であればあるほど、熾烈さを増し過熱した。

スノーボードも、東のバートン、西のシムスという東西の両雄の熱く激しいライバル争いの中で、方向性を模索しながらも、確実に一つのスポーツとして歩み始めていた。

CHAPTER

5

Love & Hate Ski

スキーとの愛憎関係

“Snowboarding is an activity that is popular with people who do not feel that skiing is lethal enough.”

「スキーで死ぬほどのスリルを味わえない人たちの間で
スノーボードは人気だ」

—— デイブ・バリー（作家・コラムニスト）

スキーとの確執

スノーボードは少しずつ認知度を上げ、若者を中心に人気が集まり始めていたが、これからメジャーなスポーツになるには、大きな問題が立ちはだかっていた。滑る場所がないのだ。競技会は特別に開催できても、全米のスキー場はどこ一つとして一般のスノーボーダーが滑ることを許していなかった。

その一番の理由は安全面だった。ジェイクの住むバーモント州南部にある人気スキー場ストラットンの例が当時の状況をよく物語っている。1977年にジェームズ・サンデーというスキーヤーがコース上の看板に衝突して半身不随になってしまった。サンデーはスキー場を相手に訴訟を起こし、150万ドル（約1億6500万円）を勝ち取ったのだ。その話は全米に知れ渡り、それ以来多くのスキー場はゲレンデで客に怪我をされて訴えられることを最も恐れていた。

スキーに比べて大きな板で速いスピードで滑走してくるスノーボーダーは、スキー場にとっては恐怖以外の何ものでもなかった。スキー場の保険も当時はスキーヤーしかカバーしていなかった。また、スキー場のリフト券は20ドルで、当時の物価にしては高かった。「スキーは上品で高級なスポーツ」。スキー場はそういうハイソなイメージを大事にしていた。一方のスノーボーダーたちの中には、当時流行っていたパンクロックの影響を受け、黄色やピンクの派手なウェアを着て、青や紫に染めた髪を逆立てているような連中も目立った。スキー場のコースを滑らせてもらえないので、コース外の禁止区域を無断で滑っているスノーボーダーも多く、パトロールの制止を振り切って傍若無人な振る舞いをする人たちもいた。また一部の人間ではあったが、酔っ払ったりマリファナでハイになって滑っているイメージも付き纏った。

世代間の格差もあった。スキーヤーの年齢層は比較的高く、落ち着いた大人のスポーツだったのに対し、スノーボーダーはティーンエイジャーや20代の若者が多かった。

スノーボードは、展示会などでもスキー業界から差別的な扱いを受けることが多かった。1984年、ジェイクとドナがスキー業界の展示会に参加した時のことだ。友人がブースを持っていたので、そこをシェアしてバートンのスノーボードを展示させてもらった。すると全米スキー産業協会の連中がやってきて、

「ここはお前たちの来るところじゃない。出ていけ!」

と、ブースの中にドカドカと勝手に踏み込むと、バートンのボードをむりやり撤去しようとしたのだ。ジェイクが抵抗して何とか追い出したが、ドナはこの不当な扱いを忘れることが出来ないという。

「まぁ彼らにとっては自然なリアクションだったのでしょう。私たちはスキー業界にとっては異端児でしたから」

そんな中、ジェイクは地元のスキー場に滑らせてもらえるように、一つずつ根気強く働きかけていった。スノーボードの安全性や未来に秘めた可能性について手紙を書き、ロビー活動も行った。時にはジェイクやバートンのチームライダーたちがスキー場に行き、デモンストレーションして滑って見せることもあった。

ある日、ジェイクに大きなチャンスが訪れた。

ジェイクとバートンのライダーたちは、地元ストラットンスキー場のゲレンデの上に立っていた。それまでのように、夜にこっそり忍び込んだり、雪上車の運転手に賄賂のビールを渡したわけではない。昼間のちゃんとした営業時間内だ。

これから、おそらく今までで一番重要な一本を滑ることになる。

ジェイクは、ストラットンに足しげく通ううちに、マネージャーのポール・ジョンストンと仲良くなった。ジョンストンにお願いして、ダメ元でストラットンの理事会で、スノーボードを許可するかどうかを議題にかけてもらったのだ。理事会では予想通り全員がスノーボードの滑走に反対した。しかし、誰一人として反対の正当な理由を挙げられなかった。ジョンストンはとてもフェアな男だった。彼はジェイクに一度だけのチャンスを与えたのだ。

「明日スキー場に来て、スキーパトロールたちと一緒に滑ってみてくれ。君たちの滑りを見て判断するよ」

緊張して迎えたその朝、ジェイクたちに幸運が訪れた。シーズンも終わりかけのその日、気温が奇跡的に15度くらいまで上昇したのだ。圧雪された上、ガリガリに凍った雪ではエッジが効かず上手く滑るのが難しいが、柔らかい雪なら綺麗にターンできる可能性が高かった。スキーパトロールたちに前後左右を囲まれながら、ジェイクたちは緊張した面持ちでスタートした。熟練のスキーパトロールたちの滑るスラロームに沿って、遅れないように、そして転ばないようにチーム全員が集中して丁寧に滑った。

「最高の滑りを見せられた」とジェイクは思った。

ジェイクたちのライディングに満足したジョンストンは、スノーボードを条件付きで許可することにした。ストラットンスキー場にスノーボードスクールを開設し、その運営をジェイクに任せたのだ。スクールを受講し、コースを卒業して許可証を与えられた者だけが、リフトに乗れるようにした。最初はゲレンデの下のグリーン（初心者コース）用の許可しか与えられなかったが、次第にブルー（中級コース）そしてゲレンデのどこを滑ってもいいオールマウンテンパス、というように段階的に許可証を与えられるようにした。これが世界で初めての「スノーボードスクール」だったが、今や世界のスキー場のどこにでもあるスノーボードスクールは、このような必然性の中で生まれたのだ。ポール・ジョンストンという公正な人物の英断と、ジェイクたちバートンチームの完璧なライディング、そして恵まれた天候の3つが重なって、スノーボードは初めてメジャーなスキー場で正式に滑ることが許可されたのだ。

それからスクールの運営を始めたジェイクは、若者たちにスノーボードの技術だけでなく、マナーもしっかり教えることを心がけた。許可されたとはいえ、スノーボーダーたちは常にスキー場や周りのスキーヤーから厳しい目で監視されていた。スキーヤーの中には、ゲレンデでマリファナを吸ったり酔っ払っている人もいたが、スノーボーダーが同じことをすれば、二度とそのスキー場には入れてもらえなかったし、スノーボードそのものが禁止される可能性もあった。ジェイクは、スクールを卒業してリフトに向かう若い連中にいつも「ヘマをやらかすなよ」と言ってから送り出していた。

ストラットンスキー場とスノーボードはその後も良好な関係を築き、1985年にはそれまで小さなスキー場スノーバレーで2年間開催されていた「全米スノーボード選手権」を引き取り「全米オープンスノーボード選手権」として開催した。2013年にコロラド州のベイルに移るまでの28年間、スノーボード競技の中心的な役割を担う場所となった。

ストラットンという大きなスキー場で許可が下りたことで、バーモント州の周辺のスキー場は徐々に許可を出し始めた。その背景には、スキー人口の伸び悩みもあった。全米スキー場協会の統計によれば、1978年の冬から1985年の春までのシーズンで、スキー人口は2・3%しか上昇せず、ほぼ横ばい状態が続いていた。特に小さなスキー場は収益が欲しかったので、ゆっくりだが確実に増えていたスノーボーダーを受け入れざるを得なかったのである。

しかし、ジェイクが全米の主要なスキー場の多くから許可を得るには、その後6〜7年を要した。ジェイクはコロラド州のアスペンに交渉に行った時のことをよく覚えている。アスペンといえば、4つのゲレンデを持つ巨大なスキー場で、世界有数のリゾートだ。

「理事会のメンバーの前で2時間もプレゼンをさせられて、その挙げ句に答えは『NO』だったんだ。同じコロラド州でアスペンと並ぶリゾートのベイルは既に許可していたのにもかかわらずだ。そのアスペンが今やXゲームの開催地になっているから、あれから随分経ったんだなぁと思うよ」

全米スキー産業協会によれば、1984−1985年のシーズンまでにスノーボードを許可したスキー場は全米で約40箇所だった。その数は1996年までには450箇所に増えた。84−85年シーズンにバーモント州でスノーボードを始め、その後、雑誌「スノーボーダー」の名物編集者になったパット・ブリッジスも、ジェイクの努力の恩恵を被った一人だ。

「私の家のベッドルームの窓から2つのスキー場が見えたのですが、どちらもスノーボードを許可していませんでした。私はそれらを通り越してさらに30分車で走った隣町まで行かないと滑れませんでした。それでもマシな方だったかもしれません。

ジェイクがスキー場一つひとつにスノーボードのゴスペル（福音）を説いていったのです。私たちはみな彼の使徒です。ジェイクはまるで西部開拓時代にジョニー・アップルシードがリンゴの種を配って歩いたように、東海岸から西海岸まで、スノーボードの種を蒔いていきました。

スキー場が『保険会社が許可してくれないんです』とお決まりの言い訳をする度に、それを論破する準備をして根気強く交渉しました。もちろん、当時は歓迎ムードではありませんでした。スノーボードは彼らにとって脅威でしたから、敵意剝き出しの対応でした。

スキー場の斜面で滑れなければ、リフトを使わせてもらえなければ、スノーボードはとっくに死滅していたでしょう。それが分かっていれば、ジェイクは、無私無欲で行動しました。『バートン』の売り上げのためではありません。『スノーボードは正当なスポーツになる』というビジョンと信念に基づいて行動したのです」

こういう経緯から、スキーとスノーボードの間には長い間確執があった。多くのスノーボーダーはスキーに不当に扱われたと感じてきたのだ。ジェイクはそれがスノーボードの独特の文化を作った要因の一つかもしれないと言う。

「スノーボードを独り立ちさせるためには、ある程度反逆者的に振る舞う必要がありました。スノーボードというスポーツを誇りに思い、自分たちはスノーボーダーであるというプライドを育む必要がありました」

生き残り競争

その頃、スノーボードメーカーの乱立による過当競争で、多くのメーカーは経営危機に瀕していた。ディミトリー・ミロビッチがユタ州で始めた「ウインタースティック」は、１９８２年に一度廃業し、85年に再開を試みるものの、87年に再び潰れた。カリフォルニア州でジャック・スミスが始めた「A-Team」やロードアイランド州でスティーブ・デラーが始めた「Flite」は消滅し、サンダース夫妻の「アバランチスノーボード」は売却された。シムスと組んでいたチャック・バーフットが独立して開いた「バーフットスノーボード」も、スノーボード部門を閉じた。

バートンの最大のライバルだったシムスも、スノーボード部門を外注に出した。その４つの外注先がどれも上手くいかず、市場に適応しながら期限内に商品を送り出すことが出来なくなった。結局、ワシントン州でマイク・オルソンが始めた「Ｇｎｕスノーボード」とジェイクの「バートン」だけが順調に売り上げを伸ばしていた。しかし、外からは堅実に見えていたバートンの経営も、内情はそんなに楽ではなかったとドナはこぼす。

「会社の成長に合わせて設備投資もしなければならなかったし、自分たちの成長のスピードに追いつくのが大変だったわ。でも、銀行は簡単には融資してくれない。『スノーボードの会社なんです』と言って『そうですか、では喜んで融資しましょう』などと言ってくれる銀行があるわけはないしね。ヨーヨーなどと同じように単なる流行ですぐに廃れてしまう、と何度言われたことか。スノーボードが今後どれだけ伸びるのか、誰も理解していなかったわ」

ジェイクは、ビジネスで成功していたドナの父、ドン・ガストンからの資本投資も受けて、1980年代半ばから急成長する市場をなんとか乗り切ろうとしていた。

ヨーロッパへ

1984年の冬、ジェイクはオーストリア行きの飛行機に乗っていた。隣では妻のドナが窓から見えるアルプスの山々を眺めている。といっても新婚旅行ではなかった。バートンスノーボードを成長させるのに躍起になっていたジェイクには、そんな時間の余裕もお金の余裕もなかった。後ろの席にはドナの両親も乗っていた。彼らがオーストリアにスキー旅行に行くので、ドナとジェイクを誘ってくれたのだ。もちろん、費用は全てドナの父が出してくれるとのことだった。

徐々に仕事でもジェイクを支える存在になっていく妻のドナだが、結婚した当初はそんなつもりは全くなかったと言う。

「最初はカルチャーショックに苦しんでたの。19歳で結婚してバーモントの田舎に引っ越して来て、週末はいつも泣いてたわ。なんで大好きなニューヨークを離れちゃったんだろうって」

そんなドナの様子を見かねて、ジェイクはある提案をする。

「一緒にヨーロッパに行こう」

学生時代にパリに1年間住んでいたドナが、ヨーロッパが好きなことは知っていた。ヨーロッパに行けば、ドナも気分転換ができ元気を取り戻してくれるのではと思った。しかし、そんなお金の余裕はなく、どうしようかと思っていたところに、ドナの父からタイミングよく嬉しいお誘いがあったのだ。後から考えれば、ドナの父はそういう娘の様子を知って、敢えてスキー旅行を計画したのかもしれない。

ジェイクは、後ろの席を振り向いて両親と楽しそうに会話するドナの笑顔を見てホッとしていた。それと同時に、ジェイク自身にもヨーロッパに行きたい理由があった。スノーボードが天然の雪山のパウダーではなく、スキー場の圧雪されたコースを滑るようになったことで、スノーボードの製造にもスキーの製造技術が生かせるのでは、という考えがあった。その技術を得られるのは、多くのスキーメーカーがひしめき合うヨーロッパだけだった。

オーストリアからスイスを中心に、ヨーロッパ中央部を東西に走るアルプス山脈は、さすが世界有数のスキーの本拠地だった。雪質も最高な上に、1つのスキー場が3つの山にまたがっているような場所も珍しくなく、その規模は桁違いだった。多くのヨーロッパのスキーヤーに混じって、ドナと彼女の両親はスキーを楽しんだ。昔から家族でスキーをしていただけあって、彼らは上級者で難しいコースもスイスイと滑っていく。ジェイクは一人だけ持参したスノーボードに乗って彼らと共に滑った。リフトに乗って山頂まで行くと、今まで滑っていた斜面の反対側にもゲレンデが広がっていて、そこを滑り降りると、さらにその向かいの山の斜面にもリフトが伸びていた。360度どの方向を見回しても、霞んで見えなくなるくらい先までスキーヤーがいる景色を見て、ジェイクはいつかこの広大なキャンバスに、スノーボーダーたちが色とりどりの軌跡を描く姿を想像した。

夜ホテルに戻り、ドナと両親がくつろぎ始めた頃、ジェイクにとっては大事な時間が始まる。

スキーを作っている工場を訪ね、スノーボードを製造してくれるパートナーを探すのだ。スキーの板は、木材のコアをグラスファイバーでコーティングして、金属のエッジが付けられているが、同じ構造でスノーボードを作りたいと考えたのだ。あらかじめ、オーストリア近郊の6つの工場を下調べしてあった。レンタカーに自分のスノーボードをサンプルとして積み、一晩に一軒ずつ訪ねた。

しかし、スキー工場の反応は厳しいものだった。スキーの製造工程用に作られた生産ラインや機械を、スノーボード用に改造する余裕がない、というのが主な理由だった。毎晩、慣れないヨーロッパの雪道を何十キロも走って交渉に出かけては断られる日が続いた。しかし、何度「NO」と言われても諦めないのが、成功する起業家の持つ共通の強みだ。それまでも何度も拒絶されてきた。試作品の製法には失敗しつづけ、展示会では参加を拒否され、スキー場では滑ることを許されなかった。それら全てに対し諦めず根気強く立ち向かい、最後は必ず実現させてきたのだ。

最後の望みの綱

ジェイクはその夜、ザルツブルクの郊外に向けて車を走らせていた。モーツァルトの故郷として知られるザルツブルクは、小高い丘の上に聳えるホーエンザルツブルク城や鐘の鳴る大聖堂など歴史を感じる景観の美しい街だ。この時期はそれら旧市街の建物はうっすらと雪に覆われ、白いベールに包まれた冬の要塞のように幻想的な佇まいを見せていた。

モーツァルトは、若くして類まれな才能を発揮しながらも、それに見合った報酬を得られず、ヨーロッパ各地を転々としながら宮廷での仕事を求めた。数々の名曲を世に残しつつも、商業的に成功することなく、借金を抱えながら35歳の若さで亡くなった。

ジェイクも才能だけでは成功できないビジネスの厳しさを実感していた。

それまで回った5軒のスキー工場にはことごとく断られた。残るは1軒だけだ。アルプス山脈の谷間の暗い夜道を急ぐ。その晩は雪嵐が吹き荒れ、視界がたびたび遮られた。目指す工場に辿り着いたときには、もう日付が変わろうとしていた。

訪ねたのはウッテンドルフにある「カイルスキー」、ヘア・カイルという個人オーナーが経営する小さな工場だ。ジェイクの真夜中の訪問にカイルは驚いたが、眠い目を擦りながらも、ひとまず中に入れてくれた。挨拶もそこそこに熱く語り出すジェイクを手で制し、カイルは奥に引っ込んだ。数分後、戻ってきた時には隣に娘を連れていた。英語があまり得意でないカイルは、寝ていた娘を起こして通訳を頼んだのだ。

持参したスノーボードを手に「これにスキーの製法を取り入れればスノーボードは飛躍的に伸びる」と語るジェイク。娘の通訳を介して頷きながら聞いていたカイルは、少しの間考えたあと、ジェイクに右手を差し出した。アメリカからわざわざやって来たこの野心と熱意に溢れた若者と、新しいスポーツに可能性を感じたのだ。

「分かった。やってみましょう」

二人は握手を交わしてその場で契約し、まずは試作品を作ることになった。

アメリカに戻って数週間後、ジェイクは由緒ある古都ザルツブルクとは地理的にも文化的にも対極の場所にいた。欲望渦巻くギャンブルの街、ラスベガスだ。ここでＳＩＡ（全米スノースポーツ産業協会）の展示会が開催される。ラスベガスはカジノやショーと共に、世界規模の見本市や展示会が開かれる場所としても知られている。昼間は展示会で商談をし、夜は眠らぬ街で遊べるため、出展する側にも参加する側にも人気だ。

展示会の開催を数日後に控えて、ジェイクは煌《きら》びやかなネオンが溢れるラスベガスの目抜き通りを歩いていた。カジノからは、スロットマシーンが奏でるけたたましい電子音と、酔っ払った客たちの笑い声がこぼれてくる。アメリカでおそらく最も浮かれた人たちを横目に、ジェイクは落ち着かない気持ちでいた。ヨーロッパからの重要な連絡を待っていたのだ。カイルに発注した試作品は、ソールにスキーと同じ製造方法でポリエチレンが使用され、硬い斜面でもグリップが効くように縁には金属のエッジが付けられた革新的なモデルで、これをラスベガスで発表して世間を驚かせようと思ったのだ。

「完成しました」。やっとカイルから連絡が入った。しかし、それから郵送したのでは到底開催には間に合わなかった。ここで、バートンの命運を左右するもう一人の救世主が現れる。残された手段は、誰かが飛行機に乗って手持ちで運んでくるしかなかった。その大事な役目にカイルの知り合いでインスブルックで運送会社を営むハーマン・カプフェレという人物が手を挙げたのだ。

ラスベガスコンベンションセンター。ロシニョールやヘッドなどの大手スキーメーカーからスノーモービルの会社まで、大小様々なブースが並ぶ巨大な展示フロアの一角に、バートンもブースを構えた。カプフェレと試作品は、開催にギリギリ間に合った。出来立てホヤホヤの貴重な板の包みをはがし、ブースの中心に置く。スキー板の技術を生かしたこの革新的な一枚の板は、大きな注目を集めた。こうして、近代スノーボードの原型となるバートンのモデル『パフォーマー』は完成したのだ。

大役を果たしたカプフェレは、ジェイクとすぐに意気投合した。カプフェレはジェイクに会った瞬間に「この人とは心が通じ合える」と感じたと言う。ジェイクにとっても同じで、まるでスノーボードのソールのポリエチレンとそこに塗るワックスのように二人は仲良くなった。

ジェイクはヨーロッパで本格的にこの『パフォーマー』の製造を開始することを決めた。製造そのものは引き続きカイルスキーの工場に発注するが、倉庫と組み立てエリア、オフィスやショールームなどが必要になった。その拠点選びを信頼するカプフェレに頼んだ。カプフェレは、自分の住むインスブルックに、ぴったりの物件を見つけた。これが「バートンヨーロッパ」の始まりだった。

インスブルックは、オーストリアのチロル州の州都で風光明媚な観光地として知られている。アルプスのスノーリゾートに近く、1964年と1976年には冬季オリンピックも開催された。ヨーロッパのほぼ中心に位置し空港もあるので、ドイツ、イタリア、スイス、フランスへのアクセスも良い。ヨーロッパの拠点としてはこれ以上の場所はなかった。

1985年「バートンヨーロッパ」を立ち上げるため、ジェイクとドナはここに移住することに決めた。ジェイクは、ボードの開発と生産を拡大することを目的にヨーロッパに行くが、ドナは学生時代から興味のあった国際教育関係の仕事をヨーロッパでしようと思っていた。オーストリアの学生をアメリカに体験留学させる非営利組織から、既にスポットを約束されていた。しかし出発前にジェイクから持ち掛けられた一言で、その後の人生が大きく変わることになる。

「ヨーロッパでスノーボードを販売したいという問い合わせが来ているんだけど、ちょっと見てくれないかな」

結局、ドナは教育関係の仕事を断り、バートンスノーボードのヨーロッパでの販売面を担当することになった。当時、アルプスではスノーボードはほぼ存在していないも同然だった。バートンヨーロッパの初期メンバー、ジェイク、ドナ、ハーマン・カプフェレ、その妻のガビの4人という小さなチームで、ヨーロッパにスノーボードを浸透させるための奮闘が始まった。バートンというブランドを売り込むより先に、スノーボード自体を広めることが大事だと、彼らは知っていた。アメリカでやったように、まずは下地を固め、ロビー活動を行った。

販売網を確立しようと動き始めたドナは、すぐにヨーロッパとアメリカの違いを感じた。最初は「伝統的にスキーが定着しているアルプスでは、スノーボードなんて売れないよ」と言われたが、実際に動き始めるとその逆だった。山を愛して雪のスポーツを愛するヨーロッパの人々は、新しいものに飢えていたのだ。

スキー場にスノーボードが滑れるように働きかけていたジェイクも、アメリカとは違った反応を受けた。意外にもアメリカよりも考え方がオープンで、スノーボードを受け入れてくれた。面白かったのは、チェアリフトに乗せるか乗せないかは、そのリフトの係員次第だったことだ。ゲレンデで最高のライドをして降りて行ったら「ダメだ、そんな物は俺のリフトには乗せられない」と言われ、途方にくれることもあった。そんな時は2時間かけて山を歩いて上り、乗せてくれるリフトのところまで降りていく羽目になった。

ヨーロッパの人々にとって新鮮だったスノーボードは、バートンのあるインスブルックを中心に、カッコいいウインタースポーツとして広まっていった。インスブルックの町自体も、バートンのヨーロッパ本部を持つことで様変わりしていった、とカプフェレは振り返る。
「バートンがここに落ち着いてから、街は全く新しいイメージになりました。伝統的な山間部の街から、若くてダイナミックでトレンドを創り出す街に生まれ変わったのです」

バートンの存在が錨《いかり》となり、インスブルックでは毎年「エアー&スタイル」というスノーボードの大会が開かれるようになった。それに伴い新興の会社やメーカーが波のように押し寄せてきた。地元の大学には世界中から人が集まるようになり、彼らの多くは卒業後、バートンやスノーボード関連の会社に就職した。１９８０年代半ばに、たった4人で始めたバートンヨーロッパは、その後ヨーロッパ市場全域への販売、マーケティング、顧客サービス、物流の拠点となり、世界17カ国から集まった１２０人以上の従業員を抱えるほどに成長した。

インスブルックの街も、仕事に、勉強に、またアウトドアへの情熱を分かち合うために、世界中から人が集まるスノーボードの中心地に成長した。バートンのオフィスから車でほんの20分走れば、一年中雪が解けないヨーロッパ有数の氷河シュトゥーバイがあり、夏には川沿いでランチ休憩をとり、バーベキューをし、夕陽を見ながらハイキングするのが日常のような場所だ。ドナも、自分が育てたこのヨーロッパ本部を誇りに思っている。
「大好きな遊び場所がすぐ近くにあって、出勤前に山で軽く滑るのがコーヒーブレイクのように当たり前な会社なの。そしてそこには、世界中から色んな背景を持った人たちが集まっているわ」

ジェイク夫妻とカプフェレ夫妻の二組の夫婦で始めた家族経営の雰囲気は今も健在だ。ジェ

ハーマン・カプフェレ（左）とバートンのクルーたち

イクとハーマンは、それぞれの長男のゴッドファーザーになるなど、家族ぐるみの付き合いを続けた。「カイルスキー」も世界最大のスノーボード生産工場になり、現在は3代目の孫が経営している。ジェイクとドナは結局1985年から4年間をヨーロッパで過ごした。ドナにとっては、当初の予定とは違う生活になったが、その成り行きを楽しんだと言う。

「本音を言うと、私は子供ができて落ち着いちゃう前に、もう一度ヨーロッパに住みたいな、というくらいの考えだったの。ジェイクにとっても、最初は開発と生産のために行ったようなものだし。それが今やヨーロッパ市場はアメリカと同じくらい大きく成長しているので不思議なものね。

大きな野望や明確なビジネスプランがあったわけではないの。全てはスノーボードというスポーツが持つ勢いから発展していったのよ。人々がスノーボードを試し、好きになればなるほど、その勢いは加速していった。それが私たちを突き動かしたの」

インスブルックにあるバートンヨーロッパ本部

木目調のオフィスが、訪れた人にアットホームな雰囲気を与える

CHAPTER

6

Leap with a Star Rider

スター誕生で一気に飛躍

“My experience and what I do is really independent of the industry and the more independent it is, the more pure and better I feel about snowboarding.”

「僕がやっていることは業界からは独立している。
独立すればするほどスノーボードがピュアで良いものだと感じるんだ」

——— クレイグ・ケリー（伝説のプロスノーボーダー）

波に乗り遅れたスキーメーカーたち

旧約聖書の『ダビデとゴリアテ』の逸話のように、弱者が果敢に巨人に立ち向かい勝利する話は、いつの世でも人々に勇気を与えてきた。ジェイクと巨大スキー産業との関係は、この逸話を思い出させる。

ジェイクが開発初期から常に心配していたのは、スキーメーカーのスノーボードへの参入だった。ジェイクがヨーロッパにスキーの製造技術を学びに行ったくらいなので、もちろん技術的にも彼らの方が随分先を行っていた。歴史も経験も資本力もある大手のスキーメーカーがひとたびスノーボードを作り始めれば、個人経営のバートンなどひとたまりもなかった。一度、フランスの老舗のスキーメーカー「ロシニョール」がスノーボードを作り始めるという噂があり、それを聞いたジェイクは夜も眠れぬ日々を過ごしたと言う。

しかし、そんな心配をよそに、スキーメーカーはなかなか参入してこなかった。

「目の前で起きていることに鈍感というか、先を見越せなかったというか、スノーボードのことを甘く見ていたんだろうね。彼らはスノーボードに成功して欲しくないと願っていたから」

身長が2・9メートルあり、銅で出来た鎧と鉄の刃を持つ槍を身につけた巨漢の戦士ゴリアテが、川で拾った石と杖しか持たない羊飼いの少年ダビデを侮っていたようなものだろう。

結局「ロシニョール」が初めてスノーボードを製造したのは1987年。同じ年にアメリカのスキーメーカー「K2」も最初のモデルを発表した。「サロモン」が参入したのはさらに10年後の1997年。オーストリアの「ATOMIC」に至っては2001年である。彼らが参入してきた頃には、バートンのスノーボードは既に世界の3分の1のスキー場で滑られていた。彼らが参入するまでの10年間で、バートンは十分に資本を運用でき、スノーボード産業を築き上げることができたのだ。

また、スノーボーダーは長らくスキー場やスキーヤーに差別されてきた経緯があるので、スキーメーカーのことが嫌いだった。スキーメーカーが作るスノーボードを本物だとは思わなかったのだ。フランスやオーストリアのスキーメーカーは政府の補助金を受けているので、バートンよりコストを安く生産することができたが、それでもバートンの製品に市場で太刀打ちすることはできなかったのである。

「遅すぎたね。既に船は出港していた。車のワイパーに引っかかるハエ程度の存在だった我々が、あっという間に彼らにとっての脅威となったのだ」

「家族」経営の絆

「Mom and Pop shops」というのは、アメリカでよく聞かれる表現で、いわゆる家族経営や小規模経営のビジネスのことだ。このMom and Popこそ、アメリカの起業家精神の象徴とも言われている。バートンボードと時を同じくして、1978年にベン・コーエンとジェリー・グリーンフィールドという二人の友人が、バーモント州バーリントンのガソリンスタンドでアイスクリームを売り始めた「Ben & Jerry's」は、今や全米50州、世界33カ国で売られる巨大アイスクリームブランドに成長した。世界最大のシューーズ・スポーツ用品ブランドである「ナイキ」も、オレゴン大学の元陸上選手だったフィル・ナイトが、卒業後その伝説的なコーチ、ビル・

バウワーマンを誘い、二人で500ドルずつ出し合って創業したのが始まりだ。「アップル」のスティーブ・ジョブズは、有能なエンジニアであるスティーブ・ウォズニアックと起業したし、「グーグル」はスタンフォード大学在籍中に、ラリー・ペイジとセルゲイ・ブリンの二人の学生が始めた。

どんなに才能のある起業家でも、たった一人で企業を成長に導くのは難しい。苦楽を共にし、支えてくれるパートナーが必要だ。2018年の時点で年商4億ドルを超える巨大企業に成長したバートンも、当初はジェイクとドナが経営する個人商店のようなものだった。特に二人の場合は、夫婦で行うまさにMom and Pop Shopだ。ドナはよく「ジェイクが先見の明のある起業家だとしたら、私は偶然の起業家ね」と言う。ドナの場合は、ジェイクのライフスタイルに惹かれて共に暮らすうちに、自然に引き込まれて仕事を手伝うようになった。

1989年、ジェイクとドナはヨーロッパから再びアメリカのバーモントに戻り、本社でビジネスの拡張を始めていた。オーストリアに住んでいた4年間もジェイクは定期的にバーモントに戻り、本社の運営を管理していた。スノーボードが多くのスキー場で滑られるようになったこの頃、売り上げも順調で会社は着実に成長していた。従業員も50人に増やしていた。ジェイクはCEO（最高経営責任者）として引き続き商品開発やマーケティングを行い、ヨーロッパでの経験を経てすっかりジェイクの右腕となっていたドナは、CFO（最高財務責任者）となり資金調達、運用といった財務面、経理面を一手に担当した。

しかし、夫婦でビジネスを行うことの難しさの一つは、仕事とプライベートの区別がつきにくいことだ。二人とも一日中スノーボードのことを考えている生活で、ゆっくり休暇を取る暇もなかった。当時、会社は商品の品質の問題と、銀行からの融資の問題に直面していた。ドナが家に帰って「会社の資金を確保できないわ」と嘆けば、ジェイクも「バインディングが板から落っこちるんだ」と不機嫌で「私に言わないでよ！」「俺に言わないでくれ！」と言い争いになる日もあった。そんな二人のストレスが極限に達したとき「家では夕方6時以降は仕事の話はしない」というルールを決めたくらいだ。

そんなある日、ドナは珍しく上機嫌で家に帰ってきた。銀行から好条件の融資を取り付けることが出来たのだ。無担保で低金利の素晴らしい貸し付けで、これでしばらく財務は安定だと思われた。しかしその直後、アメリカをセービング&ローンクライシス（貯蓄貸付組合危機）が襲ったのだ。全米で1600以上の銀行が破綻する事態となった。ドナが融資を取り付けた銀行は破綻しなかったものの、銀行全体の融資額を200億ドルから120億ドルに減らすことになった。リスクの多い融資から順に削減していくことになり、バートンへの融資もその対象になったのだ。銀行から課せられていた条件は、常に収益を上げていることと、30日間追加の融資なしで乗り切ることだったが、それらは守っていた。バートンはそれまでも長期の赤字に落ち込んだことはなかったが、ウインタースポーツの宿命として、季節によって集中的に貸し付けが必要な時期があった。

ドナはその日、銀行の担当者に呼びつけられ、「申し訳ありませんが、上層部の協議の結果、今回の御社への貸し付けは見送ることになりました」と告げられた。銀行から会社への帰り道、ドナは途方に暮れていた。ちょうど従業員への給与の支払いの時期で、全員に小切手を切ったばかりだった。銀行からの貸し付けが消えた今、その小切手はただの紙切れになってしまったのだ。銀行に持っていっても換金できない。8月の暑い日だった。そして、ドナのお腹の中には、妊娠6カ月になる長男が宿っていた。汗が噴き出てくる。「悩んでいても仕方ない」。ドナは従業員たちに正直に打ち明けることにした。会社に戻ったドナは、50人の従業員一人ひとりのデスクを回って説明した。

「3週間で何とか緊急の資金をかき集めるから、それまで待って欲しい」

何とか約束通り従業員の給与分だけは確保できたが、その3週間を無給で働いた従業員の中に、不平を言ったり、辞めてしまう人は一人もいなかった。彼らの中には、2人の子供を保育園に行かせるシングルマザーもいたが、彼女でさえ「大丈夫です。これはあなたのせいではないし、あなたとジェイクを信じています」と言ってくれた。この危機を乗り越えた時、ドナはバートンが築き上げてきたものは、単なるコミュニティではなく「ファミリー」だと感じた。

従業員が1000人を超える今も、バートンは家族のような文化を持つ会社として知られている。ドナはよく他の会社のCEOたちに「どうすればそんな家族のような会社が作れるのですか?」と聞かれるが、その際にいつもこう答える。

「簡単ですよ。まず社員たちに地獄を味わわせて、それから全員でそれを乗り切るんです」

冗談まじりに笑わせるドナだが、そこには半ば真実がある。

その年の11月にジェイクとドナの長男ジョージ・バートン・カーペンターが生まれた。ファーストネームは、ベトナム戦争で亡くなったジェイクの兄からいただいた。ミドルネームはもちろんジェイクと同じバートンだ。二人はその後も子育てをしながら、同時にバートンという会社、そしてスノーボードというスポーツを育てていく。

品質の問題

この頃、資金調達と並んでバートンが抱えていたもう1つの問題が品質だった。スキー場のゲレンデの圧雪面で滑るのが当たり前になり、ボードの進化に応じて、バインディングも足をガッチリ固定する現在の形状のように進化していた。バインディングは、ネジでボードに装着するので、ボード側にネジ穴を切りメスネジを埋め込むのだが、これが技術的に難しかった。ボードは軽量化と操作性を追求するためになるべく薄く作られていたので、ネジ穴は浅くてネジが取れやすかったのだ。取れないようにネジを深く埋め込もうとすると、ボードの裏側のその部分が出っ張ったり、ひどいとネジが貫通する場合もあった。

当時、日本に数百枚のバートンのボードを輸出していた小倉は、この問題に頭を悩ませていた。品質に厳しい日本の顧客からクレームが寄せられていたのだ。小倉は、日本の輸入担当者と一緒にバートン本社を訪ねた。本社の工場の棚には完成した板が一枚一枚並べてある。小倉たちは、その中からネジの問題がなく品質の良いものを抜き取って、日本用に送ろうとした。すると、ジェイクが飛んできて「やめろ!」と怒り出したという。

「この板は良いと思ってみんな一生懸命作ってるんだ。日本だけのために作ってるんじゃない。一枚一枚に関わったエンジニア、デザイナー全員の魂が込められているんだ」

しかし、小倉も黙って引くわけにはいかなかった。そのままではバートンのブランドに傷がついてしまうことが分かっていた。それでジェイクにお願いした。

「分かった。では任せるが、日本でちゃんと売れる品質のものを送って欲しい」

その後のジェイクの対応について、小倉はジェイクを心から誇りに思うと言う。

「彼が素晴らしいのは、そういう話をしたあとには、必ず改良して翌年にはさらにそれを上回るものを作ってくるところです。最初の20年くらいはそんなことの繰り返しでした。ジェイクは製品をとても大事にしていましたね。だからこそ、バートンは世界最高のスノーボードメーカーに成長したんだと思います」

ジェイクが製造業の難しさについて冗談まじりにこぼしていたのを、ドナもよく覚えている。

「僕が製造業を始めた唯一つの理由は、まだ若くてうぶで生意気だったからだ」

それくらい製造業は難しかった。ドナは言う。

「スノーボードは常に私たちより大きな存在で、私たちの物質的な成功など関係なかったわ。ジェイクは常にライダーたちを優先し、彼らがより滑りやすい環境と製品を作ることに集中していた。ビジネスはその後からついてくるもの。そう考え始めた時、会社は利益を生み、成長し始めたの」

チームライダーを育てる

ジェイクが1977年に1枚目の試作品を作り始めた時から、欠かさず行ってきたことがある。それは、自分でそのボードに実際に乗って出来具合を確かめることだ。仲間ができてからは、彼らにも乗ってもらい性能を確かめたり改善点を探したりしてきた。当初は、高校生のアルバイトたちがその役を担い、彼らは品質の確認と同時にティーンエイジャーたちにスノーボードの楽しさを広める役割も果たしてくれた。さらに1982〜1983年頃、競技会が始まってからは、彼らはバートンのチームライダーと呼ばれるようになり、技やスピードを競い合ってきた。全米オープンで4度のチャンピオンに輝くアンディ・コグランや、世界選手権の初代チャンピオンのクリス・キャロルは、そういった初期のチームライダーだ。

そんな中、異色な形でチームに加わることになった兄弟がいる。ストラットンに住むマイケル・ヘイズとスティーブ・ヘイズだ。当時まだ15歳と14歳だった彼らは、やんちゃな盛りだった。それは、ジェイクがストラットンスキー場に、スノーボードを許可してもらえるように働きかけていたまさにその頃だった。ヘイズ兄弟は、ストラットンスキー場のすぐ脇にあった友達のコンドミニアムからコースに忍びこみ、スロープを滑り降りてリフト乗り場まで行き「スキーパトロールから許可をもらっている」と嘘をついてリフトに乗っていた。次第にその嘘がバレて、スキー場は追跡隊を送り込みヘイズ兄弟を捕まえようとしたが、すばしっこい兄弟はギリギリのところでいつも逃れていた。

兄弟は地元ストラットンのボーディングスクール「ストラットンマウンテンスクール」に通う高校生だった。この学校はアルペンスキーやノルディックスキーなどのウインタースポーツに力を入れていて、大学にスキーで入学できるエリートアスリートを養成していた。現在までに46人のオリンピック選手を輩出していて、合計6つのメダルを獲得している。弟のスティーブは、この学校のアルペンスキーのレースチームに所属していたが、スノーボードにも興味を持ち、趣味で滑っていたのだ。

ある日、スティーブはいつものようにストラットンスキー場に忍び込み、学校のクラスメートの女子3人にスノーボードを教えていた。下まで滑り降りると、そこに腕組みをしたジェイクとスキー場のマネージャーのポール・ジョンストンが立っていた。ジェイクたちは「これからはスクールを受講して許可証を得た人だけがリフトに乗れる決まりになったので、勝手に滑ってはいけない」と説明した。すると生意気盛りのスティーブは典型的なティーンエイジャーの反応を寄越した。

「うるせえ、くたばっちまえ！」

自身もかつて「生意気な」高校生だったジェイクは、スティーブの尖った態度は理解できたし、既に4〜5年スノーボードをしていたスティーブのスキルは目を見張るものがあった。結局ジェイクの説得に応じて、スクールのコースを受講したヘイズ兄弟は、スキー場のどこを滑ってもいい「オールマウンテンパス」を取得した最初の2人になった。ジェイクはさらに、この兄弟にスクールの講師になってもらい、他のスノーボーダーを審査する仕事を与えた。反発する若者を排除するのではなく、うまく仲間に取り込んでいくあたりが、ジェイクの人柄でありスノーボードのコミュニティを家族のように育てていけた手腕であろう。

ジェイクはその後、二人をバートンのチームライダーの一員に招き入れ、競技会に連れて行くようになる。当時、スティーブの通っていたボーディングスクールにはまだスノーボードのプログラムはなく、スキーのコーチは「スノーボードなんか負け犬のすることだ」と叫んでいたが、スキーヤーよりスノーボーダーとして競技会に出る機会の方が多くなったスティーブは、スノーボードに転向した。

ボーディングスクールの寮のスティーブの部屋には、バートンの商品がどんどん届くようになった。そして、競技会で活躍したスティーブは注目を集めるようになり、バートンの商品カタログのカバーを飾ったり、コマーシャル出演のオファーも来るようになった。時計メーカー「スウォッチ」のコマーシャル撮影では、プライベートジェットでアリゾナ州に飛び、砂丘をスノーボードで滑り降りるパフォーマンスを見せたりした。スティーブはバートンが契約した初期のプロスノーボーダーの一人になったのだ。

スティーブには、ジェイクとの忘れられない思い出がある。

「18歳になり高校を卒業する時、自宅でクラスメートたちを招いてお祝いのパーティを開いたんだけど、そこにジェイクとドナが現れたんだ。バートンの社長であるジェイク夫妻が、単なる高校生の自宅のパーティに参加してくれただけで驚きだったけど、お祝いにNBAのセルティックスの公式ユニフォームも持ってきてくれたんだ。感動したね」

当時セルティックスはラリー・バードらオールスターのメンバーがいる全盛期だった。ジェイクは相手が高校生といえども、プロの契約選手として常にちゃんと敬意を持って接し、そうやって選手のモティベーションを上げるのが上手かった。スティーブも、ジェイクが自分のことを特別に思ってくれていると感じたと言う。

「ジェイクに良いところを見せたい、自分のためだけじゃなくジェイクのためにも活躍したい、と思うようになったね」

その後スティーブは「スノーボードはオリンピック競技になんてなりはしないんだから、ちゃんと学歴だけはつけておきなさい」という母の教えに従って、地元バーモント大学に進学した。大学生とプロスノーボーダーを両立させながら卒業したが、1995年に怪我により現役を引退した。その3年後に開催される長野オリンピックで、スティーブの母親の予想は外れたことが証明されるが、教えに従って大学に行った決断は正解だった。その後スティーブは、兄のマイケルと二人で「ヘイズブラザーズスノーボード」を立ち上げ、オリジナルのボードを製造した。

レース対フリースタイル

ジェイクとドナがヨーロッパに渡った年に話題作となった映画がある。

シベリアの雪原で、ソ連軍のヘリコプターと銃を持ったソ連兵たちにスキーで追われるジェームズ・ボンド。雪の中に埋まった仲間の遺体からICチップを回収し、命からがら潜水艦に逃げ戻り任務を遂行する。1985年に公開されたスパイ映画「007」シリーズの第14作『美しき獲物たち』の冒頭のアクションシーンだ。初代ボンド役のショーン・コネリー降板後、70～80年代と活躍したロジャー・ムーアの最後の作品でもある。この雪の中の追跡シーンで、ジェームズ・ボンドが乗ったスノーモービルが爆撃され、転げ落ちたボンドが破片で飛んできたソリをスノーボードのように乗りこなし、急斜面を銃撃をかわしながら滑り降りるスリリングな場面がある。このシーンでロジャー・ムーアの代役のスタントマンを務めたのが、ジェイクのライバル、トム・シムスだ。クライマックスで、雪面を勢いよく滑り降りそのまま池の水面を滑って渡るシーンは、何の仕掛けもなく一発テイクで決めたという。この映画は世界的な大ヒットとなり、まだ一部の若年層にしか知られていなかったスノーボードが、広く一般に知られるきっかけになった。

この映画出演のように、パフォーマーとしては遺憾なく才能を発揮したシムスだったが、同じ情熱をビジネスには向けられなかった。融資を相談に行った西海岸の銀行は、シムスのビジネスを真剣には捉えず、どこもローンを組んでくれなかった。シムスの話を聞いても、スノーボードが一時的な流行だとしか思えなかったのだ。それでシムスは自分の父からお金を借りる

バートンのチームライダーたち（1985年）
左からアンディ・コグラン、ジェイク、スティーブ・ヘイズ、マイケル・ヘイズ

しかなく、2万5000ドルを借りてそれを元手にゆっくりとビジネスを広げるしかなかった。この点が、辛抱強く銀行に交渉して融資を受け、着実にビジネスを拡大していったバートンと次第に明暗を分けることになる。

しかし、ビジネスの内情にかかわらず、競技会においては依然としてバートンとシムスは熾烈なライバル争いを続けていた。バートンと同じように、シムスも仲間たちとチームを結成して競技会に参加していた。当時の競技会は、ダウンヒルやスラロームなどでスピードを競うアルペン種目と、ジャンプやツイストの技を競うハーフパイプ種目があったが、アルペン種目では常にバートンのライダーが上位を占め、ハーフパイプではシムスのライダーが上位を占める、という構図だった。

西海岸ではハーフパイプを中心にスノーボードは独自の進化を続けていて、テリー・キッドウェルやショーン・パーマーなどの優れたライダーを生み出していた。元々スケートボード出身の彼らは、ハーフパイプでいかにカッコいい技を見せるかに情熱を燃やし、決められたコースでスピードを競い合うだけのアルペン競技のレースには退屈していた。それらの種目に参加はするものの真面目には滑らず、途中でジャンプしたりツイストをする始末だった。逆に元々スキー文化で育った東海岸のライダーたちは、レースこそが競技の自然な流れと捉え、怪我を恐れてハーフパイプを敬遠していた。

シムスたちが初めてスノーボードにハーフパイプを導入した時の経緯が非常に面白い。ある夏、カリフォルニア州のレイクタホの森の中に、テリー・キッドウェルと数人の仲間が大きな穴を見つけた。近くにゴミ捨て場があり、それを埋めるために市がブルドーザーで土を掘ったのだが、掘られた穴がそのまま放置してあったのだ。キッドウェルたちは冬になるまで待って、雪が積もった頃そこを訪ねてみると、そこにはハーフパイプとまではいかないものの、クォーターパイプ、円柱の4分の1くらいに掘られた雪の斜面が出来ていた。穴の片側から滑って反対側の縁でジャンプを一回できるだけの簡単なパイプだったが、スケートボードパークにあるコンクリートのパイプが、天然の山に雪で再現されたようなものだった。

噂を聞いたシムスもここに来て、キッドウェルたちと一緒に滑った。ジャンプの際にパイプの縁に手をついて空中で身体を回転させるなど、スケートボードと同じ技が初めて雪の上で出来た瞬間だった。彼らはそこを「タホシティパイプ」と名付け、毎日通って楽しんだ。そこからアイデアを得たシムスは、その春に初めて自分が主催するスノーボードの世界選手権を開く際に、スキー場に交渉し雪上車で雪を掘って両端に積み上げハーフパイプを作ったのだ。そして「タホシティパイプ」で一緒に滑っていたテリー・キッドウェルやショーン・パーマーをシムスのチームライダーとして招き入れた。

競技会を見に来た観客やテレビで見た人たちは、それまでスキー競技で既に見慣れていたダウンヒルやスラロームよりも、ライダーたちがパイプの縁でジャンプし、ツイストしながら宙を舞うこれまで見たことのなかった姿を「クール」と感じた。ハーフパイプを舞台に滑りで自分を自由に表現するこの「フリースタイル」が、新しいスポーツ、スノーボードの主流になっていったのだ。

そしてついに、スノーボードの世界に圧倒的なスターが現れる。

スターの登場

その男は、バートンのあるバーモント州ではなく、シムスのあるカリフォルニア州でもなく、アメリカ北西部ワシントン州から突然彗星のように現れた。しなやかな身体の使い方、流れるようなフォーム、華麗なジャンプ、その全てがそれまでのライダーとは桁違いだった。後に「スノーボードの神」とも「史上最高のスノーボーダー」とも呼ばれるようになるクレイグ・ケリーだ。1985年に初めて競技会に現れると、いきなりハーフパイプやスラロームで表彰台に上がり、翌86年からは4年連続で世界チャンピオン。全米オープンでも3度優勝に輝いた。

クレイグがスノーボードを始めたのは、競技会に現れるほんの4年前の1981年、15歳の時である。クレイグは、シアトルの100キロ北にあるマウントバーノンという小さな町で育った。幼い頃に両親が離婚し父親に育てられた。生活は楽ではなかったが、父親はクレイグにやりたいことをやらせるように努力していた。12歳から17歳までは、BMXのバイクレースに明け暮れていた。15歳の冬にBMX仲間に誘われてスノーボードに一度乗ると、すっかりその魅力に取り憑かれた。透き通った瞳と物腰の柔らかさが印象的なクレイグは静かに当時を振り返る。

「滑り方を教えてくれる人は周りに誰もいなかったので、まったくの我流だった」

指導者はいなかったが、目の前にはマウントベイカーやスティーブンズパスという世界最高峰クラスの山が聳えていた。滑り始めて2年後の1983年には、友人たち数人と「マウントベイカーハードコア」というグループを結成し、標高3300メートルのマウントベイカーにハイキングし、その天然の急斜面を滑り降りるという無謀なチャレンジを始めた。どんなに悪天候でも、行くと決めた日には必ず山頂付近まで登った。下を覗くとほとんど直角に見える急斜面。所々にゴツゴツとした岩肌が飛び出ている。急に現れる崖、視界から消える斜面、松林の間を縫うように抜け、クレイグたちは果敢に攻めた。「スケートボードともサーフィンとも違う感覚だった」と言うクレイグには、BMXで培ったバランス感覚もあったのであろう、器用に身体を倒しながら流れるように弧を描く。クレイグのスノーボードの原点も、ジェイクと同じように天然の雪山のパウダーの上だった。

そんなクレイグが本気でスノーボードに取り組むようになったきっかけがある。1985年にトム・シムスたちが、マウントベイカーでスラローム競技会を開催したのだ。天然の地形を生かして、そこに150メートルのスラロームのコースを作り、タイムを競い合うレース。雪の中に掘られた堤防のようなコースを物凄いスピードで滑走していくレースで、少しでもターンのタイミングをしくじればコース外に放り出されてしまう。参加したライダーは14人で観客も数えるほどしかいなかったが、その中で食い入るように見ていたのがクレイグだった。BMXで全米チャンピオンに輝いたこともあるクレイグの競争心が掻き立てられた。優勝したのはトム・シムスで、表彰台で他の選手たちと讃え合うプロライダーの姿に憧れた。

「自分ももっとスノーボードを学んで彼らと競い合いたい」

当時、クレイグは地元の名門ワシントン大学で化学工学を専攻していたが、思い切って心の内を父親に打ち明けた。

「大学を中退してプロのスノーボーダーを目指そうと思うんだ」

父親のパット・ケリーはその時のやりとりをよく覚えている。

「クレイグが珍しく神妙な顔をして『ちょっと座って話そう』と言って打ち明けてきました。普通の親ならダメと言うんでしょうけど、私は『そうか、頑張れ！　パパは出来ることは何でもするぞ』と答えたんです。クレイグは驚いてましたね」

プロとは言っても、当時は競技会で賞金の数百ドルを争っていた時代。友人宅のソファーやバンで寝泊まりしながら競技会を渡り歩いて旅するような生活だった。名門大学から化学エンジニアの道を目指していたクレイグには相当の覚悟が必要だったはずだ。

それでもクレイグは、父親の賛成も得てスノーボードの世界で生きていくことを決めた。そうして1985年から競技会に参加するようになり、トム・シムスにチームライダーの仲間に入れてもらえないかと頼み込むと、クレイグのライディングを見たことがあったシムスは、喜んで招き入れた。念願のプロスノーボーダーになったクレイグは、シムスのボードに乗り、大会に出るたびに優勝を重ねた。瞬く間にチームライダーの中心になり、クレイグがハーフパイプを舞うたびに、ボードの裏のピンク色のシムスというロゴが人々の目に焼き付けられた。ハーフパイプの人気、そこを舞台に活躍するクレイグ・ケリー、この二つを手にして「シムス」は絶好調に見えた。しかし、上昇する人気と裏腹に、その財政は下降の一途を辿っていた。

そして、スノーボード業界を揺るがす電撃移籍が起こる。

ライバル関係の終焉

「ある日、クレイグから電話がかかってきたんだ」

受話器を取ったジェイクの耳には、クレイグの塞ぎ込んだ声が聞こえてきた。

「シムスとうまくいってないって言うんだ。クレイグとはそれまで競技会で何度も顔を合わせていて、もちろん彼の才能と実力を認めていたから、会うたびに『もし今のスポンサーとうまくいかなくなったらいつでも声を掛けて欲しい』って伝えてあったんだ」

ジェイクは、クレイグの沈んだ声を聞いて『その時が来た』と思った。案の定、クレイグはシムスでの扱いの不満をジェイクにこぼした。

「ボードやブーツの気になった点をフィードバックしても、何の改良もされないんだ。新しいギアを出すと言っては何度も約束を破られたしね」

クレイグの不満は限界に達していた。

そして、クレイグにとって決定的なことが起こる。シムスの経営が立ち行かなくなり、「ビジョンストリートウェア」という会社に買収されたのだ。この会社はスケートボードとアパレルを中心に扱う会社で、社長のブラッド・ドーフマンはスノーボードに100%の関心を払わなかった。クレイグの要望はさらに届きにくくなり、このままでは未来がないと感じた。クレイグはジェイクにバートンに移籍したい気持ちを伝えた。ジェイクにとっても渡りに船だった。スノーボードが、レースからハーフパイプに向かっている中で、バートンにはフリースタイルを滑るスターがいなかった。クレイグを迎えることで、バートンがさらに飛躍的に伸びることが期待できた。欠けていたパズルの最後のピースがこれで埋まるのだ。

二人は秘密裏に交渉を続けた。クレイグにはまだシムスとの契約が残っていたからだ。しかし、その契約書はニューヨーク州アルバニーのとあるバス停で、シムスが急いで書き殴ってクレイグと交わした簡易な書面に過ぎず、法的な根拠は薄かった。実際に、クレイグの新しい雇い主となった「ビジョンストリートウェア」のドーフマンは、クレイグに「君がシムスと交わした契約書は紙屑同然だ。いつだって破棄できるんだぞ」と言っていたくらいだ。

それで、ジェイクとクレイグは合意に達し、クレイグはバートンに移籍することになった。契約金は年収1万7000ドルだった。これは当時のプロスノーボーダーとしては破格の金額で、シムスとのそれまでの契約金の2倍だった。

このニュースは一瞬で世界を駆け抜けた。シムスのトップスターの突然のライバル社への移籍である。詳しい事情を知らない多くの人の目には、バートンがお金に物を言わせて、ライバル社からスターを引き抜いたように映ったかもしれない。ジェイクとシムスの長年の因縁を知っている人は、個人的な確執からの復讐と思ったかもしれない。しかし、ジェイクは個人的な感情でビジネスの決断を下すような人間ではなかったし、クレイグもお金だけで動くような人間ではなかった。

クレイグは移籍に際して、ジェイクにある約束を迫った。「製品の開発に自分の意見を取り入れて欲しい」。クレイグは、大学で化学工学を学んでいたように生粋のエンジニアだったので、ボードなどのギアの開発に非常に興味があった。ボードの素材のことまで理解していたので、自分で滑りながらボードのサイドカットの切れ込みや、ねじれを生み出す板の柔軟性など、こうすればもっと性能の良いギアを作れるのでは、というアイデアが日々生まれていた。そうしたライダーからのフィードバックに真摯《しんし》に耳を傾け、一緒に開発していける会社を求めていたのだ。

それはジェイクにとっても願ったり叶ったりだった。ちょうどボードをプレスする機械をバーモントにも導入し、それまでヨーロッパで開発していた金属のエッジとポリエチレンの裏面を持つ、スキー技術と同じ製法で作れる設備が整ったところだった。ジェイクはクレイグの願いを受け入れた。

「より良いギアを作り、スノーボードを進化させたい」

二人のこの思いが合致したことが、移籍の一番の理由だった。開発にライダーのフィードバックを取り入れることは、それからバートンのビジネスの根幹を成す最も大事なフィロソフィーになる。

もちろん、シムスとドーフマンがそのまま黙って引き下がるわけはなかった。クレイグとバートンを契約違反で訴えた。対するジェイクも一歩も引かなかったので、裁判は長期化した。裁判の間もクレイグは競技会に出場し続け、勝ち続けた。しかし、裁判所からの命令で、クレイグは判決が下るまでブランド名の付いたボードに乗ることを禁じられていた。それで、実際にはバートン製だったが、真っ黒に塗られたロゴなしの板に乗っていたのだ。この黒い板で、クレイグは2度の世界チャンピオンに輝く。

ジェイクはこの状況を逆手に取った面白い仕掛けをした。この黒塗りの板を『ミステリーエアー』（秘密に包まれた空飛ぶ板）と名付け、売り始めるのだ。そして2年後の1989年、裁判でバートンが勝訴し、晴れてクレイグがバートンブランドの板に堂々と乗れるようになると、それまでベールに包まれていたその黒い板に、グラフィックとクレイグのサインを入れて、彼のシグネチャーモデルとして発売するのである。この板は爆発的に売れ、即完売した。

クレイグは正式にバートンのライダーとなった。泥沼と化した裁判の費用に結局15万ドル（約1650万円）掛かったが、それを遥かに凌ぐ利益をクレイグはそれからバートンにもたらすことになる。堅実な経営基盤と良質な製品開発、そこに圧倒的なスターが加わり、スノーボード業界の勢力図は完全にバートン主導にシフトしていった。

「ビジョンストリートウェア」は倒産して「シムス」を手放し、「シムス」はその後、何社かに売却されながらブランドだけは細々と生き延びるが、完全に勢いを失ってしまった。トム・シムスは悔恨の念を込めて当時をこう振り返っている。

「クレイグのことは弟のように思っていましたし、いずれは会社のマーケティング部長や社長になって欲しいとまで思っていました。でも私はスノーボーダー以外にもスケートボーダーやサーファーにも囲まれていたので、夏になればサーファーたちと海で過ごす生活をしていました。今考えれば正しいビジネスのやり方ではなかったですね」

一年中スノーボードのことだけを考えているジェイクとの差は明確だった。シムスはジェイクより優れたスノーボーダーだったかもしれないが、優れたビジネスマンではなかったということだろう。トム・シムスは2012年9月、突然の心臓発作によりカリフォルニア州サンタバーバラで亡くなった。61歳だった。

この長期化した裁判劇の裏で、実はスノーボード業界そのものの命運を握る特許をかけた攻防戦があったことはあまり知られていない。

1970年代末から80年代初めにかけて、スノーボード開発の先駆けとなった何人かの発明家の中で、いち早く特許を取得したのが「黄色いバナナ」と呼ばれるポリエチレン製のボードを作ったボブ・ウェバーだった。その後、トム・シムスがこの特許のライセンスを取得して、自分のスケートボードと合体させてスノーボードを作ったのが「シムス」のビジネスの始まり

爆発的に売れたクレイグ・ケリーのシグネチャーボード『ミステリーエアー』

裁判が終わり晴れてバートンライダーとなったクレイグ・ケリーとジェイク

だった。クレイグの移籍を巡る裁判中に、ジェイクはウェバーがこの特許そのものを売りに出していることを聞き購入した。自分たちを訴えてきたシムスのビジネスの根幹である特許を買い取り、泥沼化する裁判に終止符を打とうとしたのだ。

しかし「スノーボードという楽しいモノに特許などかけるべきじゃない」と、業界の全員から猛反対を受けた。他のメーカーもバートンが特許権を行使することで、ロイヤリティを払うことになるのを恐れたのだ。ジェイクはすぐに、ロイヤリティで得た収益は全てチャリティに回すと発表したが、それでも他のメーカーは納得しなかった。それでジェイクは仕方なく、特許権を行使することを諦めた。結局、5万ドルでウェバーから購入した特許権はどこに使うわけでもなく封印された。

しかし、このジェイクの行為は結果的にスノーボード業界全体を救うことになった。ジェイクが特許権を買わなければ、ウェバーは「ブラックスノー」という会社に売るつもりで、この会社は特許を他の会社にライセンスせず、自分たちが独占しようと考えていたのだ。もしそうなっていれば、他のメーカーは全て特許権侵害で訴えられ、誰もスノーボードを作れなくなるところだった。

クレイグのプロ意識

バートンの板に乗りクレイグはさらに勝ち続けた。どの競技会に出てもほぼ無敵だった。強いだけでなく美しかった。それは川を流れる水のように滑らかで、自然だった。バインディングの存在を忘れさせるようで、ボードが身体の一部であるかのように動いた。難しい技も、クレイグがやると簡単そうに見えた。それだけナチュラルに「乗れすぎて」いたのだ。当時のプロライダーたちもこぞってクレイグの真似をした。クレイグが膝を寄せるメソッドエアーを見せれば、多くのライダーがそれを練習し、クレイグが使うワックスでさえ同じものを使おうとした。もちろん世界中の一般スノーボーダーたちもクレイグに憧れ、彼のように滑りたいと思った。誰もがクレイグが使うのと同じプロダクトを欲しがり、バートンの商品は飛ぶように売れていった。

クレイグの活躍と共に、彼のフィードバックを取り入れて、バートンのギアも進化を続けた。それまで東海岸の雪質に合わせて、アルペン競技に適したボードやバインディング、ブーツを開発していたが、どこの雪質でもハーフパイプなど自由なライディングを可能にするギアが開発できるようになった。今でこそ、スラロームなどのタイムを競う種目とハーフパイプなどの技を競うフリースタイル種目とでは、出場する選手は違い、専門性が分かれているが、当時は一人の選手がモーグルからスラロームからハーフパイプまで、全ての種目に出場するのが普通だった。総合チャンピオンになるためには、全ての種目で得点が必要だったからだ。

スピードを競うスラロームでは、アルペン用のボードにスキーのようなハードブーツを履くのが普通だったが、クレイグはフリースタイル用のボードにソフトブーツで挑んでいた。当時のソフトブーツは、現代のブーツに似ているが圧倒的にサポート力が弱く、プラスチックの硬いシェルで固められたハードブーツに、レースで対抗するのは考えられないことだった。それでもクレイグは常に決勝に残り、ハーフパイプでは無敵だったので、総合優勝を果たしていたのだ。履き心地のいいブーツでなるべく自然に滑りたいというクレイグのこだわりだった。

そして１９９０年に入ると、アルペン競技はやめ、フリースタイルに専念するとジェイクに告げた。ジェイクは心配したが、スノーボード産業そのものがクレイグを追いかけ、トレンドは完全にフリースタイルに移行した。

師匠と弟子

競技に対する姿勢も他の選手たちとは一線を画していた。大会の前夜、多くの選手がパーティに参加し、ホテルのバーで楽しんでいても、そこにクレイグの姿はなかった。ホテルの部屋でバインディングのチューニングをし、ボードのエッジを磨き、ワックスをかけていた。食事にも気を使い、入念なストレッチや筋トレも欠かさなかった。プロとしての意識が誰よりも高かったのだ。

それまでのライダーたちは、大会に参加する旅費を出してもらい、好きなスノーボードをしながら生活するだけで満足していた。クレイグは自分の広告塔としての価値を認識していたので、ビジネス面においてもしっかり主張し交渉した。ビデオに出演すれば、それだけブランドのイメージが宣伝されるのだから、と出演した秒数に応じてバートンに請求書を送った。雑誌やカタログなどでの写真の露出も同様だった。ライダーの名前を冠したシグネチャーボードが発売されたのもクレイグが世界で初めてだったし、それが一枚売れるたびにクレイグにインセンティブが入った。

ジェイクが後に「クレイグ相手に報奨金制度の契約を交わしたのはまずかった」と苦笑するように、契約金の1万7000ドルを遥かに超える金額を毎年クレイグに払うことになった。

1989年のある日、キース・ウォレスは、ワシントン州のマウントベイカーの険しい斜面の上に立ち、緊張で身体が震えていた。震えていたのは急斜面が怖いからではない。目の前に、あの憧れのクレイグ・ケリーが立っているのだ。普段、自分のヒーローに直接会える機会は滅多にやってこない。そばにいるだけでも緊張してしまうそのクレイグが、今から自分のライディングを審査するのだ。ウォレスの足が震えるのは当然だった。

キース・ウォレスはワシントン州の隣のアイダホ州出身の当時19歳。アイダホといえばポテトが有名な農業地帯で、ウォレスは人口わずか700人余りの小さな街で育った。9歳の時に郵便配達人が持っていたスナーファーに乗せてもらって、雪を滑る楽しみを覚えた。その後、知り合ったスケートボーダーが「ウインタースティック」や「フライト」製の古いスノーボードを持っていて借りて滑るようになった。15歳の時にバートンのカタログでクリス・キャロルやアンディ・コグランたち初期のバートンライダーの写真を見て「これだ！　僕もこれになるんだ」と思い、バートンのボードをオーダーした。

アイダホ州ではスノーボードを滑る人はほとんどいなかったので、スキー場でも問題視されることはなく、ウォレスは地元のスキー場で滑ることが出来た。次第に近郊の州で開催された競技会に出始めて、良い成績を収めるようになると、小さなスノーボードメーカーがスポンサーしてくれるようになった。最初のスポンサーは「グレイシャースノーボード」というほぼ無名のメーカーで、スポンサーといってもボードを無償で提供してくれるだけだった。当時、クレイグ・ケリーが火をつけたスノーボードブームにあやかり、アメリカでは数百もの小さなメーカーが現れては消えていた。次に、トム・シムスとかつて一緒に働いていたチャック・バーフットが自分で始めた「バーフットスノーボード」がスポンサーになった。中小のメーカーたちも芽のあるライダーを捕まえて自社のボードに乗せ、宣伝したかったのだ。もし見事に「第2のクレイグ・ケリー」を掘り当てれば、一攫千金の夢があった。しかし、ウォレスがどんどん上達して全米の競技会への出場資格を得るようになると、バーフットの資金力ではその旅費と参加費を賄えなくなってきた。それで、バーフットはウォレスをジェイクに紹介したのだ。

ジェイクはウォレスに「ワシントン州に行ってクレイグ・ケリーという男と一緒に滑ってくれ」とだけ伝えた。クレイグがウォレスのライディングを見て「イケる」と判断すればバートンチームに入れるということだ。つまり、これから始まろうとしているマウントベイカーでのライディングは、ウォレスにとっての入社試験だ。

クレイグが「自分について来い」と目で合図して滑り始めた。マウントベイカーはクレイグの「庭」だ。その地形を隅々まで知り尽くしている。自然が織りなす様々な起伏の上を流れるように滑り降りていく。美しかった。しかし、見惚れている場合ではなかった。すぐにクレイグを追いかけた。彼がパウダーに描いた軌跡の上を辿る。時々、クレイグがチラリと後ろを振り返り自分のライディングを確認してくる。ウォレスは遅れないようについていくのがやっとだった。それでも、クレイグがターンしたバンクで同じようにターンをし、ジャンプした崖では同じようにジャンプした。

おそらくそれまでの人生で最も緊張したと思えるライディングが終わった。その日、滑り終えてもクレイグは特に合格とも不合格とも言わなかった。ただ「明日も一緒に滑ろう」とだけ言われた。

クレイグの友人が所有する山小屋に一緒に泊まり込み、毎日マウントベイカーで滑った。ひたすらクレイグの後ろを追いかけ、彼のライディング、身のこなし、ジャンプやトリックを学んだ。気がつけば、キース・ウォレスはバートンのチームライダーの一員になっていた。それからウォレスは、クレイグと共に一年中過ごすようになった。サマーキャンプでキッズに指導するところから始まり、秋にはマウンテンバイクなどでトレーニングを積み、11月からは毎週のように競技会に出場した。ヨーロッパにも行くようになり、ノルウェーでは若く才能あふれるテリエ・ハーコンセンに出会いチームに招き入れた。日本の大会にも出るようになり、夏にはチリなど南半球の大会やイベントにも出て、一年中滑るようになった。

ウォレスとテリエは、クレイグを師と仰ぎ、クレイグから全てを学んだ。ライディングだけでなく、契約書の書き方から交渉の仕方、スポンサーの取り方などプロフェッショナルアスリートとしての生き方を学んだのだ。

ジキルとハイド

スノーボードに関しては、ストイックなほど真剣に取り組むクレイグだったが、ひとたび遊びになると、誰よりもハメを外すことを身近な人々は知っている。メディアやファンの前では、穏やかで知性的に振る舞っていたが、友人の前ではイタズラ好きの本性を現した。ウォレスはそんなクレイグを「あれは完全にジキルとハイドですね」と笑う。

「僕のシューズの中にこっそりミルクに浸したオートミールを詰めておき、夜中に『起きろ！』と叩き起こしてシューズを履かせようとしたり、僕が飛行機で居眠りしている間に左右のシューズの紐を結んで僕を転げさせたり。遠征中はそんなことばっかりでした」

カリフォルニア州のジューンマウンテンの競技会に参加した時のことだ。クレイグが1位、ウォレスが2位で最高の結果を出した。二人は帰る前にコース外の斜面を滑ろうと決めて、ロッジの屋根に登った。するとスキー場から「もしそこから飛び降りて滑走禁止区域に入ったら警察に通報しますよ」と言われたが、クレイグたちは単なる脅しだと思って笑い飛ばし、屋根から飛び降りてコース外を滑り降りた。下の駐車場に着いたら、本当に警察が待ち構えていて、クレイグとウォレスは不法侵入罪で逮捕されてしまったのだ。

ウォレスは「ジェイクにバレたら殺されちゃう」とビクビクしていたが、クレイグはケロッとしてジェイクにこう言った。

「スノーボーダーとして最高の名誉を受けたよ。大会に勝ってベストライダーであることを証明しながら、ロッジから飛び降りてパウダーを滑って逮捕されるというパンクな一面も見せたんだ。最高のヒーローだよね」

そう言われると、ジェイクも許さざるを得ず「よくやった!」と言って二人の罰金を肩代わりしてすぐに釈放させた。

また、カナダのロスランドという町に『スクリーム・オブ・コンシャスネス』(意識の叫び)というビデオの撮影に行った時のことだ。氷点下30度の寒さで、撮影場所に予定していたレッドマウンテンスキー場が閉鎖されてしまった。しかし、クレイグはホテルの部屋でじっとしているタチではなかった。「街中の屋根を滑ろうぜ」とチームを誘い、撮影隊も連れて街へ繰り出した。街中雪が積もっていたので、家と家の間を抜けてストリートを滑り、トンネルを抜けて建物から建物へと屋根の上を滑った。圧巻だったのはロスランドの街の坂に付けられた10メートルはある長い階段の屋根の上を、ジャンプしながら滑り降りたシーンだ。まだ誰もシティやストリートでライディングしていなかった時代なので、今思えば随分先を行っている。

極めつけは、ムービーの撮影で日本の白馬に行った時の出来事だ。撮影用の車両としてランドローバー社のレンジローバーが用意された。当時、日本にまだランドローバーの車はほとんど輸入されていなかったが、世界チャンピオンのクレイグ・ケリーがレンジローバーを運転するシーンは、良い宣伝になるということで、ランドローバー社が無償で撮影用に貸し出してくれたのだ。

その撮影のアレンジをした広告代理店の博報堂に当時いた新崎英美は、出会った時のクレイグの印象をこう語っている。

「シャイで静かで礼儀正しくて、オトナだなと思いました」

初対面の新崎は、善良な「ジキル博士」に出会ったのだ。しかしその数日後に、邪悪な「ハイド氏」の本性を現したクレイグを見ることになる。

クレイグは「このローバー野郎がどこまで出来るか試そうぜ」と、急カーブの峠を猛スピードで攻め「キューッ、ガッシャーン!」、最後はスピンして横転した。まだ日本に数台しか入っていなかった新車のレンジローバーは、ボンネットはぺちゃんこ、窓ガラスは粉々、サイドミラーはぶら下がり、廃車になってしまった。

クレイグたちは、クラッチをニュートラルに入れて、車を手で押して、田んぼの脇の建物の陰に隠し、何食わぬ顔で温泉につかった。露天風呂から裸で飛び出し雪の中にダイブしてはしゃぐ始末だった。

「レンジローバーは横転しないって言ってたけど嘘じゃんね。僕らのせいじゃないよ」と平気な顔をしていた。

「ローバーがロールオーバーした」。撮影隊から電話がかかってきた時、新崎は最初意味が分からなかった。「え？　なんだって」「ローバーがロールオーバー（横転）したんだよ」。絶句した新崎はすぐに全員を東京に呼び戻し、ランドローバー社の東京オフィスに謝罪に行った。「一体どうやってそんな事故が起きたのか、詳しく説明してください」と言われて、まさかスピンさせて遊んでいた、と言えるはずがなかった。クレイグは国際免許証を持っていなかったので、自動車保険は損害をカバーしなかった。損害額600万円を自腹で払うしかなかった。

ようやく事態の深刻さを理解したクレイグは、ここで初めて反省した様子を見せたが、同時に悪知恵も働かせた。アメリカに戻ったクレイグは、すぐにAAA（トリプルエー、日本のJAFに相当する組織）のオフィスに行き、国際免許証をその日から1カ月遡った日付で申請して取得した。それを東京にファックスして、見事保険会社に損害をカバーさせたのだ。「ハイド氏」の本領発揮だった。

クレイグは、裁判の期間も入れるとバートンに移って5年、競技会のタイトルを総なめし、名実ともにダントツで世界一のスノーボーダーになっていた。賞金やインセンティブ契約からの収入、スポンサー収入などを合わせると、年間7000万円を稼ぎ、自分のスノーボードブランドを持つ話まで持ち上がっていた。そんな億万長者の生活が約束されていた1992年、クレイグはまたしても業界を驚かせる一つの決断をする。

「もう競技会に出るのはやめる」

原点を求めてバックカントリーへ

ちょうどその年、ジェイクはバートンのオフィスと工場を、バーモント州最大の町バーリントンの現在の場所に移設した。ダウンタウンからほど近く、バーモント州が誇る美しいシャンプレーン湖のほとりの絶好の立地に広大な敷地を購入し、新しい工場と本社の社屋を建てた。クレイグ・ケリーの活躍と共に、目覚ましい成長を遂げたバートンは、スノーボード業界で不動のナンバーワンブランドとなり、従業員は100人を超えていた。北米、日本、ヨーロッパに続き、南半球のニュージーランドやオーストラリアでも、商品の販売を始めていた。

ジェイクは、まだ木材の匂いが漂うその真新しいオフィスの中で、一人ソファーに座り考え事をしていた。クレイグから、突然の決断を聞かされたばかりだった。それは相談というより報告だった。クレイグが一度決めたら引かないことは長年の付き合いで分かっていた。それまでもクレイグの言うことには全て耳を傾けてきた。クレイグのフィードバックを取り入れることで、バートンの製品は着実に向上してきたし、「アルペン競技はやめてフリースタイルだけで勝負する」と聞かされた時も、クレイグを信じてサポートするうちに、業界全体がフリースタイルに移行した。

しかし、今回の「競技会に出ない」という決断は、これまでの決断とは種類も大きさも、その衝撃も違っていた。プロのスポーツ選手とは、競技会に出てはじめてプロと呼べるものだ。表舞台で活躍しブランドのイメージを上げてくれるからこそスポンサーが付くのだ。

「大会に出ない選手に一体どうやってスポンサー料を支払えばいいんだ」

ジェイクは困惑していた。クレイグは競技としてのスノーボードはやめ、バックカントリー、いわゆる天然の雪山を滑ることに専念する、と宣言した。そんな風に自由に自然の地形を滑ることを「フリーライド」と呼んでいたが、賞金も稼がずにスポンサー料に乗っかるんじゃ、それこそ文字通り「ただ乗り」じゃないか、と皮肉にさえ思えた。

確かに、移動と大会を毎週繰り返し、同じライバルたちと競い合い、集まった大勢のファンにサインをする、そんな生活に疲れたのも事実だろう。どの大会でも、誰もがクレイグが当然勝つと思っていたし、本人も勝つことに飽きてきたのかもしれない。しかし、いわゆる「燃え尽き症候群」とは違う。スノーボードへの情熱は冷めるどころか、むしろ強くなっていた。ただ、競い合うためにスノーボードをしているのではないし、お金のために滑っているのでもなかった。

皮肉にもクレイグの活躍のおかげで、スノーボードはメインストリームのスポーツになっていて、様々なマーケットの道具として使われるようになっていた。スノーボードはトレンドとなり、一大ファッション産業になっていた。クレイグ自身も認めている。

「スノーボードが『仕事』になってしまった。人を楽しませるために自分のライディングを妥協してしまう場面が少なからずあった」

クレイグは、お金では買えないものを求めた。それが、このスポーツを好きになった原点である「純粋にライディングを楽しむこと」だった。クレイグはそれから、スノーボードを見たことも聞いたこともない国に行って滑った。１９９３年には、トルコで最初のスノーボーダーになり、94年には、ウズベキスタンのコーカサスマウンテンで、軍人たちの乗る戦車で雪山を登って滑った。96年にはイランのテヘラン、97年はカナダのアイランドドレイク、98年には、グリーンランドで氷河に面した絶壁をヘリボーディングして滑り降りた。まるでスノーボードのアンバサダー（親善大使）のように、未開の地にスノーボードの楽しさを広めていったのだ。

「夢や目標は大事だが、僕の今の人生の段階においては、それは幸せはもたらさない。今は終わりを考えず、その瞬間を生きながら旅をするのが幸せだ」

と語っていた。

バックカントリーの世界に入っていったクレイグを、世間はただ黙って見送ったわけではなかった。クレイグと付き合いのあった業界トップのカメラマンや監督が、クレイグの旅に同行し、その天然の山でのライディングを撮影し始めたのだ。

「大きな斜面をフリーライドすれば、社会や規則や人々の期待からもフリーになれる。ただ山を見つめて、どう攻略するかだけに集中する。他の人にどう見られているかなど、全く気にならなくなるんだ」

そう言うクレイグのフリーライドは、競技会のハーフパイプで見せる派手なジャンプより、よっぽど美しかった。天然の地形をライディングする時のクレイグ特有の流れるようなスタイルが、パウダーの上だとより強調され、見る人を魅了した。こうしたビデオが一般スノーボーダーたちの間で大人気となり、プロライダーがビデオで自分をアピールする、という新しい扉を開いたのだ。ジェイクは引き続き、クレイグのビデオでの露出に応じてスポンサー料を払いながら支援した。それからスノーボードは、競技の世界とフリーライドの世界、勝つためのライディングと魅せるためのライディングという二つの価値観を併せ持ちながら、進化を続けるのである。

バックカントリーを滑るクレイグ・ケリー

CHAPTER

7

A Boom in Japan

日本でも火がついたブーム

「自分は人がやっていない道を辿りたいというか
何の足跡もないところを目指しています」

——— 平野歩夢（ソチ・平昌オリンピック銀メダリスト）

甲府のスノーボード少年

クレイグ・ケリーが活躍し始めた1986年に、赤倉温泉のスキー場で初めてスノーボードに乗った一人の少年がいる。その後、バートンジャパンの社員第一号になり、現在は独立してファッションブランド「visvim」を主宰するデザイナーの中村ヒロキだ。甲府出身で当時15歳の高校生だった中村は、スキー教室に連れられて行ったが、スキーは好きになれず、代わりに当時日本ではまだ珍しいスノーボードを持っている友人がいて、そちらの方が気に入った。

元々スケートボードをやっていた中村は横乗りスポーツに興味があった。赤倉から戻ってすぐにサーフショップに並んでいるスノーボードを見に行ったが、値段が高くて高校生には手が出なかった。しかし、お店にはまさにクレイグ・ケリーたちプロライダーの滑りを撮影したビデオが売られていて、学校帰りに見せてもらった。カッコよくてどんどんやりたくなった。高校を卒業してお金に余裕ができると、すぐに自分のボードを購入した。

それがクレイグがバートンに移籍して真のスターになる1989~1990年あたり。ジェイクと出会った小倉一男が、1982年にアメリカからバートン製品を日本に輸出し始めて7~8年が経ち、日本でもスノーボードの第一次ブームが起きていた。とは言っても日本はまだバブル景気の真っ只中である。スキーが全盛期だった。中村が初めて滑ったその3年ほど前は、まだスノーボードは珍しい存在でスキー場でも禁止されていなかったが、この頃になると、数が増えてきたスノーボーダーとスキーヤーが衝突する事故も出てきて、スノーボードを禁止するスキー場が多かった。バブルに浮かれる世の中への反骨精神も重なって、スノーボードにハマっていったと中村は言う。

「10代の頃は、なんで土曜の夜になると青山通りにこんなに高級車が走ってるんだろう？って思ってました。僕らはバブルのうまみをギリギリ体験しなかった世代で、就職する頃にはバブルが弾けて焼け野原のようになっていました。バブル期のあのラグジュアリーなギラギラした世界が嫌で、スキーはその象徴のような存在でしたから、僕らはマイノリティな新しいスポーツであるスノーボードにより惹かれました。スケートボードやってたり、エッジなことに興味がある子は、みんなそうでしたね」

日本でスノーボードに火がつき始めた背景には、小倉の地道な活動がある。小倉は毎年のように日本に帰り、まさにジェイクがアメリカで行ったように、サーフショップやスケートボードショップを訪ね、スノーボードを置いて欲しいと頼んで回った。スキーショップにはことごとく断られたという。

「スキーが年間100万台も売れていた時代ですからね。『そんなもん置いたって邪魔になるだけだ』って言われましたよ」

小倉は全国のスキー場を回って啓蒙活動も行った。スキー場は最初はスノーボードを受け入れることに反対していたが、講習会を開いて受講させることで、レベルに応じたライセンスを発行するなどして段階的にゲレンデを開放していった。小倉が中心となり1982年に日本スノーボード協会という競技団体を発足させ、その年に「第一回全日本選手権」も開催した。日本サイドで輸入を担当したのは、小倉の父が経営する小倉貿易という会社で、そこがかなりの費用をかけてプロモーションを行った。スノーボードが日本で発展した原動力の一つは、輸入直後の82〜83年頃にスノーボードを始めた人たちだと小倉は言う。

「彼らが全国に散らばって自分でスノーボードショップを始めたんです。そんな店が何十軒もありました。一番売った店ではひと冬で5億円の売り上げだとも言ってました。それらが『プロショップ』と呼ばれる店になって、全盛期には全国に650軒くらいありました」

やはり、スノーボードは日本でもコミュニティのようなものを形成しながら、広がっていったのである。

そんな時代に大学に入った中村は、当時の多くのエッジの効いた若者のように、冬になると車に乗って山に通った。友達の車にボードを積み込み、お金がないので高速道路には乗らず下道を夜通し走った。車中泊をして、ポットに入れたコーヒーを啜《すす》りながら夜明けを待って一番リフトに乗った。ゲレンデの一部しか滑走が許可されていない所も多かったし、全面開放しているのは県営の小さなスキー場で、シングルリフトしかないような場所だった。

「当時からパウダーを滑りたかったので、ロープを潜ってコース外を滑ってまた戻ってくるようなことをしてましたね」

大学を休学してアメリカ留学を考えていた中村は、どうせならスノーボードをやりたいと思いアラスカに行く。観ていたビデオにアラスカのふかふかのパウダースノーの上でフリーライドをしている映像があったからだ。もちろん、ヘリボーディングなどをする金はないので、アメリカで出来た友人と山をハイキングしては滑っていた。雪を求めてどこへでも行き、真夏でも氷河で滑ったりしていた。

ダサいけどカッコいい

中村がアメリカの雪を楽しんでいた1994年2月、東海岸のバーモント州では小倉がジェイクの住むストウマウンテンのレストランで、ジェイクと向かい合って座っていた。ジェイクに大事な話をする必要があった。当時、バートン本社はバーリントンに移設して2年が経ち、業績も順調だった。日本のスノーボードブームで、バートン製品の日本市場での売り上げは、20億円を超えていた。小倉は、バートンのオフィスを日本に構えて、直接バートンが販売するべきだとジェイクに持ちかけた。小倉個人としては、輸出のエージェントとして十分潤っていたし、自分の父の会社が輸入していたので、その提案は自分たちの得になる話ではない。しかし、バートンが日本でもっと成長するためには、日本で自社のオフィスを構える方が絶対に良いと小倉は思ったのだ。ジェイクは少し考えて答えた。

「そうだな、よしやろう！　でも、やるならカズ、お前が行ってくれ」

小倉はそんなつもりで提案したわけではなかったので驚いたが、ジェイクは小倉でなければダメだと引かなかった。小倉は既にアメリカに18年住んでいたし、妻とアメリカの学校に通う子供が二人いた。日本に帰りたくはなかったが、自分で言い出した手前、断るわけにもいかなかった。今になっては「ほんと、失敗しましたね」と笑う小倉は、覚悟を決め家族を残してまずは単身で帰国することにした。4月から毎月日本に行ってマーケットリサーチや会社設立の準備をし、事務所の物件を探した。小倉は、設立する限りは、ジェイクやバートンのカラーを大事にしたかった。

「本社はバーリントンにあるし、ヨーロッパはインスブルックじゃないですか。日本も雪に近いところがいいと思って、最初は軽井沢か札幌を探していたんです」

すると、銀行に勤める友人たちから「そんな所では商売にならないから東京じゃなきゃダメだ」と強く言われた。それでも、スタッフを雇った後、彼らがすぐにスノーボードに行ける立地にこだわり、埼玉県の大宮近辺を探している時に、その2駅東京寄りの北浦和に新しいビルの物件が出てきた。1階にBMWのディーラーが入った綺麗なビルの6階で、裏には埼玉県立美術館があり、窓からの眺めも最高だった。これならジェイクも喜ぶと思い、そこに決めた。小倉は「なんで北浦和なんだってよく言われるんだけど、こういう事情があったんです」と苦笑する。10月からそのビルに入居し、スタッフの募集をかけて、1995年1月1日のバートンジャパン開設を目指した。

ちょうどその頃、1年間アメリカでほとんど「スノーボード留学」とも思えるような生活を送っていた中村ヒロキは、そのままアメリカに残ることも考えたが、ひとまず日本に戻り大学を卒業することにした。日本ではバブルが弾け、まさに就職氷河期が始まっていた。とりあえずアルバイトをしようと思い、立ち寄ったコンビニで就職雑誌をパラパラとめくっていた時、一つの求人広告が目に留まった。

「ハンドプラントっていうパイプの縁に手をついて逆立ちするように身体を捻る技があるんですけど、そのイラストが描かれていて、カタカナで『バートンスノーボード』って書いてあったんです。え、こんなところにバートン？　嘘じゃない？って思いました」

それでも一応その雑誌を買って帰り、広告に載っていた番号に半信半疑で電話をかけてみた。「すると、竹内さんっていう当時の小倉さんの秘書が電話に出て『経験者ですか？』と聞かれたので『はい、スノーボード経験者です』と答えたら笑われちゃって。普通に働いた経験のある人じゃないとダメって意味だったんですね」

それでも中村は、ファックスで自分の履歴書を送り、そこにスノーボードに対する情熱も書き添えた。

「そしたらすぐに竹内さんから電話があって『うちの代表が会いたがっているから来てくれないか』って言われたんです」

中村はスノーボードの服装をしていたが、そのまま言われた住所を訪ねると、だだっ広いスペースに何もない事務所だった。

「だいたい北浦和みたいな田舎に事務所っておかしいじゃないですか。これ絶対に怪しいよなって思って。当時、就職詐欺とかも結構あったので」

それでも、恐る恐る扉を開けると、事務所の真ん中にテーブルが一つだけポツンと置いてあり、そこに電話をかけてきた竹内という秘書が座っていて、奥の部屋に代表の小倉がいるから、と言われた。

「小倉さんに挨拶して『これって本当にあのバートンスノーボードのバートンですか？』って聞いたら、小倉さんが『そうだよ。僕とジェイクはね……』って、二人の関係や日本のオフィスを開くことになった経緯を話してくれたんです。それで、オフィスで少し話した後『じゃあ今から飲みに行こう』って誘われて、すげぇなこの会社、気さくだなって思いました」

近くの居酒屋で飲みながら、小倉は引き続きジェイクの人柄やビジョン、バートンの魅力を中村に熱く語った。中村は「この人、本当にバートンのことが好きなんだな」と思った。そういう中村も、クレイグ・ケリーのビデオに憧れてスノーボードを始めた世代だ。もちろんバートンが好きだった。しかし、一つ気になることがあった。中村がアメリカにいた頃、独立系の小さなスノーボードブランドが数百社とあった。中にはトレンドをうまく捉えたオシャレでクールなグラフィックを載せたボードもたくさんあった。

「バートンは、どっちかというと洗練されてなくて、ちょっと芋臭い。なのに、なぜかカッコいいんですよね。それがすごく気になっていて。小倉さんにも『なんでバートンが好きなんだ?』って聞かれて『分かんないけど、ダサいけど好きなんですよね』って答えると『お前、ダサいって失礼だな』って笑っていました」

「ダサいけどカッコいいのはなぜか?」

その理由が知りたくて中村はバートンで働きたいと思った。自分が好きなプロダクトを作っている会社で働きたい、というのは随分前から思っていたことだった。小倉も中村のことを面白いやつだと思った。そして小倉は中村に、その翌日にアメリカから副社長が来るから成田に迎えに行ってくれと頼んだ。ちょうどその時、全米オープンの日本版の日本オープンを開催していて、プロライダーもたくさん来日し、小倉は手が足りなかったのだ。英語が話せて若くてフットワークも軽そうな中村は、ちょうど欲しかった人材だった。「まだ社員でもないのになぁ」と思いながらも、中村は副社長を迎えに行った。そしてそのままスキー場に行き日本オープンの準備や運営を手伝うことになった。すると毎日小倉から「明日はどこどこのスキー場に行ってくれ」と言われるようになり、気づけば2週間あちこちのスキー場を転々としていた。

これが1994年11月のことだ。携帯電話もない時代なので、公衆電話で連絡を取っては、小倉に指示された場所に行った。大会が終われば、次は八幡平《はちまんたい》で撮影があるのでライダーを連れて行ってくれと言われ、やっと東京に1泊戻れたと思ったら、今度は横浜でSBJ(日本スノーボード産業振興会)がイベントをやるので、1週間そこに行ってくれと言われ、結局中村が北浦和の事務所に戻れたのは年が明けた3月だった。

「給料ももらわずにポケットマネーを使ったり姉にお金を借りたりして、レンタカーで走り回っていましたね。姉には『その会社、本当に大丈夫なの？』と心配されましたが、自分にとっては同世代のプロライダーたちと色々な雪山で仕事をし、時には自分も一緒に滑って遊びの延長のような感覚で楽しかったですね」

北浦和に戻ったら、空っぽだったオフィスにたくさんの机が並んでいて、中村は驚いた。小倉貿易から移ってきた人や新規に募集した人を含め、社員は13人に増えていた。「小倉さん、僕は一体どうすれば？」と聞くと、「とりあえずここに机を置いて」と、小倉の部屋の目の前に座らされた。そしてある時は、ファクトリーツアーの通訳、ある時はミーティングの通訳など、人が足りない場所にかり出された。

「僕につけられた最初の肩書きは『小倉付き』でしたね。要は小倉さんのアシスタントでした」

大学を卒業してからは、正社員になった。

「自宅から北浦和まで京浜東北線に乗って、都内に向けて通勤する会社員たちの波に逆行しながら通うのは気持ちよかったです。こっちはバックパック背負ってスケートボードに乗って遊びに行くような格好ですからね」

「小倉付き」のポジションのおかげで、早いうちから色々な部署を回り仕事を覚えた中村は、3年目でマーケティングを担当するようになった。そして、小倉がスノーボードが日本に広がる原動力になったと言っていた「全国に散らばってショップをやっている人たち」を相手にするようになった。

「当時スノーボード業界といえば、お山の大将のようなクセのある人ばかりでした。サーファー上がりのちょっと不良っぽい人とかがディーラーさんに多くて、大変でしたけど楽しかったですね。若い人たちは本当にスノーボードが好きで、感性のいい人が集まっていました」

そんなディーラーたちを連れて、バーモントの本社を訪れる機会がやってきた。中村がついにジェイク・バートンその人に会う瞬間がやってくる。そしてそこで中村は、一番知りたかった答えを知ることになる。

本質的なカッコよさ

ジェイクは毎年夏と冬に、全社を挙げてのセールスミーティングを行っていた。その年に発売する新しい商品を社内でお披露目し、世界から販売ディーラーたちを招待して事前に紹介するのだ。日本からも、小倉や中村が全国のディーラーを連れてバーリントンの本社を訪れ、彼らに向けて新商品のプレゼンを行ったり、ファクトリーツアーを行ったりすることになった。

冬のミーティングは、ジェイクが庭のように親しんでいるストウマウンテンで行われた。スキー場の麓にあるホテルを借り切ってそこに泊まり、ボールルームや暖炉を囲むソファーに座って、ミーティングやプレゼンが行われる。木材をふんだんに使ったヨーロッパ風の可愛らしいホテルだ。

セールスミーティングが始まる朝、中村は小倉からジェイクに紹介された。「なんてエネルギッシュな人なんだ」というのが最初の印象だった。

「あのバートンの社長さんなのに、泥だらけのＳＵＶに乗って、小汚い格好でやってきたんです。まるでもうその朝一本滑ってきた、という感じで」

ジェイクは、まず参加した全員の前で、今回の新しいコレクションに対する自分の思いを伝えた。そして、聞けばなんとそれらの商品一つひとつを全て自分で試しているのだと言う。毎朝会社に行く前に山に行き、スノーボード、バインディング、ブーツからウェア、グローブまで、一つ残らず自分で身につけ実際に滑って試すのだ。

「やっぱり今朝も本当に滑ってたんだ」

その話を聞いた時、中村は全てが腑に落ちた。「自分がバートンに惹かれる理由はここにあったんだ」と。ジェイクを見ていて、自分がこれまで持ったボードの中で一番好きな一枚を思い出した。それは、自分がまだバートンで働き出す前の1992年に購入したツインチップというモデルだ。

それまでのボードは、ノーズが尖ってテールがカットされたものだったが、スケートボードから移行してきた若者に合わせて、ノーズとテールが同じ形のスタイルで作られたものだ。その新しいモデルの試乗会用のプロトタイプが『ブラックボード』という名前で限定的に少数だけ発売されたのだ。

当時は、色々なメーカーがマーケティングにお金と時間をかけ、若者が好きそうな凝ったグラフィックを載せて売るのが普通だったが、その『ブラックボード』には、何のグラフィックも施されておらず、真っ黒なボディにソールが紫色で小さく白いロゴでBURTONと書いてあるだけだった。バートンとしては、新しいスタイルのモデルをチームライダーや販売ディーラーに試してもらうために作ったもので、元々販売用ではなかったからだ。

「僕はそれが欲しくて最初はレアだしシンプルなグラフィックだから買ったんですけど、乗り心地も最高で大好きになったんです。なんで好きなんだろうって考えた時に、あ、なるほどな、上っ面のグラフィックじゃないんだと。その板は試乗会用なので売ろうとしているわけではなく、新しい板、よく滑る板、要するにより良いものを作ろうとした姿勢が現れたものだから好きなんだ、と。本質があるからカッコいいんだと気づいたんです。そして、ジェイクに会った時に、やっぱりな、と思ったんです」

中村は、バートンの製品に対して持っていた印象「洗練されていないけどカッコいい」、それと同じ感覚をジェイクを見た時に抱いた。外見が大事なのではない。モノづくりに真剣に取り組む姿勢、ジェイクの人柄がエッセンスとして商品に現れていた。

「ジェイクは本質的にカッコいい人なんだなと思いました。僕もこういう人になりたい、と影響を受けましたね。そんなこともあって、あの『ブラックボード』はいまだに一番好きな板なんですよね」

間違いだらけ？の長野オリンピック

1998年2月8日、長野県の志賀高原にある焼額山《やけびたいやま》スキー場。

ジェイクがバートンスノーボードを興して20年、スノーボードは歴史的な日を迎えていた。冬季オリンピックの正式種目になり、最初の競技ジャイアントスラローム（男子大回転）の決勝が行われた。スピードを争うこのアルペン競技では、カナダのロス・レバグリアティが金メダルを獲得し、これが五輪のスノーボード種目の最初の金メダルとなった。表彰式も終わり、観客が誰もいなくなったスタンドに、ひとりポツンと座っている男がいた。ジェイク・バートンその人だった。元プロスノーボーダーで後に起業家となり、長野には取材で訪れていたブラッド・スチュワードが、ジェイクの姿を見つけて近寄り隣に座った。

二人はしばらく黙って目の前のスラロームのコースを見つめていたが、ジェイクがふと独り言のように口を開いた。

「信じられるかい。こんな氷のようにガリガリした斜面で、使い道もなく、本来滑ってはいけないコース外のエリアを、我々スノーボーダーが開拓し、ここをパークにし、パイプを作り、ライフスタイルにしてきた。そして、ついにオリンピック種目にまでなってしまったなんて……」

それは確かに画期的な出来事だった。この世に誕生してからたった20年でオリンピック種目にまで上り詰めたスポーツは、他にはほとんど例がない。五輪の公式種目となり世界中にテレビ中継されることで、スノーボードは本物のメインストリームのスポーツになろうとしていた。

しかし、ジェイクには開催にあたっては複雑な思いがあった。五輪種目になる経緯を巡って、スノーボード業界は大きく揺れていた。スノーボーダーたちにとっては、屈辱的とも言える扱いから全てがスタートしたのだ。

「最初から間違いだらけだった。FIS（国際スキー連盟）がその前年くらいから急にスキーの競技会の中でスノーボード種目も扱い始めて、おかしいな、と思っていたら突然『長野オリンピックでスノーボードを正式種目に含める』と発表したんだ。我々に一切何の連絡も相談もなく、一方的にだ。驚いたね。まるで、プロ野球選手が自分がトレードされたことを新聞の記事で知ったみたいなものだよ」

オリンピック公式種目、それはジェイクたちスノーボード業界が求めたり、働きかけて実現したものではなかったのだ。1991年にはISF（国際スノーボード連盟）も発足していたが、ISFにさえ連絡も相談もなかった。当時、ISFで副会長をしていたのが、バートンジャパン社長の小倉一男だが、小倉も憤りと共にその経緯を振り返る。

「1996年くらいだったかな、FISの本部でマーク・ホドラー会長と話をする機会があったんですよ。ホドラーといえば、長年FISの会長を務めてきたスキー界の重鎮で、強力な指導者として知られていて、当時IOC（国際オリンピック委員会）の理事も務めていた人です。その時に、ホドラーは私に『スノーボードは絶対にオリンピックには入れないから』ってはっきり言ってたんですよ。忘れもしません。それが突然寝返ったので驚きしかありませんでした。おそらく内部でビジネス的にスノーボードも取り入れた方が得だという声が上がったんでしょうね」

会長の表向きの姿勢とは裏腹に、その後FISがスノーボードの競技会を始めた頃から、「もしかしたらオリンピックも狙っているのでは」という噂は業界内に流れていた。しかし、そもそも五輪競技になることに興味がなかったスノーボード業界は、何のアクションもせずに傍観していた。もし、ISFの方から早い段階でIOCに働きかけをしていれば、事態は違う展開になっていたかもしれない。

五輪で収益を上げたいIOCとしては、スキーの競技人口が伸び悩んでいたその頃、若者を中心に人気が急上昇中のスノーボードを取り込みたいというのが本音だったのだろう。ちょうどこの前年から、クレジットカード会社アメリカン・エキスプレスがジェイクをドキュメンタリー風にフィーチャーしたテレビCMを放映し始めている。

ソリから始まったスノーボードが今や世界中で滑られることを見せる映像と共に「雪の上を

サーフィンするなんて誰が信じた？　スキーほどの人気スポーツになるなんて誰が思った？」と語る若者が出た後、アメリカン・エキスプレスの緑色のカードに、ジェイク・バートンの名前がプリントされ、1985年からメンバーだったことが示される。最後にジェイクが雪山に立ち「なぜこのカードを使うかだって？　僕はずっと自分のやり方で人生を切り開いてきたんだけど、アメリカン・エキスプレスはいつも僕を信用してくれるからだよ」と話す30秒のコマーシャルだ。このCMが示すように、スノーボードは成功するビジネス、マネーの象徴にもなっていた。

突然降って沸いた五輪騒動に、スノーボード業界はざらついたと、ジェイクは言う。

「ビジネスはうまくいってたし、産業は成長していたし、我々は誰もオリンピックなんて考えてもなかったんだ。だけど、中にはオリンピックに出場して名を挙げて一攫千金を狙おうというライダーも出てきた」

既に競技からバックカントリーのフリーライドの世界に移行していたデイブ・ダウニングなどのプロライダーが、もう一度競技に戻ってきたし、既に引退していた初代チャンピオンのクリス・キャロルはアメリカ代表選手を育てようとコーチになった。しかし、多くのスノーボーダーは、長年スノーボードを虐げてきたスキー連盟主導で行われるオリンピックを、好ましく思わなかった。

その筆頭となったのが、当時最高のスノーボーダーと言われていたノルウェー出身のテリエ・ハーコンセンだった。クレイグ・ケリーを師と仰ぐテリエは、フリースタイルを極め、ISF主催のハーフパイプ世界選手権で3連覇を達成し、全米オープンも3回優勝していた。オリンピックに出場すれば、まず金メダルは間違いないと言われていたテリエが、出場ボイコットを発表したのだ。その時の驚きをジェイクはこう話す。

「テリエが電話してきて『俺、オリンピックには出ないから』って言うんだ。もう信じられなくて『いつか孫に金メダルを見せたくないのかい？』って聞いたら『俺の性に合わないんだ』ってそれだけだった」

テリエにとって、それは簡単な決断だったと言う。

「なんでオリンピックをボイコットしたかだって？　理由が多すぎて何から話せばいいか、分からないな」

長野の前の1994年の冬季オリンピックは、テリエの母国であるノルウェーのリレハンメルで行われた。もちろん、まだスノーボードはオリンピック競技になっていなかったが、テリエはMTVの取材で選手村を訪れた。その時の思い出を苦い顔で振り返る。

「オリンピック洗濯機に、オリンピックコーヒーメーカー……五輪マークの付いた商品が溢れていて、俺の親父はオリンピックのピンまで持っていたよ。見ていてウンザリだったね。スポーツからお金をむしり取ろうとしているように見えた。たくさんの国が市場価値を上げるためだけに参加しているのが見え見えだったんだ」

そして、長野ではFISがスノーボード競技を運営すると聞いて、テリエのボイコットの意思は決定的なものになった。

「やつらは長年スノーボードのことを憎んでいて、スノーボードを馬鹿げたものだと言ってきて、何の関係も持とうとしなかったのに、アクションスポーツがテレビの視聴率を稼げるようになったら、手のひらを返したようにスノーボードをもてはやした。冗談じゃないよ」

テリエが最も納得がいかなかったのは、五輪に出場する代表選手を選考するシステムだった。それまでスノーボードの競技会は、ＩＳＦなどスノーボーダーで作る団体が運営して、選手にポイントやランキングを与えてきた。それなのにＩＯＣは、五輪代表選手の選考大会は、ＦＩＳが主催する大会に限る、としたのだ。それは五輪を人質に取った選手の囲い込みとも言える行為だった。結果的に、五輪に出場したい選手はＩＳＦ主催の大会からＦＩＳ主催の大会に流れ、それに伴ってスポンサーも移っていった。テリエは不平等な選考基準にも怒りを隠せない。

「オリンピックにはそれぞれの国から4人しか出場できないが、アメリカやフィンランドやスイスみたいな強豪国には、メダルに手が届く選手が7〜8人はいるんだ。それなのに、選考されなかった選手は国に残って、どの大会でも50位にも入っていないような他の国の無名の選手が滑るのを、テレビで黙って見ているしかないんだ。ＩＯＣはそんなことお構いなしだ。スポーツは二の次で、商売が第一なんだから」

このようにテリエ自身の決断は迷いのないものだったが、自身のスポンサーであるバートンの意向は尊重したかった。

「最終的にはジェイクに相談したんだけど、ジェイクは賛成してくれたんだ。俺の決断を支持するって言ってくれた。でもジェイク自身はオリンピックに行くし、出場したいという選手はサポートするから、と言っていた。もちろんそれは理解したよ」

五輪参加を支持するライダー、反対するライダー、スノーボード業界が二つに分断される危機に瀕した中で、バートンの社長であり業界のリーダーであるジェイクには、難しい舵取りが求められた。スキー業界への個人的な感情は棚上げし、スノーボードの将来のために動いた。

起業家となり「ボンファイヤースノーボーディング」というブランドを立ち上げていたブラッド・スチュワードと共に、USST（アメリカスキーチーム）を相手に訴訟を起こした。オリンピック選考会はFIS主催の大会に限定せずに、オープン競技会で選考すべき、という内容だ。長野オリンピックが開催される前に判決が出る見込みがないのは分かっていたが、スノーボード業界としての立場を主張しておくのが大事だと考えたのだ。

一方で開催そのものには反対せず、開催国のバートンジャパンには、可能な限りライダーたちを支援するように指示を出した。志賀高原の近くのスキー場に練習用のハーフパイプを借り、チューニングセンターを作って、チームライダーたちがいつでも練習やチューニングが出来る環境を整えた。

そうして迎えた長野五輪の開会式に、ジェイクと一緒に参加した小倉は、ジェイクの心境をこう察する。

「感慨深そうに開会式を眺めていましたね。ジェイクはスノーボードがまだまだ伸びると思っていましたから、あそこで抵抗するのは得策ではないと思ったのでしょう。内心は喜んでいたと思いますよ」

長野五輪でのスノーボード競技は、大回転とハーフパイプの2種目だけだった。まずは大回転が志賀高原の焼額山スキー場で開催されたが、ここは普段はまだスノーボードの滑走を禁止していた。コース外の斜面に特設の大回転のコースを作ったのだ。歴史上、初めてのオリンピックのスノーボード競技は、スノーボードが禁止されているスキー場で開催されるという皮肉な事態となった。スノーボードの団体が運営しないことで、様々な問題が起こったとジェイクは言う。

「日本の人たちは一生懸命頑張って準備をしてくれたけど、会場に着いてビックリしたよ。スノーボードのスペルが間違ってたんだ。SNOWの『W』が抜けて『SNOBOARD』って書いてあったんだよ。最初からなんだか嫌な予感がしたね」

ジェイクの予感通り、スノーボード競技会に慣れていないFISが運営することで、スノーボーダーにとって理想的な環境は整えられていなかった。大回転のコースは、スキーのレース同様に、硬く圧雪されてガリガリに凍っていた。これでは、スノーボードは良いパフォーマンスを発揮できないし、実際ターンで曲がり切れずコース外に放り出される選手が続出した。その4日後の2月12日に、ハーフパイプが「かんばやしスキー&スノーボードパーク」で開催されたが、その日は朝から激しい雨だった。悪天候の危険なコンディションのため、アルペンスキーなどのスキー競技は中止されたが、スノーボードのハーフパイプだけは決行された。ジェイクは怒りを抱えて、スノーボーダーたちがパイプでジャンプする様子を心配そうに見ていた。

「横殴りの雨が降る中で、ライダーたちはゴーグルも着けずにパイプにドロップインして行ったよ。ゴーグルを着けると前が見えないくらいの雨だったからね。スキーヤーが怪我するからってスキー競技を軒並みキャンセルしたのに、スノーボーダーなら怪我をしてもいいとでも思ってるのかね」

結局、絶対的本命だったテリエ・ハーコンセン不在で行われた男子ハーフパイプは、当時は無名のスイスのジャン・シーメンが金メダルを獲得。銅メダルを取ったアメリカのロス・パワーズもほとんど知られていなかった選手だ。唯一銀メダルを取ったダニエル・フランクは、テリエと同じノルウェー出身で、当時テリエに迫る実力者と言われていたが、この五輪出場をきっかけに、テリエとは袂を分かつことになった。五輪以降も競技の世界で生きていくフランクとは対照的に、テリエは師と仰ぐクレイグ・ケリー同様にバックカントリーの世界に入っていくが、五輪をボイコットしたことで多くのスノーボーダーから支持を得て、現在でも世の中に最も影響を与えたスノーボーダーとして尊敬されている。

男子大回転では、競技後にある騒動が起こった。スノーボード初の金メダルに輝いたカナダのロス・レバグリアティは、競技終了後のドーピング検査で循環器から大麻が検出され、一旦メダルを剝奪されたのだ。しかし、レバグリアティはカナダでは大麻使用は犯罪ではなく、競技のパフォーマンスを強化する効能はないと主張し、スポーツ仲裁裁判所の裁定で処分は取り消された。

女子ハーフパイプは、この五輪をきっかけに飛躍的にレベルアップしたと言われている。それまではパイプの縁からちょっと飛び出すだけで迫力に欠けていたが、長野で活躍した女子選手のパフォーマンスは一段と進化していた。日本人では、長野五輪前のイタリアのワールドカップで日本人として初優勝した吉川由里が期待されるも、20位で予選落ちとなった。吉川は五輪前にはシンデレラガールともてはやされ、ワイドショーなどで引っ張りだこだった。突然沸いた五輪フィーバーに本人もメディアに翻弄された感はあったが、それまではスノーボーダーはテレビや新聞で取り上げられることは稀だったので、改めて五輪の持つ影響力の強さを見せつけた。

本命不在、FISの運営による幾つかの不手際などで、真の世界一を決める大会にはならなかったものの、世界にスノーボードの魅力を伝え、その認知度を上げるために、五輪は一役買ったと言える。ジェイクは公には「ドリームチーム（アメリカのアイスホッケーチーム）を見るために長野に来た」という冗談めいたコメントを残したが、それはスノーボードのコミュニティの中で、五輪賛成派と反対派、双方に配慮した非常に気の利いた対応と言える。バートンジャパンの社員として、日本でこの一連の出来事を経験していた中村ヒロキは、長野五輪を境にしたスノーボードを巡る状況の変化についてこう語る。

「僕がスノーボードを始めた時代は、ちょっととんがっていたり、普通の部活が出来ないような子が感性で滑っていたのですが、長野以降は、身体能力が高くすごい技ができて、野球とかメジャーなスポーツの代わりにスノーボードをやってます、という風なアスリートが増えてきた気がします。どんどんスポーツ化されていくと、選手たちの技術も上がるしメジャーになっていきますが、僕が好きだった遊びの延長線の部分、ジェイクが元々裏山でやっていたようなスノーボードのコアの部分は残って欲しいなという気持ちはありました」

CHAPTER

8

Snowboarding is My Life

人生スノーボード一色

WE ARE RIDERS
WE WORK LIKE WE RIDE
WE RIDE TOGETHER

私たちはライダーだ
ライドするように働く
そして一緒にライドする

―――― バートンスタンス

年間100日ライド

2013年、バーモント州ストウ――。

朝8時、愛車の黒いSUVサバーバンの荷台に、次のシーズンで発売予定のサンプルのボードとブーツを積み込み自宅を出る。それはバーモントにいる間の冬のジェイクの日課だ。自宅からほんの15分車で走れば「東のスキーの首都」と呼ばれるストウマウンテンリゾートに着く。ニューイングランド地方で5番目に大きく、バーリントンの街に最も近い人気リゾートだ。真っ白な雪山の中、ジェイクはこのリゾートのアイコンでもある鮮やかな赤いゴンドラに乗ってまずは山頂を目指す。

「僕にとって最高の一日のスタートは、ここに来て2〜3本ライドして新しい製品を試すことなんだ。同時にライドを楽しんで、それがエネルギーの源にもなる。バートンで働く社員みんなも同じだけど、ここに来てライドすれば、何のために一生懸命働いているかを実感して、やる気になるんだ」

ゴンドラに乗り合わせた若いスノーボーダーたちに、気軽に話しかける。

「調子はどうだい？　最近はどんなギアが気に入ってるの？」

話しかけてきた笑顔のおじさんが、自分の乗っているボードの会社のCEOと知ってか知らずか、若者たちもざっくばらんに答えている。

来シーズン発売となる新しいラインのオレンジ色のジャケットにオリーブ色のパンツ、頭には青いゴーグルを乗せたジェイクが、ゴンドラから降りてくる。平日の朝にもかかわらず、ストウのゲレンデは色とりどりのウェアを着た人たちで溢れていた。コース脇のベンチや斜めの雪面に腰を下ろしてバインディングに足を入れているスノーボーダーたちの服装を、それとなくチェックする。若者の流行には常に敏感でいたいのだ。

自分もカリッカリッカリッと足元のバックルを締めながら、新製品のバインディングのホールド具合を確かめる。ゴーグルを目の位置に付け直して、ゆっくり雪の感触を確かめるように山頂から滑り出した。こうして毎朝滑るうちに、1999年から年間100日ライドを目標にするようになった。1年の約3分の1は雪の上だ。58歳になってもその情熱は衰えることがない。

「見ず知らずの若者にも話しかけて、彼らの世界がどうなっているかを聞いたり、僕の息子たちや友達とライドすることもあるよ。歳をとるにつれて、少しでも雪の上にいて、スノーボードシーンと繋がっておくことが大事だと、以前にも増して思うようになったんだ」

毎日が試乗会

ストウマウンテンリゾートから、曲がりくねった森の中の州道を抜けていくと、ジェイクとドナの自宅に辿り着く。松林の間の舗装されていない道沿いに、ポツポツと大きなお屋敷が点在する、さながら軽井沢の別荘地のようだ。林を抜け急に視界がパッと開けると、その先に見晴らしのいい広大な丘が見えてきた。そこに建つのがジェイクとドナの家だ。

二階建ての母屋は、グレーの壁に白い柱がアクセントになった趣味のいい建築で、タイルが貼られた屋根からは煉瓦造りの煙突が3本伸びている。庭を挟んで母屋の反対側には、母屋よりも大きい赤い納屋が建っている。母屋の玄関脇のポーチには、スキー場からもらった緑色の古いチェアリフトがベンチとして置かれていて、滑ったばかりでまだ雪のついたボードが4〜5枚立て掛けられていた。

家の中のリビングルームとキッチンは、ドナの父がオーナーをしているNBAボストンセルティックスのチームカラーである緑を基調にした家具が品よく並んでいる。アイランドキッチンの天井からは、銅製の鍋やフライパンが吊るされて、古き良きアメリカの農場スタイルのインテリアだ。

一階の奥にあるジェイクの書斎には驚く空間がある。まるでバートンのプロショップのように、ボード、ブーツ、ウェアからバックパックに至るまで、あらゆるバートン商品が、まるで売り物のように綺麗に陳列されているのだ。

「会社での今の僕の役割は、製品に関わることがやっぱり一番多い。マーケティングは少し関わるけど、販売は今はほとんどタッチしていないし、オペレーションにもそんなに関わらない。製品開発が会社の魂だし、僕自身の魂でもあるからね。自分たちの作る製品に常に囲まれていたいんだよ」

木目調のブティックのようなその空間は、まず右の壁に靴の棚があり、スノーボードのブーツではなく、普段の生活で履くシューズが並んでいる。キャンバス地のスニーカーから革のローファー、スウェードのブーツまで、一見スノーボードとは関係ないシティ用のお洒落な靴だ。靴棚の横には、カラフルなバックパックがたくさん掛けられていて、その下にはキャスター付きの旅行用バッグが並んでいる。バックパックは防水加工されていたり、密封性の高い機能的なポケットやジッパーがたくさん付いていて、スノーボードをしながら背負えると同時に、普段の生活でも使えるようなカジュアルなデザインにもなっている。

これらは、バートンが１９９８年に立ち上げたサブブランド「グラビス」の製品だ。ジェイクは、アクションスポーツの機能性とストリートウェアのスタイルを融合させてこのブランドを作った。スポーツ、クラシックなデザイン、コンテンポラリーな音楽、そして都会のアートシーン、それらの要素から受けたインスピレーションが、全ての製品に込められている。プロのスノーボーダー、サーファー、ミュージシャンやアーティストからの意見を積極的に取り入れ、現代のアクティブなライフスタイルに合ったアクセサリーを目指している。

「シューズやバッグは最近とても良くなったね。バッグのデザインそのものには、僕はそんなに関わらないけど、新作のバックパックはほとんど試して、気になることがあったら製作チームにフィードバックするんだ」

正面の一番広い壁にはラックがあり、スノーボードが50枚ほど立て掛けられている。半分は新作でまだラップがかかったままで、半分はバインディングが付いて既に乗っている形跡がある。

「できる限りたくさんのボードを自分で乗って試してみることにしてるんだ。１シーズンで大体12〜15枚は乗るかな。乗らないボードも全てグラフィックはチェックするよ」

部屋の中央にはチューニング用のテーブルがあり、そこでバインディングを付けたり調整したりしている。その後ろの棚には、新作のヘルメットやゴーグルも並べられている。１９９６年には、衝撃吸収の革命的なテクノロジーを追求したヘルメットのブランド「R.E.D.」を立ち上げた。また２００１年には、ファッションとライフスタイル、そしてクチュールの影響を受けた独自の光学ソリューションを提供するゴーグルのブランド「Anon」を立ち上げた。

そして左側の壁には、上下二段に溢れんばかりのウェアが、ラックに掛かっている。インナーからアウターのジャケット、パンツやフーディー、色とりどりの新作アイテムだ。2000年には、「Analog」を立ち上げた。スノーボード、サーフィン、スケートボードの創造性と個性を押し上げ、既存のアイデアに拘らないというコンセプトで、スノーボードウェアだけでなく、アパレルも展開している。

「これは僕が最も影響力のある部分だね。僕はバートンで作っている全てのウェアを試着するんだ。来シーズンに発売するウェアのサンプルは、その1年前の12月か1月に出来るんだけど、それらを1年かけて順番に着ていくんだ。僕が毎日違うウェアを着てゲレンデに現れるんで、ちょっと可笑しいよね。グローブや帽子もたくさんあるので、組み合わせが大変だよ。その日の気温や天気に合わせて、厚手のウェアや薄手のウェアなど選んで試すんだ」

そう言いながら、迷彩色のジャケットの一つをハンガーから外し、ポケットに手を突っ込んで、中からラミネートされた小さなカードを取り出した。

「このカードの表には、商品名と値段が書いてあって、裏には特徴をスタッフが書いてくれてるんだ。例えば、このジャケットは、飲料ブランドのマウンテンデューとコラボしたデザインで、リサイクル素材が使われているって書いてあるね。僕が実際に滑りながら着てみて良かったことや気になったことなどを携帯電話でメモを取り、それをスタッフに送るんだ」

ボードやバインディングに関しては、工場に強度や品質のテストを行う装置が備わっていて、エンジニアが日々実験を行っているが、ウェアに関しては、実際にジェイクたちが袖を通し、雪の中でスノーボードをしながら着てみることで、リアルなフィードバックを与えているのだ。

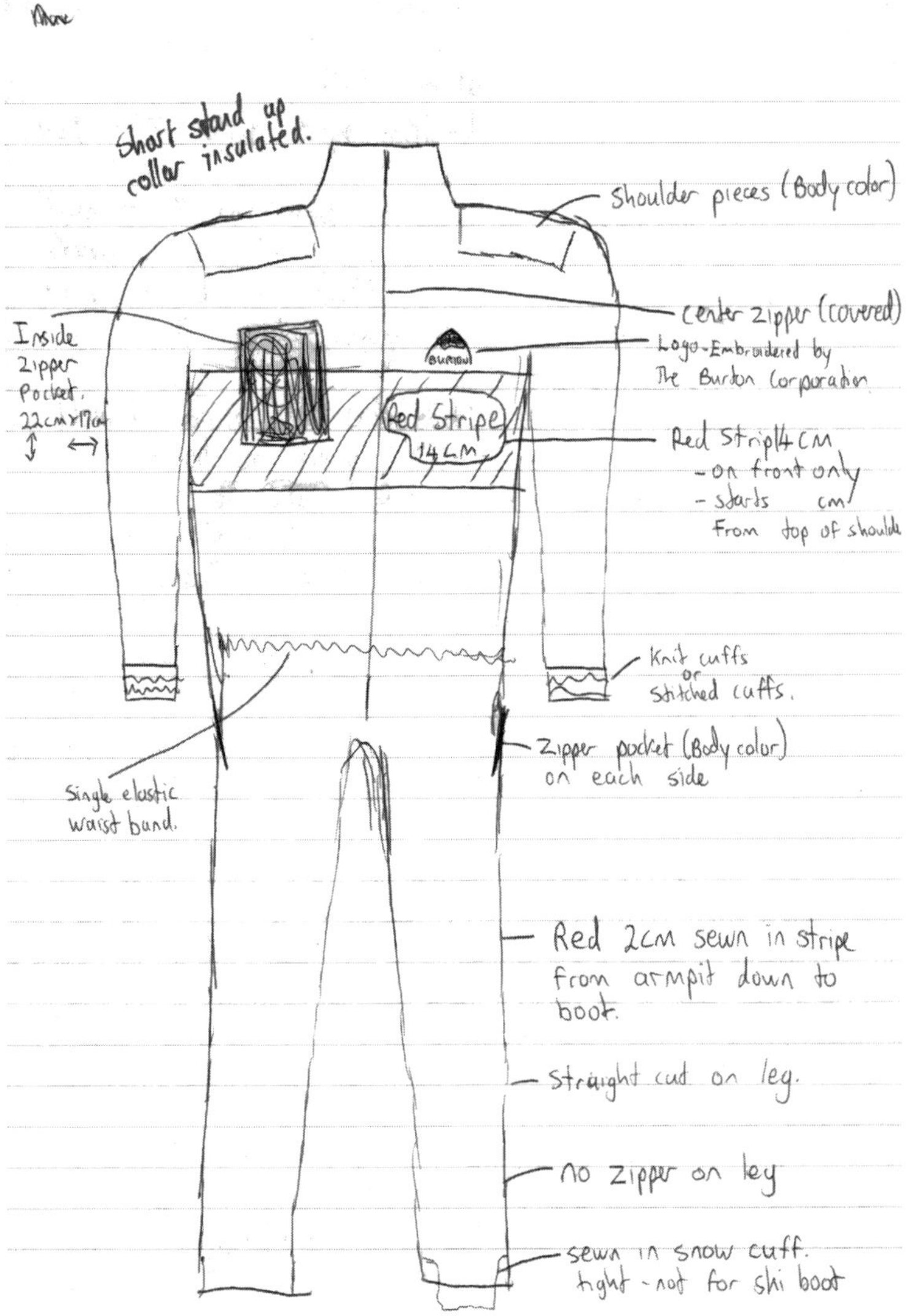

short stand up collar insulated.
Shoulder pieces (Body color)
Center zipper (covered)
Logo-Embroidered by The Burton Corporation
Inside Zipper Pocket. 22cm×17cm
Red Stripe 14CM
Red Strip14CM
- on front only
- starts cm From top of should
Knit cuffs or Stitched cuffs.
Zipper pocket (Body color) on each side
Single elastic waist band.
Red 2CM sewn in stripe from armpit down to boot.
Straight cut on leg.
no zipper on leg
sewn in snow cuff. tight - not for ski boot

ジェイクによる初期のユニフォームのスケッチ

自宅にサッカー場？

地下に向かう階段の踊り場には、女性用のボードが5～6枚並んでいる。

「これはドナのボードだね。彼女も女性用のギアを試乗してるんだ」

地下には、さらに驚きの空間が広がっている。コンクリート打ち放しの壁に、木製のラックが組んであり、そこにスノーボードが子供用から大人用までズラリと30枚、ブーツは男女ともサイズ別に用意され、バインディングからヘルメットまで、全ての商品が揃っている。まるで、スキー場のレンタルショップのようだ。

「たくさんの人がここに遊びに来るからね。デモをしたり、スノーボードを教えてあげたりするんだ。人に教えるのは大好きだよ」

商品棚の反対側のスペースに、広いプレイルームがあった。ビリヤード台に、卓球台、エアーホッケーやフーズボール、懐かしのパックマンのビデオゲーム機も置いてある。そして、その横にはなんと、ミニサッカー場があった。人工芝が敷かれて二つのゴールも設置されている。自宅にサッカー場がある家など、一体世の中に幾つあるだろうか。

「よく仲間で集まって試合をするんだけど、テリエも参加したことがあるよ。テリエはサッカーが上手かったね。僕は本物のサッカーはそんなに得意じゃないけど、このミニコートではかなり良いプレーをするよ」

そして、その先には、50メートル隣の納屋まで続く地下トンネルが掘られている。床も壁も天井にも木が貼られた炭鉱のトンネルのようで、等間隔に壁に設置された黄色いランプが、トンネル内をほんのりと照らしている。母屋から納屋に向けて少し下り坂に作られているので、そこをスケートボードに乗って移動できるのだ。まるで、ディズニーランドのアトラクションのようだ。ジェイクが慣れた様子で、ヒョイっとスケートボードに横乗りして、カタンコトンと小気味よい音をさせながら、納屋まで滑って行った。

「この家を買った後に、納屋をゲストハウスとして建てたんだけど、納屋の地下が駐車場になっていて、当時子供たちも小さかったし、寒い中駐車場から母屋まで外を歩かなくていいようにトンネルを掘ったんだ。食料品の買い物も運びやすいしね。納屋に泊まっているゲストにパジャマのままで会いに行くことも出来るんだよ」

駐車場は大型のバンがゆったり4台は停められるスペースがあり、スノーモービルも2台停めてあった。

「雪が積もったら我が家の裏庭でこのスノーモービルに乗れるんだ。子供たちが小さかった頃は、雪の日はこれで学校まで連れて行ってたよ。楽しかったな」

納屋の外には壁打ちの出来る半面のテニスコートがあり、冬の間はそこをテントで覆い、水を張って凍らせてアイスホッケーのリンクにするそうだ。納屋の裏には雑木林があり、ジェイクはラブラドールの愛犬リリィと林の中をよく散歩する。名前を呼ぶと、白い尻尾を振りながら駆け寄ってきて、ピタリと横に並んで歩き始めた。賢い犬だ。林の中にお気に入りの場所があるという。林の先には、深い緑色の水を蓄えた池があった。そこに向けて、林の中に木で組まれた櫓《やぐら》からワイヤーが伸びている。

「これが僕のお気に入りのジップラインだよ。このハンドルを持って滑っていって、池に飛び込むんだ。今は水が冷たいけどね、夏は楽しいよ。そしてあっちがドナのお気に入りのツリーハウス。ドナはよくそこで本を読んだり昼寝をしたりリラックスしているよ」
池のほとりに、林に囲まれた丸太作りのこぢんまりしたツリーハウスが建っている。ベランダのベンチに腰掛けて本を読むのは確かに気持ちよさそうだ。林の先には雪を被ったストウマウンテンリゾートの山頂付近が見渡せた。ジェイクの自宅は、ジェイクの人柄をそっくり映した遊び心満載の家で、バートンとスノーボードが生活の一部になっていることを感じさせた。

バートンスタンス

ジェイクの自宅からストウマウンテンリゾートと反対方向に車で40分走れば、バーリントンにあるバートン本社に到着する。敷地の入り口では、大きな丸太を輪切りにしたモニュメントに、バートンのロゴがメタルで刻印されたクールな看板がお出迎えだ。本社の玄関をくぐると、ロビーは吹き抜けになっていて、木目調の壁に黒い鉄筋が剝き出しになったカッコいい空間だ。正面の壁には木彫りの看板に白い文字で「バートンスタンス」と呼ばれる社訓が大きく掲げられている。

WE ARE RIDERS　私たちはライダーだ
WE WORK LIKE WE RIDE　ライドするように働く
WE RIDE TOGETHER　そして一緒にライドする

そしてその下には、それぞれのスタンスの意味が添えられている。

自宅の庭でくつろぐジェイク

「私たちはライダー、そしてライダーと同じマインドを持つ人にとってベストなことにフォーカスする。そうすればあとの全てはついてくる。これが私たちのビジョン。
私たちは山でもオフィスでもマインドは同じ。これが私たちの価値観。
私たちは力を合わせてハイパフォーマンスで働き甲斐のあるコミュニティを作る。これが私たちのコミットメント」

また正面玄関のドアには、もう一つ大事な社訓が書かれている。2フィート（約60センチ）以上新雪が積もったら、その日はバートン本社は休業だ。発端はジェイクが全社員に向けて送った1通のメールだ。

全てのバーリントン本社の従業員へ
ジェイク・バートンより
2014年3月12日

今、この地方を襲っている冬嵐「バルカン」によって、2フィート以上のフレッシュなパウダーは確実なので、明日は会社を休みにします。雪しぶきを散らしてね。山で会おう。楽しんで。ジェイク

11時。ジェイクがいつも通り、朝のストウでのライドを終えて出社する。受付のスタッフに笑顔で声を掛け、ロビー脇の通路を歩いて自分の部屋に向かう。壁には、歴代のボードが年代

順に飾られている。100枚目の試作品から始まり、商品化第一号の『バックヒル』、スキーの技術を取り入れて飛躍的に進化した『パフォーマーエリート』、そして爆発的に売れたクレイグ・ケリーのシグネチャーモデル『ミステリーエアー』。それらの板の上には、“You need to know where you've been”「これまで辿ってきた道のりを忘れてはいけない」と書かれている。

廊下ですれ違う社員たち一人ひとりに、気軽に声をかける。

「週末はどうだった？　雪質は良かったかい？」

ジェイクの部屋は通路の一番奥にあった。しかし、一般的に想像する社長室とは全くかけ離れた部屋。普通の家のリビングルームのようだ。デスクさえ置いていない。中央に大きな低いコーヒーテーブルがあり、それを囲むように座り心地の良さそうなソファーが置かれている。

ソファーの定位置に腰を下ろし、テーブルの上に乱雑に積まれたバートンのカタログを手にとってパラパラとめくり始めた。1977年の創業時から続けてきた商品カタログは、今やボードやブーツだけでなく、契約ライダーたちがウェアやバッグも身につけてポーズを取るファッションカタログのようなクオリティになっていた。

奥のスペースは、自宅と同じように新作のボードやウェアやシューズが並べられていて、壁には額に入ったバートンのチームライダーたちの写真が所狭しと掛けられている。

犬と出勤

社内は、仕切りもない広いスペースに部署ごとに島を作って机が向き合っている。パーティションもないので、ちょっと首を伸ばせば同僚と目を合わせながら会話が出来る非常に風通しのいい職場だ。商品開発部には、そこら中に開発中のボードが溢れている。二人の男性社員が、翌年に発売する新しいスプリットボードのサンプルを手にとって話し合いをしていた。スプリットボードとは、文字通りスノーボードが真ん中から縦に真っ二つに割れるボードで、クロスカントリースキーのように、割れたボードを履いて雪道を登り、上でそれを合体させてスノーボードにして滑り降りるという、バックカントリー向けのボードだ。２００1年からバートンは、クレイグ・ケリーと共にこのスプリットボードの開発をしてきた。開発責任者の男性が誇らし気に特徴を話す。

「これは数カ月後にリリースするランドロードというスプリットボードで、業界で初めてチャネル（バインディングをスライドできる溝）が付いたんだ。これでスプリットボードでも普通のボードと同じように簡単にバインディングの調整が出来る。今年のＳＩＡ（全米スノースポーツ産業協会）の展示会で発表したらみんなぶっ飛んでたよ。前のモデルからすごい進歩だからね。みんな興奮してるよ」

隣の席の女性は、日本市場向けの子供用のボードのグラフィックのデザインをしていた。「小学校卒業記念」と題した限定ボードで、ドラえもんをモチーフにしている。黄色いベースにドラえもんが中心に乗ったデザインと、色んな顔をしたドラえもんがたくさんちりばめられた青いデザインの2パターンを検討中だ。

「今年はドラえもんの作者の生誕80周年ということもあって、このデザインに決まったの。ドラえもんのことを調べてみたけど、すごい人気ね」

女性のデスクの下には、犬が気持ちよさそうに寝そべっていた。よく見ると、先ほどの男性

文藝春秋の新刊

11
2021

「待ち合せ」©大高郁

◆発売日、定価は変更になる場合があります。
表示した価格は定価です。消費税は含まれています。

●名エッセイ「日日是好日」シリーズの集大成

青嵐の庭にすわる

「日日是好日」物語

森下典子

お茶の稽古に通う25年間の軌跡は本となり、さらには映画化され大反響を呼ぶ。映画作りを通して気づく、かけがえのない人生の物語

◆11月25日
四六判
仮フランス装
1650円
391471-8

●スノーボードを生んだ男のレガシーをここに遺す

スノーボードを生んだ男 ジェイク・バートンの一生

福原顕志

70年代後半、23歳のジェイクが開発したスノーボード。世界の人気スポーツに発展させた過程と、彼の一生をパラレルに描く

◆11月25日
四六判
並製カバー装
1870円
391472-5

●彼女こそ「本物の政治家」だ！ 今秋、引退。決定的評伝

メルケル

世界一の宰相

カティ・マートン 倉田幸信 森嶋マリ訳

「東独出身」「女性」「理系」がなぜ頂点へ？ トランプ、プーチンと渡り合い、コロナに勝った。彼女の武器は「倫理」「科学」だ

◆11月25日
四六判
上製カバー装
2475円
391473-2

●働く社会人アザラシ、ふわふわっと楽しく生きてます

オレアザラシの食う寝るにゃんこ

フナカワ

ＳＮＳで累計１２０万いいね！睡眠、食事、猫…半径５ｍで得られるささやかな幸せたち。やわらかライフハックコミックエッセイ！

◆11月10日
Ａ５判
並製カバー装
1210円
090112-4

名刀・井上真改はどこにある？　900万部人気シリーズ最新刊
雪見酒
新・酔いどれ小籐次（二十一）
佐伯泰英
814円
791775-3

左手に宿る兄とともに殺人犯として追われる俺
レフトハンド・ブラザーフッド　上下
知念実希人
上715円
下682円
791776-0
791777-7

高麗をのぞむ地で、対峙する相手とは!?
異郷のぞみし
空也十番勝負（四）決定版
佐伯泰英
814円
791778-4

入社30年、同期の記者たちの絆とは

殺し屋に商売敵現る!!　異色の短編集第二弾
殺し屋、続けてます。
石持浅海
814円
791783-8

あのクワコーが帰ってきた！
ゆるキャラの恐怖
桑潟幸一准教授のスタイリッシュな生活3
奥泉 光
891円
791784-5

没後七年。養女が語る素顔の健さん
高倉健、その愛。
小田貴月
924円
791785-2

稀代の知性が傷つき、倒れ、起き上がるまで
知性は死なない
平成の鬱をこえて　増補版
與那覇潤
990円
791786-9

各紙誌で絶賛された名著が待望の文庫化！

リビングルームのようなジェイクのオフィス

社員の足元にはゴールデンレトリバーが、その隣の人の机の下には、ブラックラブラドールがいた。

「これは私の愛犬、ボーダーコリーのキャシーよ。あっちはケイリーで、こっちはキャプテン。みんな自由に犬を連れて出勤していいのよ」

キャプテンの飼い主の先ほどの男性も付け加える。

「僕が出張の時もキャプテンはここに出勤してるよ。朝連れて来てもらって、夕方ピックアップされてる。社内にはいつも大体50～60匹は犬がいるかな。名簿には１５０匹が登録されてるらしい。毎年写真付きで犬のイヤーブックも発行されてるんだよ」

プロジェクトルーム風の部屋では、女性社員二人がパソコン上でバックパックの色選びをしていた。ベージュとマリンブルーとグレーをソフトウェアを使って乗せ替えて、組み合わせを検討している。壁にはプリントアウトされた色のパターンが、何十種類も貼り出してあった。

プロジェクトマネージャーの女性が説明する。

「これは2年後に発売されるバックパックのラインなんだけど、ちょうどグローバルの販売担当者を集めての会議が終わったところで、それぞれの国からのフィードバックを受けて、色を組み直しているところなの」

確かによく見ると、壁に貼られた紙は、国によって分けられていて、ポストイットでコメントが添えてあった。

「例えばカナダはもっと中性色が欲しいって言ってるし、アメリカからはもっと明るい色が欲しいって要望があったの。もちろん、全部の色のパターンが世界で売られるけど、その地域に合わせて、より売れそうな色のものを多く出荷するのよ」

もう一人のデザイナーの女性も付け加える。

「まるでパズルのようね。あちこちから色を取ってきて組み合わせるんだけど、デタラメじゃダメで、同時に発売されるウェアのラインにも合わせて、そこから色を引っ張ってきたりしているわ。2年先の発売なので、流行を先読みしないといけないしね」

2年前にインターンをしてからすぐに気に入って就職したというこの女性は、バートンで働く喜びについてこう話す。

「他にもクールな会社でインターンしたんだけど、ここは一番クールだわ。みんなすごくくつろいでいるのにとっても賢くて、誰の意見でも取り入れてくれる。自分が会社に価値を加えてるって実感が持てるの」

もっと長く働いているプロジェクトマネージャーは、「気に入ってるのは毎日犬と出勤できることかな」と笑う。

「犬と一緒だと楽しいし、ストレスも和らぐからね。去年ジェイクがクリスマスに社内の犬のところを1匹ずつ順番に回ってくれて、それぞれの犬の名前が入った餌のお皿をプレゼントしてくれたのよ」

クリエイティブのセクションでは、一人の若い男性社員がパソコン上でビデオの編集をしていた。夕日で紫色に染まった空をジャンプするライダーの映像だ。

「宣伝用やウェブサイト用、セールスミーティング用のビデオ編集が僕の仕事なんだ。これは今年のライダーたちの色々な180（半回転）のトリックのビデオを繋いでいるところ。決まり文句みたいで嫌だけど、僕にとっては本当にドリームジョブ、夢のような仕事だよ」

隣のマーケティング部の男性は、バートンのプロショップに翌年の新作を陳列する際のディスプレー用のデコレーションを担当していた。アメリカのバーによくあるカラフルなネオンサインで、バートンのオリジナルのロゴを作った。

「これは80年代から90年代初めによく使っていたロゴだけど、毎年一つはバートンの歴史を感じさせるデザインを取り入れようとしてるんだ。僕は元々ニューヨークのソーホーの直営店で店長をしていたんだけど、4年前に本社に異動してマーケティングをすることになったんだ。この職場の雰囲気は最高だよ。ずっとスノーボーダーだったからね、スノーボードの会社で働けるなんて夢みたいだ。ジェイクがふらっとやってきて『週末の雪はどうだった？』ってみんなに話しかけてくるんだ。そんな会社、他にないよね。僕ら社員みんなにスノーボードを楽しんでもらおうと思ってるんだ。最高のボスだよ」

バートンジャパンの中村ヒロキも、このバーリントンの本社に出張に来ていた時、驚くような光景を目にしたと言う。

「ある日、ジェイクが突然女装して現れたんですよ。ゲイの格好をした警察官っていう感じで、マーケティング部とか色んな部署を回って『お前は机のここが汚いわよ』とか言いながら、ムチでピシッて机を叩いて取り締まるんです。お巡りさんの帽子かぶってちゃんと口紅もつけて。みんなもうゲラゲラ笑いながら見てて、本当にみんなに愛されてるんですよね。なんかそれは恒例の日みたいで。

社内のミーティングもそんな感じで、いつも遊び心があるんですよね。ジェイクにとっては、スノーボードを作ること自体、元々大好きな遊びから始まったことで、その延長線上に会社があるって感じなんだと思います。だから働いている僕らも楽しいんですよね」

ジェイクは女装好き？

女装癖があったわけではないが、社員を喜ばせることをジェイク自身も楽しんでいる。秋のハロウィーンの仮装は、そんなジェイクにとっては一大イベントだ。毎年、相当な時間をかけて入念に準備して、みんなを驚かせる仮装をする。

２０１３年は、ドイツのミュンヘンにある有名なビアホール『ホフブロイハウス』のウェイトレスの仮装。青いスカートに白いタイツ、髪の毛は三つ編みにして、両手にビアジョッキを２つずつ持って現れた。この頃から、ジェイクの中で女装がブームになっている。

２０１４年は、乗馬の女性騎手。黒い革のブーツに栗色のカールしたロングヘアーのカツラ。手にはムチ。隣にはホワイトラブラドールの愛犬リリィも従えて、彼女の背中には馬の鞍も乗せている。ただのスナップショットではなく、ちゃんとスタジオでプロに写真を撮ってもらう凝りようで、自身のインスタグラムにも投稿している。

２０１５年は、インディカーやナスカーで活躍した美人女性ドライバー、ダニカ・パトリックに扮装。レーサーのつなぎを着てサングラスに真っ赤な口紅をつけ、手にはヘルメットを持っている。インスタの投稿には「ナスカーシーズンが早く終わってスノーボードに行ける日が待ち遠しいわ。ハッピーハロウィーン　ダニカ・バートン」と添えられている。ダニカ・パトリックは、２０１５年にフォーブスの「世界で最も稼ぐ女性アスリートランキング」で４位に選出され注目を浴びた。

２０１６年は、クエンティン・タランティーノ監督の映画『キル・ビル』の登場人物「ＧＯ

GOG夕張」に扮装。GOGO夕張といえば、ルーシー・リュー扮するオーレン・石井のボディーガードで女子高校生。17歳ながら日本酒を一升瓶でラッパ飲みし、口説いてきた中年の股間を日本刀で掻っ捌《さば》く凶暴なキャラ。ジェイクはストレートの黒髪のカツラを被り、紺のブレザーにチェックのミニスカートで太ももを晒し、白いハイソックスという日本の女子高校生のいでたち。手にはGOGO夕張の武器である鎖のついた鉄球を振り回している。この頃になると段々冗談もどぎつくなってきた。

2017年は、バンクーバーオリンピックで金メダルに輝いたアルペンスキーの女王、リンゼイ・ボン。水着特集のグラビア写真で雑誌の表紙も飾る美人アスリート。タイガー・ウッズと付き合って破局したことでも注目を集めた。ジェイクはグラビアを飾ったリンゼイと同じヌードを真似して、ブロンドのカツラまでつけて直滑降のポーズをとった。インスタの投稿には「やあ、リンゼイ！　ハッピーハロウィーン。オリンピックで会いましょう。僕はスノーボードだけどね」とある。リンゼイが「スノーボーダーはゲレンデを塞いで邪魔になるので別の山で滑って欲しい」とコメントしたことに、ユーモアで返したパロディだ。

2018年は圧巻だ。映画『ハンガー・ゲーム』の主役ジェニファー・ローレンスのコスチュームをそっくり真似た。真っ黒のつなぎに、胸のシールドや肩パッド、手には弓矢を持っている。一体どこで手に入れるのか、まさか工場で作るのか。映画の小道具に全く引けを取らないクオリティだ。髪の毛は今回はカツラではなく、地毛にエクステンションを編み込み、メイクは社員に頼んだ。インスタの投稿にはこう書かれている。

「ハロウィーンにイカしたガールに女装すること自体よりクールなことは、バートンの同僚たちと一緒にやることだ。バーリントンで一番のメイクアップアーティスト、ありがとう」とメ

ジェイクのハロウィーンの仮装　左上から時計回りに、女性騎手（14年)、女性ドライバー/ダニカ・パトリック（15年)、映画『キル・ビル』から（16年)、アルペンスキーの女王/リンゼイ・ボン（17年)、映画『ハンガー・ゲーム』から（18年）

イクをしてくれた社員たちを称えている。

遊び心満載の社内

ランチタイムになると、社員たちがデスクの下からスケートボードを引っ張り出して、サンドイッチとジュースを片手に裏庭に向かっていく。会社の敷地には、ジェイクが造ったスケートボードパークがある。木で組まれた立派なもので、25メートルプールくらいの大きさに滑らかなパイプが掘られ、縁には金属のリップが付けられている。若い男性社員たちが交代でドロップインして、気持ちよさそうに滑ってはいい汗を流している。飼い犬の黒いプードルもついてきて、パイプの端を歩きながらご主人さまの滑りを見ている。クリエイティブマーケティングを担当している男性は言う。

「毎日ランチタイムにここに来て滑ってるよ。健康的だし、すっかり充電できて午後の仕事も捗《はかど》るんだ。冬はスノーボード、夏はスケートボードをしながら仕事が出来るなんて最高だよ。まだ入って1年ちょっとだけど、みんなとってもフレンドリーで、ずっとここで働いているような気がするよ」

ブーツの開発を担当している男性は、バートンで働く理由をこう話す。

「もうバートンで働いて9年目になるけど、スノーボードが大好きなのと、ジェイクとドナが作り出す社内の雰囲気、そしてこのスケートボードパークが、ここで働いている理由だよ。ジェイクには本当にインスピレーションをもらってる。ジェイクはすごいスノーボーダーでかなりコアなアスリートだよ。僕は今年鎖骨を折ったんだけど、ジェイクはもう5回も折ったって

本社の裏庭にあるスケートボードパーク

言うからね」

手作りパイのプレゼント

秋も深まった11月末、バーリントンの街は、モミジやイチョウで色鮮やかに染まる。バートン本社のすぐ前にあるシャンプレーン湖の水面に、黄色、オレンジ、赤がモザイク状に混ざり合った山の木々が反射して、まるで万華鏡のようだ。

毎年この時期になると、バートン本社の全社員が一本の廊下に長い列を作る日がある。ロビーにまで伸びた列の先は、社長であるジェイクの部屋だ。感謝祭の連休に入る前日の午後、ジェイクが社員全員に手作りのパイをプレゼントするのだ。もう何年も続いている恒例の行事。列を作る従業員たちは、みんな笑顔で会話を楽しみながら自分の順番を待っている。

ジェイクの部屋には、300個近いパイの箱が溢れている。ピーカン、アップル、パンプキンなど、ジェイクの地元ストウの人気店『ハーベストマーケット』が焼いたパイだ。アメリカでは感謝祭の連休は日本の年末年始のようで、家族が実家に集まり、七面鳥とパイが並んだテーブルを囲むのが慣わしだ。

部屋に入ってくる従業員に、ジェイクが笑顔で握手しながら選んだパイを順番に手渡す。「調子はどうだい?」「奥さんは元気かい?」「楽しい感謝祭をね」。一人ひとりと会話をし、一年の労をねぎらう。こんなバートンの社風についてジェイク自身はこう語る。

「職場の雰囲気はいつもリラックスしているけど、バートン社員のモットーは『きっちり仕事をこなすこと』なんだ。犬と一緒の方がリラックス出来るなら、もちろん犬を連れて来てもいいけど、みんな高い目標を立てて仕事をしているよ。みんなスノーボードがエネルギー源になってるね。新雪が降った日は、朝ライドしてから会社に来る。僕もそうだよ。それで一日やる気になるんだ。自分のやっていることに情熱が持てなければ、良い仕事は出来ないからね」

桁外れのバートンパーティ

秋にはもう一つ、バートン名物の一大イベントがある。「バートン・フォールバッシュ」と呼ばれるそのイベントは、秋のある日の夕暮れから深夜までジェイクの自宅で行われるパーティだ。世界6カ国から直営店や販売店のスタッフを集めて数日かけて行う秋のセールスミーティングのクライマックスとして開催される。パーティと言っても、普通のホームパーティを想像して参加すれば、度肝を抜かれてしまう。世界から集まった販売店スタッフ150人に加え、バートン本社の全従業員とその家族、そしてチームライダーや招待客でなんと総勢2000人が参加する。それはホームパーティの域を超えて、もうフェスティバルの規模だ。

まるでコンサート会場のように、ジェイクの自宅の林の裏の広いスペースに、参加者が係員に誘導されながら車を停める。その数約1500台。そこから林の中をトーチで照らされた小路を歩くと、ジェイクの自宅の広大な庭に出る。庭には、エアーで膨らませた大きな滑り台やトランポリンハウスで子供たちが歓声を上げて遊んでいて、その周りにはちびっこを乗せたミニ列車まで走っていた。ポニーに乗れるミニ牧場もあり、フェイスペイントをしてもらってい る女の子もいる。そこはまるで仮設遊園地だ。大人たちは、ビールやワインを片手に、ストウの山に沈む夕日でオレンジ色に染まる空を眺めながら、新しい出会いや懐かしい再会を楽しんでいる。

庭に大きな白いテントが張られ、その場で作られたローカルの料理が振る舞われる。大鍋で作られたパエリアもあった。ジェイクの自宅も納屋も完全に開放され、地下のプレイルームでは、大人も子供も卓球やエアーホッケー、ビリヤードにミニサッカーを楽しんでいる。子供たちは次々に地下トンネルをスケートボードで往復し、続く納屋の地下のガレージでは、地元のロックバンドがコンサートをしている。納屋の外には、スケートボードのランプが作られ、ティーンエイジャーは納屋から聞こえてくる軽快なロックに乗って、トリックを楽しんでいる。

夕食が終わると、テントの中にはDJブースが組まれ、照明が焚かれてダンスホールと化した。みんなドリンクを片手に気持ちよさそうに踊っている。テントの端に置かれたチョコレートファウンテンには、子供たちが群がっている。温められたチョコレートが、噴水のように上から流れてきて、子供たちはそこにマシュマロやクッキー、イチゴなどを絡ませて、顔中にチョコレートをつけながら頬張っている。ホスト役のジェイクとドナは、一人でも多くの客と話そうとテントの中を笑顔で歩いていた。ジェイクがスノーボードと共に育んできたコミュニティは、こうして毎年絆を深めていくのである。

盛り上がるバートン・フォールバッシュ

フォールバッシュでのジェイクとドナ

CHAPTER

9

Tragedy

悲劇

**"All of a sudden you have this feeling of clarity.
Backcountry snowboarding has really done a lot to boost that feeling in me."**

「突然心が透き通る瞬間がある。
天然の雪山でスノーボードをする時、そんな感覚を与えてくれる」

―― クレイグ・ケリー（伝説のプロスノーボーダー）

山岳ガイドへの道

スノーボードが、長野オリンピックを経てメインストリームのスポーツになり、バートンも世界的な企業に成長し始めていた頃、クレイグ・ケリーはバックカントリーの雪道をさらに深く掘り進んでいた。1997年から99年にかけては、アメリカの西海岸をアラスカに向けて北上しながら、まだ誰も滑ったことのない手付かずの山の斜面を一つひとつ制覇していく旅を続けていた。

その旅には撮影隊が同行してDVD制作を続けていたが、日本からも雑誌社が取材に行くことがあった。そのアレンジをしたのは、バートンジャパンの中村ヒロキだ。「トランスワールドスノーボーディング」誌の取材で、日本からカメラマンと編集者とライダーの竹内正則を連れてアメリカに渡った。当時のクレイグのフリーライドを目の前で見る貴重な経験をした中村だが、同時にもっと珍しく、そして危険な体験もしている。

「おそらくオレゴンかバンクーバーかどちらかだったと思うんですが、ヘリが着地に失敗して落ちたんです。ドーンと」

その時、麓から山頂までヘリコプターは2往復してスタッフ全員を運んでいた。1往復目でクレイグとライダーの竹内が先に山頂に到着し、2往復目に中村とカメラマンと編集者の3人が乗り、山頂に着陸しようという時だった。

「パイロットが『ルージングパワー（揚力が減っていく）』って言い始めて、なんだ？　と思ったら『落ちるぞー』って。英語で言ってるからカメラマンと編集の人は気づいてなくて。でも下を見たらクレイグと竹内さんが大きな岩の後ろに隠れたので、これはやばいなと。で、ズバッとノーズが雪に突き刺さる感じで墜落したんです。ラッキーなことにブレードが雪に突き刺さらなかったので、機体がひっくり返るのは免れました。すぐにドアを開けて『降りろー降りろー』という感じで、なんとか無事に脱出しました。どうやらガソリンが満タンな上に3人乗って重量オーバーだったみたいです。クレイグに『お前たち本当にラッキーだったな』と言われましたよ」

クレイグが制覇しようとしているのは、前人未到の天然の山。誰も滑ったことがないため、安全なルートなど確保されていない。ほぼ垂直に見えるような絶壁や、ゴツゴツした剥き出しの岩肌、その先が見えないほど切り立った崖などを克服しながら滑っていく。着地に失敗して真っ逆さまに100メートルも転げ落ちる時もあれば、自らの振動で生まれた雪崩に巻き込まれる時もある。そんな危険な挑戦をしているクレイグだが、命知らずの無謀な人間では決してない。常にリスクを計算し無茶な賭けはしないとクレイグは言う。

「スノーボードには常に危険が伴うんだ。山へのリスペクトを忘れてはいけない。小さなアクシデントはいつでも起こり得るからね。過信すればそれが罰となって自分に降りかかってくる。僕は自分の限界を知っているので、それを超えた滑りはしないよ。撮影でカメラが既にセットしてあって、求められているコースが分かっていても、怪我をする危険性があれば悔しいけど諦めることもあるんだ」

バックカントリーにとって一番の脅威は雪崩だ。大きさや強さは異なるが、予測不能なことが多い。木々をなぎ倒し麓の村一つを飲み込んでしまうこともある。雪崩に関する知識と経験を持つことが安全の鍵となるが、それでも絶対的な安全は保証されていない。最高のスノーボーダーでさえ、目の前で雪崩が起きればなす術はない。自然の力に抗うことは出来ないのだ。

クレイグたちの作ったDVDの人気と共に、世界中でバックカントリーを滑る人が増えてきた。それに伴い、雪山での遭難事故や雪崩に巻き込まれる人も出てきた。バックカントリー用のギアも製造販売していたバートンは、メーカーの責任として安全対策も行うことにした。1998年から毎年日本で、雪崩に関する講習会を開催することにし、その講師としてクレイグ・ケリーを日本に招き、八甲田山でキャンプを開いた。

15年間、雪の上を滑り続けスノーボード界を引っ張ってきたクレイグは、2000年に第一線を退き、人々の前から姿を消した。新しく出来た恋人のサビーナと共に、14カ月の旅に出たのだ。アラスカからカナダ—アメリカの西海岸を縦断し、南半球のチリまで、キャンピングカーで太平洋沿いをサーフィンしながら旅をした。旅の途中で娘のオリビアが生まれた。クレイグはオリビアのことを「チリ旅行のお土産だよ」と言って溺愛した。

クレイグを師と仰ぎ、良き友人でもあったバートンライダーのキース・ウォレスは、旅から帰ってきたクレイグの様子をこう話す。

「サビーナとオリビアと穏やかに過ごすクレイグは、これまでの人生とは違った幸せを感じているようでした。でも、魂は巡り巡ってやっぱり最初の場所に戻るんですね。クレイグにとって最も大事なところに。それは雪山で自由を感じながらターンを切っていくことです」

2年間、スノーボードから離れていたクレイグは、再び雪山に戻ってきた。しかし、今度はカメラもなく、仕事でもなく、ただ純粋に滑る喜びを得るためだけに滑った。クレイグは言う。

「身体面や精神面を超えて感覚的なことだけど、バックカントリーでスノーボードをしていると、自然と繋がるようなピュアで透明な状態になれるんだ。普段の生活でしていることに、もう一つ別の次元があるように思えてくる。今は静かにスノーボードをしたいんだ」

スノーボードをする、という目的のためだけにスノーボードをする。それ以外の理由は何もいらなかった。そこには時間軸も存在しない。昨日もなく明日もなく、あるのは今その瞬間だけだ。スノーボードすることが自分だけの個人的な体験となり、滑るたびにより自然と結びついていく。スノーボードを背負って山の中を時間をかけてハイキングし、木々の匂いを楽しんだり、夕暮れの景色を楽しみながら滑る。

「最近は心の平静を求めるようになったんだ。ハイキングしたり、ストレッチしたり、もっと単純に自分の呼吸に集中したりね。うまくスノーボードに乗れている時は、頭の中には何もなくスッキリしている。見えるのはこれから自分が滑る目の前のラインだけで、感じるのは少しのアドレナリンと地面から引っ張られる重力だけだ。その瞬間に集中できて、邪魔するものは何もないんだ」

そんなクレイグの姿を見て、その頃もまだスポンサーが付き競技の世界で滑っていたウォレスは、クレイグがスノーボードの価値観を変えたと言う。

「クレイグは、何が大事なのかを僕たち多くのライダーに無言で語りかけていたように感じました。スポンサー企業のために滑るのがスノーボードなのか？　それとも、仲間たちとパウダースノーを蹴散らしながら、ターンを切って自由を表現するのがスノーボードなのか？　とね」

クレイグは、自分がバックカントリーで得た自由、喜び、そして幸せを、多くの人にも感じて欲しいと思うようになった。そして新たな目標が出来た。世界で初めてのスノーボーダーの山岳ガイドになることだ。山岳ガイドになるためには、幾つかの講習を受け、実技訓練も受けて最終的に試験に合格して資格を取る必要がある。山や雪の知識はもちろんのこと、天候や雪崩の予測など様々なことを学ぶ必要があった。また人の命を預かる仕事だけに、危険を回避する方法や人を救助する技術も身につける必要があった。しかし、スノーボーダーのガイドなど前例がないため、資格を出す山岳ガイドの団体は最初はクレイグに試験さえ受けさせなかった。

それまでの山岳ガイドはスキーヤーしかいなかった。バインディングのかかとが浮くように設計されたスキー板で、登る時は板が滑らないようにその上にスキンという滑り止めを貼り、クロスカントリースキーのように雪の斜面を登っていく。これと同じことがスノーボードでも出来るように、クレイグはバートンと共にスプリットボードを開発した。板が縦に二つに割れてスキーのように履いて山を登れるのだ。スプリットボードがなければ、バインディングの付いた重いスノーボードを背負い、足にはカンジキのようなスノーシューを履いて雪道を登ることになり、ライダーの負担も大きいし転倒や滑落の危険性も増えるからだ。

クレイグはこのスプリットボードを使って、スキーと同じようにガイドをしてみせるので、とにかく一度やらせて欲しいと山岳ガイドの団体に懇願した。スキーヤーの中でも選ばれた者だけがなれるエリート集団のような山岳ガイドの世界に、初めてスノーボーダーとして挑戦するクレイグへの風当たりは強かったが、実技試験ではスプリットボードを使ってスキーヤーに負けない動きを見せ、見事合格した。２００２年、スノーボーダーとして世界で初めて、レベル１の山岳ガイドコースの資格を取得したのだ。そしてカナディアンロッキーの麓のネルソンという町に移住し、ボルドフェイスロッジというスキーロッジで山岳ガイドとして働き始めた。

クレイグ・ケリー

スノーボード業界最大の悲劇

2003年、1月20日——。

その日は、いつもと変わらないごくありふれた冬の日になるはずだった。

世界中のゲレンデで多くのスノーボーダーがライドを楽しみ、ジェイクとドナはバーモントでいつも通りの日常を過ごしていた。クレイグは、カナダのロッキー山脈で、全資格を保持する完全な山岳ガイドになるための訓練を積んでいた。グレーシャー国立公園に近いセルカーク山脈で、18年の経験を持つ熟練の山岳ガイド、ルーディ・ベグリンガーを訪ね、彼のハイキングツアーに同行してスキルを学ぼうとしていた。

そのツアーに出かける前の様子を、クレイグの父パット・ケリーはよく憶えている。

「クレイグはその金曜の午後、とても興奮していましたね。それから1週間山岳ツアーに同行して、ベテランガイドからたくさんの知識を得て、経験を積めるのをとても楽しみにしていました」

1月20日、朝8時。ベグリンガーと彼のアシスタントガイドのケン・ワイリーは、クレイグを含む19人のグループを率いて、セルカーク山脈の標高2500メートルのフロナルプ山頂を目指した。天気は曇り、気温はマイナス7度、風は弱くコンディションは悪くなかった。グループは、ベグリンガーの率いる第一隊とワイリーの率いる第二隊に分かれ、ジグザグに斜面を登っていた。

10時45分、空の晴れ間が、目指すフロナルプ山頂からその東のラトラビアタ山頂の方に移動した時、先頭を行くベグリンガーから、その数十メートル下にいたワイリーに無線で連絡が入った。

「予定を変更してラトラビアタを目指すぞ！」

指令を受けたワイリーは気が進まなかった。東のラトラビアタに向かうには、崖を境にして180メートルの急斜面を渡らねばならなかった。目の前には岩がちりばめられた地形が広がっている。そこを登ること自体が危険だし、岩があり雪の薄いところを歩けば、雪が崩れやすい。下を見ると、急斜面の遥か先が吹き溜まりのようになっている。もし雪崩で滑り落ちれば、そこは雪の墓場と化すだろう。

しかし、ベグリンガーの指令に従い、二つのグループは雪崩の危険性の高いその35度の急勾配の斜面を、登り始めた。ワイリーはまず先頭のグループが安全に渡り始めたのを確認したあと、自分たちの進む先の雪質を確かめ、十分硬いと自分に信じ込ませて登り始めた。ワイリーの後を追い、一人また一人と登り始めた。

雪崩は些細な衝撃がきっかけになって起こる。何十億という小さな雪のカケラが、少しずつ分離していくような感覚が、ワイリーの足から骨に振動のように伝わってきた。ワイリーは、今まさに雪崩が起きるか起きないかの瀬戸際にいると感じた。

そして、一瞬の静寂があった。

その瞬間だった。上から叫び声が聞こえた。

「雪崩だー！」

目の前の世界が解き放たれた。

ワイリーは、自分のすぐ下にいた人が雪の壁に吹き飛ばされるのを目撃した。糸が切れた操り人形のように、手や足やスキー板がもつれあって落ちていく。その次の瞬間にはワイリーも横に吹き飛ばされた。咄嗟《とっさ》にスキーとポールを投げ出し、押し寄せる雪を手でかわしながら落ちていった。

ワイリーは、自身の回顧録『BURIED』（埋められて）の中でその時のことをこう記している。

「私は雪崩の波のド深くには巻き込まれず、なんとか雪の表面近くに留まりながら滑り落ちることが出来ました。後から考えるとそれは訓練のおかげかもしれませんが、その時は幸運としか思えませんでした」

ワイリーはうつ伏せに雪の中に埋まったが、顔の周りには少しの空間があり呼吸ができた。

「転落する間に、もがきにもがいて体力を使い果たしてしまったのが、逆に良かったのかもしれません。疲れ果ててパニックにもならず、顔を下に向けたまま気絶してしまったのです」

ワイリーを含め13人が生き埋めになった。

その中には、アラスカから来た当時54歳の地球物理学者、ジョン・シーベルトもいた。シーベルトは、過去にもベグリンガーと8度の山岳ツアーをこなしているベテランだ。シーベルトは、ベグリンガーの第一隊の中で前から3番目で登っていたが、雪崩に流される間、長い両手を背泳ぎのようにバタつかせて、崩れる雪の上にいることができた。雪崩がおさまった時、彼は首と左手を雪の上に突き出すことが出来ていた。シーベルトは振り返る。

「全ての動きが止まった時、あたりはシーンと静まり返っていました。しばらくして、救助隊に掘り出してもらって立ち上がった時、雪崩が引き起こした惨状を目の当たりにしました。手付かずだった綺麗な斜面が、下の方でグチャグチャに崩れた雪の塊となり、そこをたくさんの人々が必死で生存者を探して掘っていました」

この雪崩は3つの連続した波となって起こった。第一波で、山頂近くの2450メートル地点の雪がゆっくり剝がれ、小さめのスライドが第二波として続き、第三波が死をもたらす決定打となった。65メートルもの幅で雪が崩れ、350メートル下まで一気に流れ落ちて、山岳隊が登っていたジグザグのルート全てを消し去った。雪崩の深さは2メートル60センチもあり、後の分析では4万7000立方メートルもの雪が崩れたという。

生き残った人たちは必死で行方不明者を捜索し、6人は救出されたものの、7人が深く重い雪の中で息を引き取った。カナダのキャンモアから来たシェフのジャンリュック・シュウェンデナー、コロラドから来た航空宇宙エンジニアのバーン・ランズフォード、ロサンゼルスから来たスキー講師のデニス・イェイツ、北カリフォルニアから参加した不動産エージェントのキャシー・ケスラー、カルガリー大学を卒業したばかりでカヌーガイドでエンジニアのナオミ・ヘフラー、ニューウエストミンスターから来たデイブ・フィナーティ。

そして、スノーボードの世界チャンピオンに4度輝いたクレイグ・ケリーは、3メートルもの雪の下から発見された。クレイグは、熟練ガイドのベグリンガーからスキルを学ぶため、山頂近くで先頭を行くベグリンガーの後ろにいた。雪崩が起こった時、先頭集団の中にいたクレイグは、最初の波に巻き込まれ、雪崩の波の先端と共に350メートル下の最も低いところまで落下し、その上に降り注ぐ大量の雪に押し潰されたのだ。

生き埋めになって気を失っていたアシスタントガイドのワイリーは、ニューヨークから参加したワインブローカーのチャールズ・ビーラーが、ワイリーが携帯していた発信機の信号に気づき発見された。ワイリーは1・9メートルの雪の下に30分間埋まっていたが、奇跡的に救出された。ワイリーを発見したビーラーは、ベグリンガーの先頭集団の中程にいたが、ラトラビアタに進路変更してから本能的に「何かがおかしい」と感じ、先を急いで前の3人を抜き、雪崩を逃れることが出来た。その3人はクレイグを含め全員亡くなった。

虫の知らせ

この雪崩のニュースはすぐに世界を駆け抜けた。しかし、生存者や犠牲者などの詳細はすぐには伝わらなかった。クレイグの父は目に涙を浮かべながら、その日のことを振り返る。

「夕方6時くらいだったと思いますが、クレイグの彼女のサビーナから電話で、雪崩が起きた場所の付近にクレイグがいたことを知りました。でもサビーナはその時はまだクレイグが無事かどうかも知りませんでした」

情報は錯綜し、クレイグを知る多くの人は、きっとクレイグは生きているはずだと信じていた。クレイグが働くボルドフェイスロッジのオーナー、ジェフ・ペンシエロもその一人だった。

「私のところに問い合わせの電話がたくさんかかってきました。私は『クレイグはきっと今頃生存者の救助活動をしているはずだ』と答えました。雪の下の生存者を探して掘り出しているに違いないし、CPR（心肺蘇生）に忙しいのかもしれない。クレイグは山岳ガイドとしてそういう訓練を受けているのだから。自分の生存を知らせるために、家族に電話をするなんてことは、山岳ガイドのすることじゃないんです」

夜明けまでには全ての生存者と犠牲者が判明した。

クレイグの良き友であったキース・ウォレスは、翌朝に電話で起こされた。

「私はカナディアンロッキーから5時間南のアイダホ州に住んでいたので、その前の晩に風の便りで、セルカーク山脈の辺りで大きな雪崩があったらしいとは聞いていました。でも詳しい場所も分からなかったし、誰が巻き添えになったのかも知りませんでした。そして、翌朝5時半頃に電話が鳴った瞬間に、なぜか分かりませんがクレイグの死を確信しました。虫の知らせとでも言うんですかね。電話してきた友人が『おい、聞いたか？』と言った時『何を？』とも聞き返しませんでした。電話を取る前にもう分かったんです」

同じ頃、東海岸のバーモントにもそのニュースは届いた。ジェイクの妻ドナは自宅でその悲報を受けた。

「あの時のことは、いつまで経っても鮮明に憶えてるの。どこで何をしていたかをね。クレイグの親友のマーク・ハインガードナーから電話を受けて、すぐにジェイクに知らせなきゃと思って家を飛び出したの」

ジェイクも同じくその時のことを鮮明に憶えている。

「とても寒い朝だった。その日はちょうどストウで友達とアイスホッケーをしていたんだ。そんなに頻繁にするわけじゃないんで、ちゃんとした試合じゃないんだけど、その日はたまたまパスしたりシュートをして遊んでたんだ。そこにドナが急にやってきた。彼女がアイスホッケーのリンクに来るなんて滅多にあることじゃないから、何か重大なことが起こったんだと悟ったよ」

ドナはリンクの脇のベンチまで駆け寄り、ジェイクの名前を呼んだ。ジェイクはホッケーのスティックを持ったままドナのところにスケートで近寄り、悲痛に歪むドナの口からクレイグの死を告げられた。

「信じられなかったよ。ショックでしばらく氷の上に立ち尽くしていた。だって、確かにスノーボーダーの中には、命知らずの冒険好きもいる。でもクレイグは全然そんなタイプじゃなかったんだ。とても注意深くて、いつも危険を計算していた。しかもカナダの公認の山岳ガイドになろうとしてたんだ。それは世界でも最もレベルの高い資格なんだ。クレイグたちを引率していたガイドは熟練で、過去にもその斜面を何度も安全に登っていると聞いたからね。本当に運が悪かったとしか言いようがないよ」

グループを率いていたルーディ・ベグリンガーは、本場スイスで訓練を受けた経験豊富な山岳ガイドで、カナダに移住したあとカナディアンロッキーを拠点にバックカントリーのツアーを行ってきた。このセルカーク山脈で働いていただけでなく、ヘリコプターでしかアクセスできない標高1941メートルの山中に自ら小屋を建て、そこに家族と住み込んで生活している筋金入りだ。今回ツアーで登った斜面は自分の庭みたいなもので、18年間そこでガイドを続けてきたが、一度も事故を起こしたことも雪崩に遭遇したこともなかった。

カナダの山岳ガイドの世界では知らない人がいないほどのベグリンガーだが、その厳しい指導方法でも有名で、参加するツアー客をいつも限界まで追い込むことで知られている。それだけでなく、20年の経験があるアシスタントガイドのケン・ワイリーさえも、いつまでも新人扱いして罵倒した。実はワイリーは今回のツアーを最後に辞表を出すつもりだったと回顧録で告白している。

「結局、辞表を出す前にあの事故が起きてしまいました。あの日、あの時、あの斜面の端で、私は究極の葛藤をしていました。私は自分のことを雪山での行動力においては勇気のある人間だと思っていました。しかし、あのように危険が迫った状況では、上司に対してもNOと言える社会的な勇気が必要だったんです」

カナダのバックカントリーのパイオニアと言われ、その山の地形を知り尽くし、自らトレイルを開拓するベグリンガー。ツアー客から神のように信頼されるその上司の指令に、ワイリーは「NO」と言うことが出来なかった。あれからどれだけの歳月が過ぎても、あの事故のことを思い出さない日は一日たりともないと言う。

「私がベグリンガーに無線で『危険を感じるので我々はルートを変えません』とさえ言えていれば、命を落とさなくて済んだ人たちがいるかもしれない。ずっと後悔の念に苛まれています」

なぜ雪崩が起きたのか？

天候のせいなのか、人為的なミスがあったのか、その答えは誰にも分からない。捜査に当たったカナダ、ブリティッシュコロンビア州当局は、雪崩の専門家たちの分析も取り入れて検証したが、検死官はクレイグたちの死因を「雪に埋まったことによる窒息から来る事故死」と結論づけた。誰も罪に問われることはなかった。グループの先頭にいたベグリンガーは、自分より下で雪崩が発生したので無事だった。雪崩の直後にすぐに無線で救助ヘリを呼び、複数のヘリコプターが駆けつけて生存者の捜索や救出を行ったが、ベグリンガー本人もそのうちの一機に乗り込み、雪が最初に崩れ落ちた山頂付近の境界線の辺りを低空飛行するように頼んだ。彼もその答えを探していたのだ。ベグリンガーは、もちろんその日のツアーの前に、斜面の雪質を確かめていた。ツアーのリーダーだった彼は、メディアの批判の矢面に立たされたが、

「雪はとても硬くて雪崩の危険性はなかった。自分の判断に間違いはなかった」

と主張した。

史上最高のスノーボーダーと言われたクレイグ・ケリーは、2歳にならない娘オリビアを遺して、36歳の若さで旅立った。このツアーに出る前に撮られたクレイグのインタビュー映像が、ドキュメンタリー映画『Let it Ride』の中に収められている。その中でクレイグは「これまでで一番怖かった出来事は?」と聞かれると、しばらく過去に思いを巡らせた後、「そんなに怖い出来事には遭遇していないよ」と答えた。そしてその澄んだ瞳で遠くを見つめてから続けた。

「でも今一番怖いのは死ぬことだ。最近、真剣に考えることがあるんだ。そして、僕の信条は『今この瞬間を生きること』なんだ」

なぜ? と聞かれて、最後にこう答えた。

「いくら先のことを考えたって、そこまで生きられないかもしれないからね」

ひとつの死が与えた衝撃

クレイグの死にスノーボード業界全体が喪に服した。ドナは言う。

「ジェイクはショックに打ちのめされていたけど、クレイグがスノーボードというスポーツに与えた貢献、遺したレガシーが人々にちゃんと理解してもらえるように、メディアを奔走して世界に語りかけていたわ」

ジェイクは、3大ネットワークのCBSの朝のニュース番組の中で、バーモントから涙を堪《こら》えながら生中継で出演し全米に語りかけた。

「スノーボードにとって大切な人を失いました。彼の滑りはフリースタイルの世界に革命を起こしました。競技をしなくてもスノーボードの世界で生きていけることを自ら示し、本当のスノーボードとは何であるかを教えてくれました。彼が自分の大好きなことをしている時に亡くなったのが唯一の救いです。でも彼の性格から一緒に亡くなった人たちのことを最後は悲しんでいたと思います」

クレイグを師と仰ぎ、兄のように慕っていたキース・ウォレスに与えた衝撃は大きかった。

「しばらくは精神的にボロボロになりましたね。僕にとっては英雄でした。僕が撮影中に雪崩で雪に埋まってしまった時、掘り起こして命を救ってくれたのがクレイグでしたから。シアトルは近いのにクレイグのお葬式には行けませんでした。彼の死に向き合うことが出来なかったんです。お葬式の様子を撮影したビデオを僕だけがもらったんですが、今でもまだ再生できずにいます。ずっと先延ばしにしてきて18年も経ってしまいました」

クレイグ・ケリーの死は、多くの人のその後の人生にも大きな影響を与えた。ジェイクの仕事の考え方、スノーボードへの向き合い方にも変化が訪れた。クレイグの死から半年後の2003年7月、ジェイクはバートンの経営をオペレーションの責任者だったローレント・ポットデビンに任せ、家族と共に10カ月の世界旅行に出かけた。

1977年に会社を創業してから、一心不乱に走り続けた25年だった。自分を見つめ直し、家族との時間をたっぷり過ごし、何よりも自分とスノーボードとの関係を見つめ直したいと思った。

「3人の息子が7歳、10歳、14歳に育っていて、彼らにスノーボードをしっかり教え、彼らが最初のターンを繋げる瞬間やスノーボードというスポーツの楽しさを発見していく様子をちゃんと見つめたいと思ったんだ。そしてドナと共に家族全員でライドする喜びをゆっくり味わいたいと思った。僕はそれまで幸運にも世界で最も上手なチームライダーたちとライドする機会はあったけど、家族と一緒にライドする喜びを超えるものはないね」

北半球は夏だったため、まずはエクアドルからスタートし、チリ、アルゼンチンと南米大陸を縦断した。それはクレイグが亡くなる前、愛する彼女と娘と旅したルートでもあった。そして、オーストラリアやニュージーランド、アフリカ、日本、ヨーロッパと冬を追いかけながら、6大陸を巡った。雪のあるところではスノーボードをし、海のあるところではサーフィンをした。そして、世界中にスノーボードというスポーツが広がっていることを自分の目で確認し、各地のバートンのオフィスを訪れ、ほとんどの社員たちと会うことも出来た。

「それまでも出張で日本やヨーロッパを訪れることはあったけど、展示会に参加したり、ディーラーを訪問したりで、いつも1週間くらいの短い滞在だった。今回はヨーロッパには2カ月滞在したし、日本には5週間もいた。大好きな北海道のニセコでたっぷりライディングして、東京のオフィスの社員たちとも時間を過ごし、日本の文化を理解することが出来たよ。雪の上に座ってバインディングを締めている時、それが日本でもモロッコでも、全く同じ感覚を得ることが出来た。世界中の人とスノーボードを一緒に滑っている気がした。この1年間は僕の人生の中で最高の時間だった」

旅行中のカーペンター一家：左から次男テイラー、ジェイク、
長男ジョージ、ドナ、三男ティミー、姪ビクトリア

CHAPTER

10

Diversity of Riding

多様化するライディング

“I didn’t want to get caught into the countless loop that you see hotel, airport, and ranking list. It’s not why I started snowboarding.”

「ホテルと空港とランキング上下を繰り返すスパイラルに嫌気がさした。
そんなもののためにスノーボードを始めたんじゃない」

——— テリエ・ハーコンセン（史上最も影響力のあるスノーボーダー）

クレイグの遺志を継いだテリエ

生きる伝説だったクレイグ・ケリーが、本物の「伝説」になってしまった後、スノーボード業界は一瞬、行き先を見失ってしまったかに見えた。しかし、その魂はクレイグが生前「世界で最も偉大なライダーになる」と認めていたテリエ・ハーコンセンがしっかり受け継ぎ、スノーボード業界を引っ張っていった。

1974年生まれのテリエは、クレイグより8つ歳下で、ノルウェーのキャンプでクレイグとキース・ウォレスが発掘した時は、まだ笑顔もあどけない15歳の少年だった。二人はテリエをすぐにバートンの国際チームに招き入れ、ジェイクに紹介し、テリエは若くしてバートンの契約ライダーとなった。その時、15歳ながらノルウェーからアメリカまで一人で飛行機で渡り、自ら条件交渉をして、バートンとゴーグルメーカーのオークリーとの契約を勝ち取ったほど自立していた。テリエはその時の気持ちをこう語る。

「僕がプロになった頃はまだスノーボードの会社はそんなになくて、バートンかシムスの二択だったんだ。バートンライダーになれれば、クレイグ・ケリーやジェフ・ブラッシーと一緒にライドできる。それは多くのスノーボーダーの夢だったね」

テリエはクレイグのチームで一緒に世界をツアーし、クレイグに最も近い場所で、彼のライディングだけでなく普段の生活まで垣間見た。

「クレイグは僕にとって全てだった。兄のような存在だったね。僕に進むべき道を示してくれて、常に身体をケアすること、山を楽しむことを教えてくれた。ヨガの本もくれて、山に登る前に入念にストレッチすることの大切さも教えてくれた」

そんな二人の様子を見ていたジェイクは、二人の特別な関係をこう語る。

「テリエは、クレイグと過ごす時間の1分たりとも無駄にしないように、スポンジのように全てを吸収していたね。テクニックから知識、スノーボードというスポーツへの向き合い方からビデオ撮影へのアプローチの方法までね。クレイグは何一つ隠さずに喜んで教えていたよ。本当に仲の良い兄弟みたいな関係だったけど、ある時点から弟が兄を脅かす存在になっていった。でも、クレイグはさらに応援して励ましていたよ。いずれテリエがクレイグの座を奪うのは誰の目にも明らかだったけど、喜んでその座を譲ろうとしていた。スノーボードが進化していくのを、誰よりも望んでいたのはクレイグだったからね」

テリエもクレイグと同じように、最初はアルペンのレースを含む総合競技から始めたが、かつてクレイグがやったように、アルペン競技でもフリースタイルの板やソフトブーツで戦っていた。そして、その後同じようにハーフパイプなどのフリースタイルに専念するようになった。クレイグが1992年に競技の世界を離れ、バックカントリーに移行すると、クレイグと入れ替わるように、テリエは競技シーンを席巻していった。全米オープンでは1992年から3回優勝、ISF（国際スノーボード連盟）主催のハーフパイプ世界選手権では1993年から3連覇、そしてヨーロッパ選手権では5回の優勝を飾り、フリースタイルの頂点に君臨した。

フリースタイルで見せたテリエの才能にはジェイクも驚いたと言う。

「その才能は異次元だった。それまでハーフパイプの競技で勝つためには、特大のジャンプを見せ、その大きさに優れているか、回転などで技巧的なトリックを魅せ、技に優れているかのどちらかが必要だった。しかし、テリエはその両方を同時にして見せたんだ。特大のジャンプの中で凄い技を繰り出していた。若くしてスノーボードのパフォーマンスのレベルを押し上げ『こんなことまでできるのか』と人々の想像力を掻き立てた」

今でこそ、パイプ自体も大きくなり、ギアも技も進化して1440度の連続4回転技を競うレベルになったが、当時はまだ540度（1回転半）で観客を沸かせた時代だった。そんな中で、テリエは圧倒的なエアーの高さや720度（2回転）のトリックを繰り出し、スタイルのカッコよさは他を圧倒していた。また『ハーコンフリップ』や『ワンフット・マックツイスト』といったオリジナルのトリックも発案した。ハーコンフリップとは、通常のスタンスとは逆のスイッチスタンスから720度の横回転をしながらバックフリップ（後方回転）を行う技で、ワンフット・マックツイストとは、後ろ足（右足）をバインディングから外した不安定な状態でジャンプし、ひねり回転しながら右足を前に突き出す、という常識を超えた超難易度の技だ。またジャンプの際に、左手でボードをグラブし、身体を後ろに反らせながら、まるで鷲が翼を広げるように右手を天高く突き上げる豪快なメソッドエアーは、テリエのトレードマークとなっている。

テリエは1992年から1997年まで、スノーボードの競技シーンを独占し続けた後、98年の長野五輪のボイコットを境に、クレイグと同じ道を辿り始めた。バックカントリーでのフリーライドの世界に移行するのである。

「毎週移動しては競技会に出て同じトリックを繰り返す。そんな生活に嫌気がさしたんだ。多くのライダーが、競技で活躍してスポンサーを勝ち取ったら、すぐにフリーライドや撮影の世界に移行していたね。そういう道筋をクレイグが作ってくれたんだ。フリーライドは魂を解放できて、山を読み、自分の想像力を使い自由奔放に滑ることができる。パウダースノーは圧雪されたゲレンデより何十倍も身体に優しいからね」

バックカントリーで見せるテリエのライドは、華麗なだけでなく、とてつもなく速かった。また一つのジャンプ、一つのターンといった短いカットではなく、天然の急斜面で大きなジャンプと華麗なターンを連続で流れるように魅せる映像は、ビデオの世界でも大人気となった。

しかし、テリエは完全に競技の世界から離れたわけではなかった。長野五輪がFIS（国際スキー連盟）に運営されたことで、スノーボードの競技会の主催がスキー団体主導になるのを恐れ、2年後の2000年に「スノーボーダーだけで運営するスノーボーダーのための真の競技会」を自ら立ち上げたのである。テレビ放映のスケジュールや演出、主要スポンサーの意向に左右されることのない純粋な大会を目指した。テリエの母国ノルウェーでシーズンの最後に総決算の位置付けで行われるこの競技会は、北極圏内で開催されるため「アークティックチャレンジ」と名付けられた。同じくノルウェー出身で長野五輪のハーフパイプで銀メダルに輝いたダニエル・フランクは、長野をボイコットしたテリエと一時は袂を分かったかに見えたが、テリエの意思に賛同し、この大会の共同主催者になった。

それでも五輪出場の選考会が、FISの主催する競技会に絞られる限りは、競技の世界で生きるプロライダーはFIS主催の大会にも出場せざるを得ず、選手とスポンサーがそちらに流れることで、ISFは資金と求心力を失い2002年に解散してしまった。

この状況を憂慮したテリエは、TTR（チケット・トゥ・ライド）という団体を立ち上げ、アークティックチャレンジを含む世界の主要なスノーボードの大会を結ぶワールドスノーボードツアーを発足させた。当初9つの大会で始めたツアーだったが、多くのスノーボーダーの支持を得て、どんどん規模が拡大し、全盛期では全世界で170以上の大会と3500人以上のライダーが参加する世界最高峰のツアーに成長した。規模によって大会を1スターから6スターまでの6段階に分け、与えるポイントとランキングの制度を統一した。最高ランクの6スターの大会には、Xゲームやバートンの主催する全米オープンも入っており、年間に獲得したポイント上位の選手が、ノルウェーでの最終戦アークティックチャレンジに出場できるという仕組みになっている。世界のトップライダーがこのツアーに参戦したため、このツアーこそ真の実力者を決める場所になった。

2003年にクレイグが亡くなった後、テリエは自身のライダーとしての活動の中心はバックカントリーのビデオ撮影に据えながらも、競技の世界をこうして支援し、スノーボードの更なる発展に寄与してきた。自身でも限られた競技には出場し、2007年にはアークティックチャレンジのクォーターパイプでジャンプの高さを競うビッグエアーで、9・8メートル空を舞う世界記録を打ち立てた。その記録はいまだに破られていない。

競技の世界で生きるショーン

テリエが1992年から1995年まで、全米オープンのハーフパイプで優勝していた頃、毎年競技の前のエキシビションで会場を沸かせる一人の小学生がいた。大人の腰にも満たない

史上最も影響力のあるスノーボーダーと呼ばれるテリエ・ハーコンセン

バックカントリーでのフリーライドを追求するテリエ

身長で、上半身より大きく見えるヘルメットを被ったちびっ子ライダーが、器用にハーフパイプを滑る姿に、観客は歓声を上げて盛り上がった。後に、五輪の金メダルを3つ獲得し、現在でもスノーボード界の頂点に君臨するスーパースター、ショーン・ホワイトだ。

カリフォルニア州サンディエゴで1986年に生まれたショーンは、6歳でスノーボードを始めた。生まれた頃には、スノーボードは既に人気スポーツだった。スキー場でスノーボードが禁止されていた時代も、クレイグ・ケリーが一世を風靡していた時代も、リアルタイムで経験していない全く新しい世代だ。ショーンの母親が6歳の息子に合ったボードがあるなら見たい、とバートンに問い合わせたのがきっかけで、8歳の時に初めて全米オープンのエキシビションに参加した。その頃の様子をジェイクはよく憶えている。

「面白かったね。まるでヘルメットが滑ってるようで。まだ小さいのでパイプのリップまでも届かなかったけど、あの年齢でちゃんとパイプを上から下まで滑ってたよ。まだ競技の前座のサーカスみたいなものだったけど、翌年も戻ってきて少し上手くなっていて、そのうち毎年来るようになって、気づいたら選手として滑ってた。スケートボードから発展させた独特のスタイルを身につけていたね」

ショーンは9歳の時に、同じサンディエゴ出身のプロスケートボーダー、トニー・ホークに近所のスケートボードパークで出会い、トニーの目に留まった。「スケートボードの神」と呼ばれるトニーに可愛がられ、指導されることで、スノーボードと並行してスケートボードの腕も磨いた。トニーの助けで17歳の時にスケートボードのプロになるが、それより前の14歳の時にバートンがスポンサーになりプロのスノーボーダーになった。ショーンは、バートンとの関係を控えめにこう話す。

「最初バートンは子供用の製品を試すライダーが欲しかっただけだと思う。僕はそこそこ滑れたけど、ベストというわけじゃなかったからね。僕にチャンスをくれて、僕がどれだけできるか見てたんじゃないかな。それから上達して正式にスポンサーとなって、やっと大会に参加する旅費なんかを出してくれるようになったんだ」

ジェイクもショーンと契約した当時の状況をこう語る。

「確かに当時は子供用のギアはまだ充実していなかったから、競技人口の裾野を広げるためにも、年齢層を広げる重要性を感じていたね。僕の息子たちも最初は仕方なくスキーを覚えて、スノーボードを履ける年齢になってからスノーボードに移行する、という時代だった。当時は、ギアを開発する社員たちも若くて子供がいなかったけど、彼らが子供を持つ年齢になってからは、子供向けの製品の開発が進むようになったんだ」

8歳からショーンを見始めその才能を見抜いたジェイクは、14歳で契約を交わすが、その先行投資はすぐに実を結ぶことになる。ショーンはバートンのチームライダーになるとすぐに才覚を現した。2002年、16歳で出場したXゲームでは、スーパーパイプとスロープスタイルで銀メダル、翌年には両部門で優勝し、全米オープンでもスロープスタイルで優勝した。トレードマークの赤い髪の毛から「空飛ぶトマト」の愛称で親しまれるショーンは、その後Xゲーム、全米オープン共に10回以上優勝する絶対王者となった。

元々天然の雪山でスノーボードを始め、キャリアが進むにつれ、その原点であるパウダースノーに戻っていったクレイグやテリエと違い、ショーンは最初から圧雪されたスキーリゾートのゲレンデでスノーボードを覚えた。純粋にライドする喜びを追求した二人と違い、ショーンにとってはスノーボードは最初から競い合うスポーツであり、競技の世界こそが生きる道だった。スノーボードの歴史に名を残す偉大な3人のライダーとして、クレイグ・ケリー、テリエ・ハーコンセン、ショーン・ホワイトの名前を挙げることに異論が出ることはないが、この点において、ショーンは他の二人とは目指すところが全く違っていた。

そのアプローチの違いは、こんなところに最も現れる。

ショーンは2006年にトリノ五輪で初の金メダルに輝くと、その次のバンクーバーに向けて、2009年に天然の雪山の斜面に練習用のプライベートのハーフパイプを作り上げたのだ。コロラド州の奥深い山中の、ヘリコプターでしかアクセスできない手付かずの自然の中に、忽然と現れる人工のハーフパイプは異様な光景だった。自身のスポンサーである飲料メーカーのレッドブルの協力で作られたこのパイプは、一番下に新しいトリックに挑戦して着地するためのクッションを敷き詰めた巨大な檻も設置された。ショーンにとってスノーボードを極めることとは、他のスポーツのアスリートと同じように、より高く飛び、より速く回転し、技のテクニックと難易度を向上させていくことなのだ。

その結果、当時まだ誰もできなかった3回転の大技『ダブルコーク1080』を完成させ、2010年のバンクーバー五輪では、その3回転を連続技で成し遂げた上に、3回転半の『ダブルマックツイスト1260』もメイクし、五輪2連覇を果たした。ショーンは、五輪で勝つことの重要性をこう話す。

「僕のスノーボード人生を決定づけるものだ。トリノで最初の金メダルを取ったことで、人々の注目を浴びるようになり、次のレベルに進めた。バンクーバーでタイトルを防衛したことで、不動の地位にいることを示すことができた。スポーツにおける偉業とは、単独の優勝ではなく、

全米オープンのハーフパイプを飛ぶショーン・ホワイト

第25回全米オープンでのジェイクとショーン

進化し続ける競技の中でトップに居続けることだ。そのためには常に新しいことに挑戦しないといけない。マニュアルなど存在しない世界で、自分の想像力で技を生み出すしかないんだ」

五輪で活躍することで、ショーンは他のスポーツのアスリートと並ぶ有名人になった。それどころか、プロスケートボーダーとしても多くのタイトルを取り、ミュージシャンとしても活動していたので、メディアへの露出は他のスノーボーダーとは桁違いだった。2009年に雑誌フォーブスが発表したアクションスポーツの長者番付では、スケートボードのトニー・ホークに次いで2位に入り、年収約900万ドルを稼いでいる。ショーンがスノーボードに与えた貢献について、ジェイクはこう語る。

「誰もがテレビを点ければショーンの活躍を目にするようになり、スノーボードをしない人たちまでショーンのファンになった。彼はスノーボードを超越したセレブになったんだ。既にメインストリームになっていたスノーボードの人気をさらに広げてくれたことで、全てのスノーボーダーがその恩恵を受けているよ」

オリンピックとの共存

競技としてのスノーボードの進化を見るとき、1998年の長野以降はオリンピックを抜きには語れなくなったが、世間での注目が集まれば集まるほど、社会的また政治的な問題もついて回った。それは、ジェイクの言葉を借りれば「反骨精神を持って独自のコミュニティを築いてきたスポーツ」が、誰からも広く愛されるメジャーなスポーツになる過程で、起こるべくして起きた問題と言えるかもしれない。

長野の次の冬季五輪は、2002年にアメリカのユタ州のソルトレイクシティで開催された。スノーボード競技は、長野の時と変わらず男女のハーフパイプと男女の大回転の4種目だった。当時のハーフパイプでは、選手はヘルメットを被る義務はなかったため、フィンランド出身のヘイキ・ソーサは、世界も驚くようなモヒカンヘアで出場した。母国からは「神聖なオリンピックにあんな姿で」という批判的な声も多かったが、彼のパンク魂に世界中のスノーボーダーは熱い声援を送った。

続く2006年にイタリアで開催されたトリノ五輪では、スノーボードクロスという新しい種目が加わった。オートバイのモトクロスに似ていることから名がついたこの種目は、雪の上で行う障害物レースのような競技だ。4〜6人が一斉にスタートして、狭いコースでジャンプやターンをしながらスピードを競い合うため、接触や転倒も多く「雪上の格闘技」と呼ばれるほど迫力のある競技だ。元々は、アルペンレースの競技者とフリースタイルの競技者のどちらもが楽しめる競技を、という発想で生まれたが、それを物語る出来事が女子の決勝で起こった。

4人でスタートした決勝は、途中で一人がジャンプの着地に失敗して転倒、一人はカーブを曲がり切れずコース外に転落、アメリカのリンゼイ・ジャコベリスがぶっちぎりのトップを走っていた。ジャコベリスは最後のジャンプで余裕をかまし、フリースタイルで見せる『メソッドエアー』という膝を曲げボードを掴む技をしようとして着地に失敗。金メダルを逃した。勝つことだけを考えず、魅せることを忘れない、いかにもスノーボーダーらしい一面を象徴する出来事だった。この種目は、スリリングな展開と予想外の結末に、普段スノーボードをしない一般視聴者からも「おもしろい!」と評価を受けた。

2010年のバンクーバー五輪では、日本では競技よりも男子ハーフパイプに出場した國母和宏の服装騒動の方が注目を集めた。國母はバンクーバーに向かう際、日本選手団公式ユニフォームを着崩して、腰パン、シャツ出し、緩めたネクタイ、またドレッドヘアに鼻ピアスにサングラスというスタイルで成田空港に現れた。この様子を見た人々から、JOC（日本オリンピック委員会）と、SAJ（全日本スキー連盟）に抗議が殺到し、國母は選手村の入村式を欠席させられた。國母は記者会見で「自分にとって五輪はスノーボードの一部であり、特別なものではない。自分の滑りをすることしか考えてない」と話し、スノーボーダーとしての姿勢を貫いた。日本国内での厳しいバッシングとは裏腹に、海外では國母を擁護する声も聞かれた。

國母はバンクーバーではハーフパイプ8位入賞に終わった。その後2010年、2011年と全米オープンを連覇し、平野歩夢のコーチとしても活躍するが、2020年には再び世間を騒がせることになる。アメリカから大麻を密輸しようとして大麻取締法違反で逮捕されたのだ。2016年には五輪強化選手の未成年2人が、アメリカ合宿中に大麻を吸ったとして除名処分を受けたこともあり、スノーボードと大麻の関係が問題視されることになった。

バンクーバーでは、男子ハーフパイプでショーン・ホワイトが2連覇したこともあり、テレビでの視聴率は非常に高かった。これに気をよくしたIOC（国際オリンピック委員会）は、次のソチに向けて、ハーフパイプと同じフリースタイルの競技であるスロープスタイルを新種目として導入することを考えた。スロープスタイルとは、スロープ（坂）になったコース上に設置されたレールやボックス、キッカーと呼ばれるジャンプ台を利用して技を競う種目で、若者に人気の競技だ。

これに困ったのは、運営を任されたＦＩＳだった。ＦＩＳはそれまで一度もスロープスタイルのプロレベルの大会を開催したことがなかったのだ。そこでＩＯＣは、テリエの運営するＴＴＲを参考にしてはどうかと助言した。暗にスロープスタイルはＴＴＲに任せてはどうかと歩み寄ったのだ。しかし、ＦＩＳは自分たちで出来ると譲らず、２０１１年１月に初の大会を開催した。その日には別の団体の大会が予定されていたため、ＴＴＲ側にはＦＩＳがまた選手を奪って大会を潰そうとしているように映り、テリエは公開書簡でその行為を強く批判した。

さらにその年の秋、ＩＯＣ、ＦＩＳとＴＴＲとの間の亀裂は、氷の深い裂け目のように修復できないところまで広がる。ＴＴＲはスノーボーダーたちの声をまとめ、オリンピックの代表選考をＦＩＳが主催する4大会とＴＴＲツアーの4大会を合わせた8大会で行ってはどうか、とＦＩＳに提案した。ＩＯＣを交えて話し合いも重ね、ＴＴＲはスノーボーダーによる大会運営の必要性を強調した。しかし、ＦＩＳとＩＯＣからの返答は「ＮＯ」だった。このままでは、ＴＴＲが求心力を失いＩＳＦの二の舞になるのではないかという心配の中、その翌年にショーン・ホワイトがＴＴＲツアーの一つで伝統のある「エアー＆スタイル」という大会の主催権を買い取った。オリンピックに比重を置いているかに見えるショーンも、スノーボーダーの運営する大会を残したいと願っていたのだ。

ジェイクは、この一連の騒動を注視しながらも、オリンピックにスロープスタイルが加わること自体は、歓迎していた。

「一般スノーボーダーにとって、ハーフパイプはある程度訓練を積まないと簡単には滑れない敷居の高いものだけど、スロープスタイルはもっと身近なものだからね。どこのスキーリゾートのパークを見ても、ハーフパイプよりもレールとかキッカーの方がたくさんあるから、若者たちにとってスロープスタイルは自分たちでも真似できる身近な種目なんだ。まさに今、巷で流行っているホットな種目を取り入れる、という意味では良いことだと思うよ。スロープに専念しているプロライダーたちにもメダルを取るチャンスを与えるという意味でもね」

またスロープスタイルのルーツは、あのクレイグ・ケリーに遡るという。

「スロープスタイルという言葉を考え出したのは、クレイグなんだ。スロープスタイルはある意味バックカントリーをゲレンデに再現したものとも言える。レールやキッカーといった障害物は、天然の山に突き出した岩や崖、切り株を真似たもので、バックカントリーの魂を競技に置き換えたのが、スロープスタイルなんだ」

そんな流れの中、2014年にロシアで開催されたソチ五輪では、予定通り新種目スロープスタイルが加えられたが、FISが作ったコースは物議を醸すことになる。メダル候補だったノルウェーのトースタイン・ホグモが練習ランで転倒して鎖骨を折り、出場を辞退した。スロープスタイルとハーフパイプの両方で金メダルを狙っていたショーン・ホワイトも、コースの危険性を理由に直前でスロープスタイルを断念した。ショーンも、練習ランと予選で転倒し手首と肩を痛めたのだ。それでも予定通り強行されたスロープスタイル決勝は、日本でも視聴率19・8%、瞬間最高視聴率は25%という高さで、IOCの目論見通りスノーボード競技への注目は高まる一方だった。

2018年の平昌五輪では、さらにビッグエアーというスキーのジャンプ競技にも似た巨大なジャンプ台を飛んで技を競う新種目が加わり、スノーボード競技は男女合わせて10種目になった。次回2022年の北京五輪では、リレーのように二人で行うチーム・スノーボードクロスも加わることが決まっていて、合計で最多の12種目になる。

冬季五輪におけるスノーボード競技は、次回の北京で7大会目、24年を迎えることになるが、その運営は今もFISの手で行われている。しかし、ジェイクは逆にこれをポジティブに捉えている。

「昔はスノーボードに敵対し、関わりを避けようとしてきたスキー産業が、今はスノーボードをしっかりと見つめ、そこから学ぼうとさえしている。スノーボーダーの中には、まだスキーに対して苦い思いを抱いている人たちはいるけど、僕はお互い様だと思うよ。スノーボードの開発の一つの鍵になった金属製のエッジだって、僕らが発明したものじゃなくてスキーからもらったものだし、そもそも僕らが滑っているゲレンデだって、元々スキーから来たものだからね。お互いが相手から学ぶことがフェアな姿だと思うよ」

バートンは、オリンピックのスノーボードチームのアメリカ代表の公式ユニフォームを、トリノ以降4大会続けて製作してきた。トリノでは、白いウェアに赤と紺のピンストライプが入ったNYヤンキースのユニフォームのようなデザインで、アメリカを代表するメジャーリーグベースボールを感じさせるイメージにした。バンクーバーでは、ジャケットはジェイクの好きなチェック柄を、アメリカ国旗を感じさせる赤と紺で作り、パンツはなんとジーンズのように見えるプリントを施したとてもカジュアルなデザインだった。ソチでは、アンティークのキルト市で見つけたヴィンテージのパッチワークキルトをウェアに転写し、アメリカの伝統を表現した。そして平昌では、NASAの宇宙飛行士の宇宙服をモチーフにした奇抜なユニフォームだった。ジェイクはそのコンセプトについてこう語る。

「ライダーが着たいと思うようなユニフォームをデザインすることが、スノーボードメーカーにとっては重要な仕事と考えてきた。世界トップレベルのアメリカ人ライダーからのフィードバックを基に作られていて、スノーボードというスポーツとアメリカという国を可能な限り最高に表現できるデザイン、フィット感、スタイルを実現しているんだ」

アーバンライディングの新世界

２０１５年11月、六本木――。

冬の都心のど真ん中に、突如としてスノーボードパークが出現した。バートンが２０１１年から毎年六本木で開催してきたバートン・レイルデイズというイベントだ。高層ビルに囲まれた六本木ヒルズアリーナに、約１２０トンの雪を持ち込み、高さ８・５メートル、全長34メートルの特設コースが作られた。開閉式の丸い天井と丸い照明リングが印象的な、東京でもお馴染みのイベントスペースだ。コースの下のフロアには、４０００人の観客が、コンテストが始まるのを今か今かとフェンスに張り付いて待っている。手には、このイベントの協賛である自動車メーカーＭＩＮＩから配られた赤と青のペンライトが握られている。

夕日が沈み六本木の通りの並木のイルミネーションが瞬きを始めたころ、ＤＪのアナウンスでメインイベントのコンテストが始まった。東京に集結した世界トップレベルのライダーたちが特設コースを滑ってトリックを競い合う。優勝者には賞金１万５０００ドルが支払われる立派な競技会だ。雪を敷き詰めた斜面に設置された複数のレールや壁を使い、ジャンプやスピン

六本木ヒルズに現れたバートン・レイルデイズ

やターンの中に、独創的なトリックを繰り出す。細いレールの上を、板を縦にして滑ったり、横にして滑ったり、ノーズやテールを浮かせて滑ったり、レールの上で回転してからジャンプしたり、同じレールを使っても様々な技がある。またレールからジャンプして直角の壁を滑り降りたり、ターンの時に壁に手をついて一回転したり、トッププロの想像力は豊富だ。彼らがクールなトリックを繰り出すたびに、六本木ヒルズアリーナは大きな歓声に包まれ、何千本ものペンライトが揺れた。

彼らがやっているのは「ストリートスノーボーディング」や「アーバンライディング」と呼ばれるものだ。天然の雪山やスキーリゾートのゲレンデではなく、街の中で滑れる場所を探し、階段の手すりやビルの壁などを利用してトリックを生み出す。競技を離れてビデオ撮影の世界で生きるプロライダーたちの活躍の場所は、バックカントリーからシティにまで広がった。

そのパイオニアとも呼べる存在が、ジェレミー・ジョーンズだろう。１９７５年にカリフォルニアで生まれ、ユタ州のソルトレイクシティで育ったジェレミーは、テリエと同世代だがプロライダーとしてはユニークな経歴を辿る。競技はせず最初から最後までフリースタイルの世界を極めた。西海岸育ちの多くの少年と同じくスケートボードにハマっていたジェレミーは、13歳でスノーボードを始めるが、冬に雪の上で出来るスケートボードの興奮を探していた感覚だった。

バートンにスポンサーされると、ジェレミーはビデオ撮影の新境地を切り開いていった。ジェレミーが街の中で生み出すトリックは、いつも我々の常識を超えてきた。いわゆる普通のダウンタウンのビル街。除雪車によってストリートの両脇に雪が積み上げられている。ジェレミーは、走る車から引かれたロープを摑んで加速をつけ、その雪の斜面を登り一気にジャンプ。ビルの2階の高さまで飛び上がり、ビルの壁をキックして着地する。

オフィスビルに隣接した3階建ての立体駐車場。その屋上の端にフェンスを飛び越える高さまで雪を積み、加速をつけてそこから一気にジャンプ。5メートルも空を飛び、隣のビルの壁に垂直にランディング。壁を真っ逆さまに滑り降り、下に積まれた雪を伝って地上に戻るというアクロバティックな離れ業を見せる。優に20メートルは高さのある橋の欄干を滑って飛び降りたり、廃墟ビルの中で3階からメソッドエアーを決めながら飛び降りたり、ストリートスノーボーディングの限界をプッシュしてきた。常に危険と背中合わせで、肋骨を折っても足首を骨折しても、そのトリックは過激さを増すばかりだった。そのアドレナリンをジェレミーはこう表現する。

「クスリと同じだね。長い時間をかけて挑み、何度も失敗し、やっと成功するとハイになる。肉体的にも精神的にも疲れ果てて、嬉しいはずの成功も終わればホッとする感じだけど、その瞬間にはまた次の獲物を探し始めてるんだ」

ロングヘアを風に揺らせながら、都会のコンクリートの中を滑走するジェレミーは、その端整な顔立ちとワイルドな雰囲気も加わって一躍人気ライダーになり、アーバンライディングの世界でカリスマ的な存在になっていった。しかし、2017年にジェレミーはユタ州でバックカントリーのビデオ撮影中に雪崩に巻き込まれ、木に激突して両足を複雑骨折した。医者からは再起不能と言われたが、マウンテンバイクで驚異的なリハビリを行い、2020年に雪上に復帰した。

ジェレミーの次の世代で、アーバンライディングの世界で活躍するのは、同じくカリフォルニア出身のザック・ヘイルだ。六本木で開催されたバートン・レイルデイズの常連でもあり、バートンのビデオでジェレミーとも共演しているザックは、多様化したプロスノーボーダーの世界をこう話す。

「ここまでレベルが進化した今では、一人のプロライダーが競技と撮影の両方をするのは無理だ。同じアスリートが、NFLのアメフトとMLBの野球を同時に出来ないのと同じように、もはや競技と撮影は二つの別のスポーツと言ってもいいくらいだ。競技のライダーが毎日トリックを練習するように、撮影のライダーも毎日新しいトリックに取り組み、1シーズンかけて1本のビデオを撮っているのだから」


テリエもバックカントリーでの撮影の大変さをこう説明する。

「前年と同じビデオは作れないので、ライドの質も映像の質も毎年レベルアップしなければならない。そのために今やビデオ撮影には、最高の雪質と最高の天気、たくさんのカメラアングルが必要になった。大掛かりな撮影では、滑っているより準備や待ち時間の方が長いくらいだ。昔はとにかくたくさん滑ればよかったが、今は量よりも質だ」

そして、テリエは街中でのアーバンライディングにもバックカントリーと同じ敬意を払う。

「バックカントリーの方が、アーバンよりも魂を感じるという人もいるだろう。でもたとえばミネソタ州やフィンランドのように大きな山のない場所で育った人はどうする? 彼らも同じようにスノーボードを愛しているし、ハードコアなライダーなんだ。天然の雪山に行かなくたって、魂あふれるライダーにはなれるさ。ストリートや小さなパークや丘で、そこにあるものを利用して滑ればいいんだ。雪はどこだって同じ雪なんだ」

ジェイクが70年代にバックカントリーで始めたスノーボードは、まずアルペンレースの競技になり、ハーフパイプやスロープスタイルなどのフリースタイルに進化した後、再びビデオ撮影という形でバックカントリーに戻ってきた。そして撮影の世界ではさらにアーバンライディングにまで広がった。ジェイクはその全ての分野のプロライダーを平等にスポンサーすることで、バランスを保ちながらスノーボードというスポーツ全体を進化させてきたのだ。

「撮影系のライダーは、1シーズンでたった3分のビデオのパートを作るために、朝4時に起きて良い雪質を掴もうと頑張っている。ハーフパイプを滑っている連中と同じくらい危険だし、同じだけのチャレンジだ。15メートルの崖を飛び信じられないようなトリックを決めても、ハーフパイプのスタートラインに立つことには何の興味も示さないライダーもいれば、とにかく競い合うことが好きで、競い合うときこそ実力を発揮するライダーもいる。撮影と競技、その両方の世界があることで、我々はそのライダーが持つ最高の滑りを見ることができるんだ」

「スタイル」という価値観

スノーボードの世界で、最も大切なものと言われながら、とても曖昧でつかみどころのないものがある。それは「スタイル」だ。「あの人の滑りはスタイルがあるね」などという表現は世界中でよく耳にするし、日本のスノーボーダーたちはよく「スタイルが出てる」とか「スタイルを入れる」という言い方もする。もちろん英語のSTYLEから来ている言葉で、辞書的な意味は、身体つきや姿、服装や髪型などの型、建築・美術・音楽などの様式、文章や文学作品の表現形式、個人や集団などの考え方や行動の仕方、などとなる。では、それをスノーボードに当てはめた時「スタイル」とは一体何を意味するのか？

たとえば、平昌五輪のハーフパイプ男子決勝で平野歩夢とショーン・ホワイトが、どちらも『ダブルコーク1440』という縦2回転+横4回転の大技を決めた。全く同じ技でも、平野とホワイトではスタイルが全く異なる、と言われるのだ。またいくら凄いトリックを決めても、スタイルのないライダーは評価されないし、尊敬も受けない、とも言われる。

スタイルについて語る時、それはスノーボードについての価値観を問われているのに等しい。世界のトップライダーたちが、それぞれスタイルについてどう考えているのかを聞くと、そのライダーが大切にしているものが見えてきて面白い。そして、それらを合わせると「スタイル」というものがおぼろげながら見えてくる。

若手のライダーたちは、肩肘張らず比較的おおらかにスタイルを捉えているように思える。ストリートスノーボーディングでの撮影を主な活動の場にしているザック・ヘイルはこう言う。

「スノーボードって常に板が足に引っ付いているわけだけど、それが気にならないくらい、つまり板が身体の一部のようになってくれれば、スタイルって出るんじゃないかな。要は気持ちよく余裕を持って滑れているかどうか、ということ。年数をかけて数多く滑ればそれが身につく人もいるし、いつまでたっても身につかない人もいる」

スロープスタイルで世界初の『トリプルコーク1440』縦3回転+横4回転を編み出し、ソチ五輪と平昌五輪で銅メダルに輝いたマーク・マクモリス。その豪快な滑りとは裏腹に、常にリラックスした態度で知られているが、スタイルに対する考え方も同じだ。

「自分がカッコいいと思ったものが自分に合ったスタイルだと思うよ。それは隣の人とは違う

街中でトリックを生み出すアーバンライディング

思うよ」

かもしれないけど、それでいいんだ。独特のユニークなスタイルを持っていることが大事だと思うよ」

ハーフパイプを中心に競技の世界で活躍する若手女性ライダー、アリエル・ゴールド。平昌五輪で銅メダルを獲得した彼女は、競技におけるスタイルについての考え方をこう話す。

「競技で全てのトリックがカッコよく見えるのが、良いスタイルってことじゃないかな。スタイルがある人ほど、一生懸命取り組んできたんだな、と分かる。私は新しいトリックを練習している時も、良いスタイルを持つことを一番大事に考えているわ」

女性として世界で初めてパークとバックカントリーの両方で『ダブル・バックフリップ』(2回転後方宙返り)を成し遂げた、女性ライダーのパイオニア的存在のキミー・ファサニ。競技での活躍の後、バックカントリーでの撮影シーンでも活躍し、骨盤骨折や前十字靭帯損傷などの大怪我も乗り越え、母親になっても活躍する彼女は、スタイルに対して明確なイメージを持っている。

「私にとってスタイルとは、斜面を滑っている時に、どれだけスムーズにどれだけコントロールできているか、ということ。たとえそれが自分の限界に挑戦している時でも、簡単そうに見えること。まるで努力していないようにさえ見えるのが、クールなスタイルだわ。パイプを滑っていても、スロープのコースでも、身体を捻っても、板をグラブしても、全てがスムーズで流れるような動作に見えることね。そのためには、難しいトリックを学んでいる時にも、ただ習得するのではなく、どう見えるかにフォーカスすることが大切なの。そのトリックが、革新的でコントロールできた自分のスタイルを伴うまで、次のトリックの練習には進まないわ」

スノーボード界のスーパースター、ショーン・ホワイトは、もう少し広い視野でスタイルを見ている。

「滑り方から、聞く音楽、着る服、話し方、友達は誰か、そして、どんな人生を送るかまで、その全てにスタイルがある。それは自分で選択するものであり、自然に生まれるものでもある。考えてするものではなく、自然に滲み出るものだ」

史上最も影響力のあるライダーと言われるテリエ・ハーコンセンは、かなり冷静にスタイルを分析している。

「望もうが望むまいが、誰もが違うスタイルを持っている。それは測ることはできない。僕は小さい頃はクレイグを尊敬して真似をしていたけど、成長してから自分のスタイルを身につけた。背が高い人もいれば、手足が長い人もいる。体格によってもスタイルは変わる。自然なスタイルを持っていない人もいる。頭で考えてトリックをやっているような人は、スタイルを表現できていない。僕が思う良いスタイルとは、簡単そうに見えて、突き出ていて、取り散らかしていない滑りかな。うわべだけでなく、パワーもスピードもある滑り」

テリエは、スタイルを持つかどうかはテクニックにも関係すると言う。

「たとえば『僕はスイッチ1080（利き足と逆のスタンスで飛ぶ3回転技）ができるんだ』というライダーがいるとする。確かに難しい技だ。でも実際に飛んでもらうと、手足が伸びきってまるでムササビみたいだったりする。僕に言わせればそれは馬鹿げている。それならむしろ、540（一回転半）のトリックを、ちゃんと身体をコントロールして良いスタイルで飛んだ方がよっぽどクールだ。難易度の高いトリックほど、スタイルを入れにくい、というのはあると思うね」

テリエがキャリアを通じて、オリンピックに反対してきた理由の一つには、このスタイルと競技の審査員のジャッジの関係もある。本来重視されるべきスタイルというものは、点数にすることは出来ないが、フィギュアスケートや体操のように、縦や横に何回スピンした、というのが評価の基準になってしまえば、スノーボードの本質を見失ってしまうことになるからだ。

競技とバックカントリーの両方の世界で、上手くバランスを取りながらスノーボード業界の発展に尽くしてきたジェイクも、スタイルに関しては明確な線引きをする。

「スタイルは全てだ。言葉にするのは難しいが、見れば分かる。そういうものだ。素晴らしいスタイルというのは、見る人の目を喜ばせる。それは、楽しそうに見えると同時に芸術的でもある。スノーボードにとって最も重要なものだ。ライダーたちがジャンプしてクルクル回転して体操競技のようになっても、決して失ってはいけないものだ。そこにスタイルがなければ、それはただの空虚な回転でしかない」

CHAPTER

11

On the front Stage Again

再び表舞台に

「洗練されたグラフィックじゃないのになぜか惹かれた。
無骨に真摯に物作りに取り組むジェイクの姿を見た時、
バートンに惹かれる理由が分かった」

―― 中村ヒロキ（元バートンジャパン社員、『visvim』創始者）

雪崩のような経済危機

クレイグの命を奪った雪崩のように、少しずつ時間をかけて降り積もった雪が急斜面に大量にしがみついている時、そこにほんの些細な振動が加わると、全てが一気に崩れ落ちる。2007年から2010年にかけて起きた世界金融危機は、まさにそんな出来事だった。アメリカの不動産バブルに乗って、低所得者に貸し付けていた住宅ローンは、少しずつ、しかし大量に積み重なっていた。不動産バブルが弾け、その返済が滞った時、膨大な負債を抱えた投資銀行リーマン・ブラザーズが経営破綻。リーマンにお金を貸していた大手の金融機関も連鎖的に経営危機に陥り、株価は暴落、世界経済は不況の急斜面を雪崩のように崩れ落ちた。

それまで順調に業績を伸ばしていたバートンも、この雪崩からは逃れられなかった。

「常に若者に支えられてきた市場だからね。彼らは毎年2～3枚はボードを買ってくれてたんだ」

ジェイクは言う。アメリカだけでなくヨーロッパでも失業率は上昇していた。

「イタリアとスペインはバートンにとって2大市場なんだけど、そこの20歳以下の失業率は50%まで上がったんだ」

そんな状況で若者は新しいスノーボードを買うはずがなかった。生活必需品を優先し、遊びの道具は先送りした。しかも、バートンは当時スノーボード市場で40%以上のシェアを持つほど順調だったので、スノーボード以外にも事業を拡大していた。ウェアやヘルメット、ゴーグルや靴のブランドに加え、サーフボードの一流ブランド、チャンネルアイランズも買収し、バーモントでサーフボードの生産も始めていた。バートンが所有する会社は、全部で10社にまで膨れ上がっていたのだ。

この不況でバートンは膨大な在庫を抱えることになった。会社の初期にCFOとして財政を担当していたドナは、その時の様子をこう語る。

「たくさん割引をして在庫を売り捌くしかなかったけど、それは決してやりたいことじゃなかったの。昔からみんなはジェイクのことを『ギリギリのキャプテン』って呼んでたのよ。売れるギリギリの量しか生産しないというのが彼の方針なの。昔、一生懸命貯金して10月に定価でスノーボードを買った少年が、11月に値下げしたのを知ってガッカリしたのを見て、そんなことは二度とするまいと誓ったのよ」

ジェイクは、2003年に10カ月の家族旅行をして以降、会社の経営からは遠ざかっていた。不在の間に経営を任せていたローレント・ポットデビンを、2005年からは正式にCEOに据えていた。その新体制のもとで、会社はもっと成長しようと生産をプッシュしていたのだ。社員の中にはそんな状況に危機感を持った人もいたとドナは言う。

この金融危機は、在庫を安く売り捌くくらいで乗り切れるものではなかった。ジェイクは、2009年3月、従業員たちの雇用を一人でも多く守るため、まず自分とドナの給与を返上した。そしてその年の全社員のボーナス支給を取りやめ、トップダウンで給料カットを行った。給与額に応じて高収入の従業員ほど多く、低収入の従業員ほど少ないカットにした。それでも、北米の従業員の5%をレイオフせざるを得なかった。これで北米の従業員は663人、全世界では962人となった。ジェイクとドナは再び会社の経営が軌道に乗り全員を雇い戻せるまで、自分たちの給料は1セントも貰わないと誓った。

バートンを創業して以来、ずっと右肩上がりで成長してきた会社が初めて直面する本格的な危機だった。

しかし、危機はこれだけでは終わらなかった。

「銀行が400万ドルの罰金を払えって言ってきたんだ」

バートンと融資銀行の間のローン契約には、借りているお金の何割か決められた額の儲けを毎年出している必要があった。この年は儲けがその額に届かなかったのだ。

「赤字を出したわけではなく、黒字だったにもかかわらず、銀行は『契約条項を破ったのだから400万ドル払って下さい』と譲らなかったんだ」

400万ドルは日本円で4億4000万円に相当する。決して小さな罰金ではなかった。

2010年3月、ジェイクは全世界の社員に向けて1通のメールを出した。

非常に重苦しい心で一つの発表をしなければなりません。バーリントンの本社の横にある生産工場を、試作品の開発研究施設に転用することを決めました。結果として、バーモントでのボードの生産を終了します。それにより、会社の中で最も忠誠心に溢れ、生産に貢献してきた人たち43人を失うことになります。

バートン始まって以来の大型のリストラだった。厳しい経済状況の中で、コストの高いアメリカでこれ以上生産を続けるのは無理だと判断したのだ。それ以降のボードの生産は、それまでも生産を行ってきたオーストリアのカイルスキーが拡大して請け負うと共に、中国でも生産を開始してまかなうことになった。

「ジェイクの顔が見えない」

その頃、バートンジャパンも新体制に生まれ変わっていた。初代社長の小倉一男がバートンを離れ、創業メンバーの一人だった中村ヒロキも辞めた。そして2003年には、小倉がこだわって「ジェイクの本社と同じく雪に近い場所を」と見つけた北浦和のオフィスも、新社長の体制のもと渋谷に移された。

小倉は「これはあまり言いたくなかったんだけど」と言いながら、辞めた理由を明かした。

「僕が辞める1年くらい前に、ジェイクが日本のプロショップに対して『バートンは全てのスノーボーダーをサポートする』って言ったんですよね。でも、その後バートンはアルペン競技用のボードの生産をやめちゃったんです」

確かに、バートンのスノーボードのラインは、バックカントリーを滑る「フリーライド」、幅広い用途で滑られる「フリースタイル」、ハーフパイプやスロープスタイル向けの「パーク」、そして雪面をエッジで彫るターンに向いた「カービング」の4つのカテゴリーに絞られた。

「それでアルペン競技用の板を専門に扱っていたようなお店は、閉じちゃった所もあって、僕は責任を感じてね。それに、バートンも徐々に『ヒマラヤ』や『ゼビオ』などの大型量販店に製品を卸すようになって、顧客もそっちに流れてプロショップの小さいところはどんどん潰れていくんですよ。それまでバートンの成長を一緒に支えてくれていた650店舗ものプロショップを大切にしたかったんですよね」

それで小倉はバートンを離れ、アルペン競技用のスノーボードの販売をする会社を自分で興した。それでも、その板の生産をバートンに発注したあたりに、情に厚い小倉の人間味が現れている。

「小倉付き」から始まって様々な業務を経験し、最後はマーケティングを担当するようになった中村ヒロキ。その中村が辞めた理由は、ブランドの中でのジェイクの存在の変化だったと言う。

「ヘッドハンティングで他の企業からビジネスマン的な人がどんどん入ってきて、ジェイクの影がブランドから薄れていったんですよね。とにかく数を売らなきゃいけない、みたいなビジネスのやり方になってきて、僕が好きだった素朴に真摯にモノづくりに取り組んでいるバートンの姿じゃなくなってきたんですよ」

日本の事務所でも同じことが起こっていた。

「北浦和に事務所があった頃は、本当にスノーボードしか知らなくて、スノーボードが大好きな人ばかりだったのに。それが段々と普通の会社みたいになっちゃって、もう僕の居場所はないな、と思ったんです」

中村は、バートンを辞める前に、バートンの靴のサブブランド「グラビス」の日本での立ち上げを担当した経験から、自分で新しい靴のブランドを立ち上げた。「visvim」と名付けたそのブランドは、たった3種類の靴のラインだけで始めたが「履き心地の良い靴」「後にも残っていくもの」をモットーに、その後、衣服やアクセサリーも加えたトータルなブランドに成長した。トレンドには左右されず、タイムレスなものにこだわるうちに、先住民の民族衣装などにも辿り着き、それを今の世の中にフィットするコンテンポラリーなものに生まれ変わらせた。

伝統衣装の編み方や染め方を学ぶために、世界を回り先住民の村も訪ねる。
中村が「未来のヴィンテージ」と呼ぶそのブランドは、流行や消費のサイクルには乗らず、パーソナルラグジュアリー（個人的な贅沢品）として長く使われるものを提供している。海外でも高い評価を得て、エリック・クラプトンやジョン・メイヤーなどにも愛用されている。

中村が久しぶりにジェイクから連絡を受けたのは、バートンを辞めて約10年後、2010年のことだった。ちょうどバートンが本社の工場を閉鎖し、リストラも行って経営難に苦しんでいた時である。

「ヒロキ、今東京に来てるんで、ちょっと会わないか？」

辞めてからもたまにメールのやりとりはしていたが、直接会おうと誘われたのは辞めて以来初めてだ。中村は、乃木坂にあるレストラン『ステーキハウスハマ』でジェイクと夕食を取ることになった。約束の時間に、ジェイクはクリエイティブディレクターのグレッグ・ダーキシェンと共に現れた。東京でミーティングがあり、二人で来日したとのことだった。久しぶりに会うジェイクの印象は、以前と変わらなかった。ステーキハウスハマは、46年の歴史を誇る老舗の高級レストランだが、ジェイクは普段通りのカジュアルな服装で、顔にはいつもの人懐っこい笑みを浮かべていた。

鉄板を囲んで3人で座った。前菜と食前酒を楽しみながら久しぶりの再会を祝い、懐かしい思い出話やお互いの近況を語り合った。職人風のシェフが、ほどよく脂の乗った黒毛和牛をジュージューと丁寧に焼き始めた頃、ジェイクがふと切り出した。

「ヒロキ、今のバートンのことをどう思う？」

急なフリに中村は驚いたが、何となく予想もしていた。わざわざ東京に来て、しかも会社が大変な状況の時に、ただ美味しいステーキを一緒に食べて、昔話を楽しむためだけに自分を呼んだのではない気がしていた。中村はいつにないジェイクの真剣な顔付きに、自分も正直に思っていることを伝えることにした。

「今のバートンはジェイクの顔が見えてこないよ。家族旅行とかで不在なのが商品にも現れていると思う。サブブランドを立ち上げたり、他のブランドとコラボしたりしているけど、バートンはやっぱりあなたのカラーが出ないとダメだと思う。あなた自身がもっと表に出てこないと。それがバートンの魅力だと僕は思うよ」

生意気だとも思ったが、ジェイクが真剣に聞いてくれているので、自分も正直に応えるべきだと思った。気まずくなるかと思ったが、ジェイクは神妙な顔をして聞いていた。夕食の後、近くのバーに飲みに行ったが、ジェイクは「もっとヒロキの話が聞きたい」とその話題を続けた。

中村は話をしながら、かつてジェイクがこだわっていたある製品のことを思い出していた。それは3点式のバックルが付いたバインディングだった。今のバインディングは、つま先と足首の2点を締めるのが普通だが、ジェイクはさらにスネの部分もバックルで締める3点式を好んだのだ。正直あまり売れ行きはよくなかったが、ジェイクは自分が好きなホールド感を与えてくれるこのバインディングを生産し続けた。

酒の力も加わって、中村は自分が饒舌《じょうぜつ》になるのを感じたが、構わず自分をさらけ出してジェイクに伝えた。

「僕が惹かれたバートンは、無骨で真面目に人と向き合うあなたの濃いエッセンスが凝縮された会社だった。そこに憧れて僕は入社したんだよ。自分でブランドを始めた時、あなたからインスピレーションを受けて『自分が好きで納得したものしか作らない』『常に製品に関わって現場にいよう』というのを貫いてきた。今僕がやっていることは、全てあなたの影響を受けているんだよ」

ジェイクは黙ってうなずいていた。

この乃木坂での中村とのディナーが、バートンの転機になったかどうかは分からない。

しかし、ジェイクはアメリカに戻ったこの年の5月、再び自分がCEOの座に返り咲くことを全社に告げた。

CEO返り咲き

雪崩が去った後には、その下にまたまっさらな雪面が現れる。そこに再び軌跡を描いていけばいいのだ。

2003年に会社の経営から離れて7年、ジェイクは再び現場に戻ってきた。56歳の時だ。

「会社に戻ってみたら、社内の雰囲気がガラッと変わっていたのに気づいたんだ。とてもネガティブな空気だった。誰が悪いのか責任のなすり合いが起こっていた。恐怖が会社を支配していたんだ。みんな自分の仕事を失いたくないっていう恐怖心で、正しい判断が出来なくなっていた」

成長を急ぎ、ビジネスに長けた専門家を雇い入れる代わりに、ジェイクとドナが最も大切にしていた社内の文化、家族のようなコミュニティが崩壊しかけていた。そして、恐怖の支配は社内だけに留まらないことにドナも気づいた。

「ディーラーに対しても、力で支配している感じだったわ。市場を拡大させようと、需要以上の量を無理矢理売りつけているような状態だった」

ジェイクは、バートンが守るべき価値観を社内でもう一度共有すべきと感じ、この時、あのバートンスタンスを作ったのだ。

「私たちはライダーだ。ライドするように働く。そして一緒にライドする」

さらに、グローバルミーティングを開いた時に、あることに気がついた。25人いる世界のバートンオフィスの幹部の中に、女性が2人しかいなかったのだ。男性主導型の組織では恐怖政治が横行しやすいと危惧した。しかも、この男女の比率では才能のある人材を公平に雇用しているとは言えないし、革新的な会社になりようもなかった。

優秀な女性の人材を確保し、社内での女性の地位を向上させる。その役割に適任だと思ったのは一人しかいなかった。もちろん妻のドナである。

「ジェイクが正式にCEOに就任する10日くらい前だったかしら、ジェイクから『国際部門を統括してくれないか？』と言われたの。私はヨーロッパは以前担当していたけど、日本には関わったことがなかったので不安だった。でもジェイクは『君なら出来る。任せたよ』と自信を持っていて、私は従うことにしたの。かつてCFOになった時もそうだったけど、ジェイクがいつも私の道を切り開いてくれたわ」

ドナはまず日本に飛び、数週間かけて社員たちと話し合いを行った。バートンジャパンも、本社と同じように文化が揺らぐ問題を抱えていた。小倉や中村が去った後、スノーボードへの愛情よりもビジネスが先行する社風になっていた。ドナは社員一人ひとりと対話を持ちながら、どこに問題があるかを徹底的に探っていった。

またドナは本社内ではそれまで女性向けの製品を統括していたが、それだけでなく社内での女性のリーダーシップを高める取り組みを行った。まずは出産休暇や育児休暇など、女性が長期で働きやすい環境を整えた。そして社内の全女性社員や元女性従業員、女性のチームライダーにも聞き取りを行った結果、身近に相談できる女性の指導者が欲しいという声が多く聞かれた。それで、女性社員を中心に「メンターシップ」を始めたのだ。

「男性の間では、例えば勤務後にビールを飲みに行ったり、一緒に滑ったりする中で、自然に先輩―後輩のような関係性から若手社員は対話を通してサポートを受けられるけど、女性の場合はなかなかそうはいかないの。だから、社内で年配の女性と若い女性をペアにして、チームを組んで作業してもらうようにしたのよ」

ほんの数年で、このメンターシップのプログラムに参加した女性社員の50%が、昇進したり栄転した。とはいえ、そう簡単に社内の雰囲気が変わったわけではなかった。「女性だけ特別な待遇をすべきじゃない」「バートンがクールな会社じゃなくなっちゃう」など、最初のうちは社内でも抵抗を示す声が聞かれた。それでも続けていくうちに、男性社員の間でもこのメンターシップを取り入れて欲しい、という声も増えてきて、最終的には海外オフィスを含む全社に広がった。今では世界12人の幹部のうち、半分の6人が女性になった。しかもそれは、人事部やチャリティー基金を扱う部署など、伝統的に女性がやってきた部署のヘッドではない。マーケティング部長、戦略部長、北米統括部長、そしてバートンジャパンの代表までもが女性になった。

ジェイクの陣頭指揮のもと、バートンはかつての社内文化を取り戻すと共に、より革新的な会社に成長した。そしてジェイク自身、メディアにも積極的に出るようになり、バートンは再び「ジェイクの顔が見える会社」に戻ったのだ。経済危機から2年半後に、ようやくジェイクとドナは自分たちの給料を再びもらうことにした。

株式非公開

雪崩のような経済危機に翻弄されながらも、バートンが完全に巻き込まれて一緒に崩れ落ちることがなかったのには、ジェイクの株式公開に対するこだわりがあった。会社がどんなに成長しようとも、株式を公開せずプライベートな会社でいることを貫いてきたのだ。その背景には、ある会社の失敗から学んだ教訓があった。

「『RIDE』という新進気鋭のスノーボード会社が出来て、うちの若い社員が1人バートンを辞めてそこに移ったんだ。中間管理職くらいのポジションをもらってね」

その会社は勢いに乗って株式公開に踏み切った。スノーボードの会社としては、世界で初めて株式上場した企業となったのだ。スノーボードの人気に乗り、その会社の株価は一時1株35ドルに跳ね上がった。

「うちからRIDEに移ったその若い社員は、突然億万長者になったんだよ。それで僕はもの凄いプレッシャーを感じるようになった。僕は自分の社員たちのために正しい選択をしているのだろうか？　バートンも上場した方がいいのだろうか？　と考え始めたんだ」

ジェイクは、ニューヨークの大手投資銀行の何行かに会いに行った。もちろん銀行はどこも上場に乗り気だったが、ジェイクは利益優先の彼ら投資家の持つ雰囲気に、どうしても馴染むことが出来なかった。

一方、株式から潤沢な資金を得たRIDEは、他のスノーボード会社や衣服の会社も買収し拡大を図った。日本市場にも乗り込もうと野望を燃やし生産を拡大した。しかし、急に上場して失敗する多くの企業と同じように、ウォール街の求める高い期待値の目標設定に達することが出来ず、株価は一気に2ドルまで暴落したのである。

「四半期の売り上げを気にしたり、アナリストに会って話をしたり、そんなことで業績を上げる気はなかった。株式で儲けを出すなんて、本来のスノーボードのあるべき姿の対極だと感じた。短期的な売り上げを目指すんじゃなくて、長期的な目標にフォーカスすべきだと再認識したんだ」

この経験から、バートンの株は公開せず、プライベートな会社でいることを誓ったのだ。また、ジェイクのもとには会社を売らないかという誘いがひっきりなしにあったが、一度も耳を傾けたことはない。時価総額7億ドル（約770億円）と見積もられるバートンを売却し、慈善家になったり悠々自適な半生を過ごすという選択も、ジェイクには常にあったのだ。

「そんなことをしたら、僕は一日中ソファーに座ってテレビでスポーツ番組を観ながらポテトチップスを食べるような退屈な生活になってしまうよ。スノーボード会社の経営、この世の中にこれ以上楽しい仕事はないんだ。なんでそれを辞めなきゃいけないの？って気持ちだよ」

クレイグス

ジェイクはCEOに返り咲き、北米本社の横の生産工場を閉じてオーストリアと中国に生産拠点を移すことで、経済危機を乗り切った。リストラを伴う身を切るような決断だったが、そこには単なるコストダウンだけではない一つの決意があった。

「我々はスノーボードを作る会社だ。常に新しい製品を生み出すことで業界をリードしてきた。そこにこそバートンの魂があるんだ」

初心に立ち返り、製品開発に力を入れ直すことにしたのだ。本社の生産工場をリノベーションして、革新的な試作品開発研究所に生まれ変わらせた。元々1日に1000枚ものボードを大量生産できる工場の施設や機械を、試作品を開発する施設に転用したのだ。一般的な開発施設とは桁違いのスケールだった。新しいコンセプトの試作品の板を、その生産ラインに乗せることで、ものの数時間で完成させることができた。朝には紙の上のアイデアだったものが、午後には実物のボードになり、そのまま裏のストウマウンテンでライダーに滑って試してもらうことが出来るのだ。そして、そのフィードバックを受けて、翌日にはすぐに改良を行うことができる。そのスパンは、規模は違えどジェイクが70年代に一人で試作品を開発していた頃のスピード感だった。

そして、その新しく生まれ変わった試作品開発研究所を「クレイグス」と名付けた。

「我々はいつも新しいものを追い求めている。エンジニアから出てくるアイデアには、クレイジーなものももちろんあるさ。でもそこから革新的な製品が生まれていくんだ。クレイグ自身

試作品開発研究所『Craig's』の外観

『Craig's』の中の様子

もエンジニアだった。そして彼はライダーからのフィードバックに耳を傾けながら進化していくことを教えてくれたんだ。ここを『クレイグス』と名付けるのは自然な流れだった。クレイグの彼女のサビーナに相談したら『もちろんクレイグは誇りに思うはずよ』と賛同してくれた。誰もここを『試作品開発研究所』とは呼ばないね。社員もみんなすぐに馴染んでシンプルに『クレイグス』と呼んでるよ」

プロセスロゴ

2013年1月末、ストウの森の中のジェイクの自宅に、バートンの社用バンが数台乗りつけた。一台のバンにはウェアやバッグなどのアクセサリー、もう一台にはボードやバインディングやブーツがギッシリ詰まっている。どれも先のシーズン用の新しいラインナップの製品だ。バートンのクルーがそれらをジェイクの自宅に次々と運び込む。

まもなく、数ある社内行事の中でも、ジェイクとドナが特に楽しみにしている「ライダーラウンドテーブル」が始まる。新製品をチームライダーたちに披露して、彼らの意見を聞く品評会だ。

全米そして世界からバートンのトップライダーたちが集まってきた。壁いっぱいの窓から光が差し込むリビングルームは、男性ライダーたちのラウンドテーブル。10人のトッププロたちが、文字通り大きなテーブルを囲んだソファーに腰掛けている。バートンの開発担当者が、新製品を一つひとつ見せながらライダーたちにプレゼンする。フーディを被りグミを食べながら話を聞くマーク・マクモリス。テーブルに足を乗せてくつろぐダニー・デイビス。スナックを食べながらも身を乗り出してプレゼンを聞くザック・ヘイル。雰囲気はバートンらしく、あくまでカジュアル、でもみんな目は真剣だ。もちろんその中にジェイクもいる。

「今回はこのゴアテックスを取り入れたウェアを、バートンのラインの一番上の価格帯に置こうと思っています」と言いながら、開発担当者がグレーのウェアに自分で袖を通して見せると、ライダーの一人が、「僕は去年ゴアテックスを着たけど、とても良かったよ」と答えた。

「そう、あなたはハイランドで着たよね」。さすが担当者、どこでどのライダーが何を着たかをちゃんと覚えている。

するとジェイクもすかさず聞く。

「その素材は我が社専用の生地だと聞いたけど、独占権はちゃんと取れたの？」

「はい。ばっちりゲットしました」

担当者は自信満々で答えた。

暖炉のある隣のファミリールームでは、女性ライダーたちが女性向け製品のラウンドテーブルだ。こちらは華やかで賑やか、笑いもたくさん溢れる。ハーフパイプのケリー・クラークや、バックカントリーのキミー・ファサニ、そして中心にドナがいる。

担当者が、伸縮自在なストレッチ素材を使った新しいウェアをお披露目している。身体のラインが出るタイトなシェイプながら動きやすいのが売りだ。

「この生地、縦横だけじゃなくて、6方向にストレッチ出来るんですよ」

と自慢げな担当者。

「これでどの方向に身体を動かしてもちゃんとウェアもついてくるわよ」とドナ。

ライダーたちは、そのウェアを順番に触りながら、引っ張ってストレッチ具合を確認している。アンナ・ガッサーは自分で着てみて、使い勝手のいいポケットの位置などを担当者にフィードバックした。

ガレージには、グラフィックの乗っていない真っ黒な試作品のボードが数十枚並べられている。ジェレミー・ジョーンズが新しいバインディングの説明を受けている横で、バックカントリーのベテラン、マーク・ソラーズが、試作品の一枚に乗った感想を担当者に伝えている。

「これはサイドカットが増えているので、グリップが効いている感じがしたね」

担当者がそのメカニズムを説明する。

「前後のサイドカットを増やしたので、雪面と接するところで食い付く感じがすると思う。同時にノーズとテールがルーズになっているので、遊びやすい板だと思うよ。どこで乗るのが適してると思う？」

「バックカントリーでもフリースタイル寄りの感じかな。パーク全般でも滑れるボードだと思うよ」とソラーズは答えていた。

試作品を作り、それをチームライダーが試し、フィードバックを取り入れて改良して、製品が出来上がる。ジェイクは、バートンの製品開発にとって最も大切なこのプロセスを、バートンのロゴの一つにした。左上から始まった矢印が、右下でクルッと回ってまた戻ってくるロゴがそのプロセスを表現していて、同時に小文字のbも表している。

「チームライダーたちは、少なくとも年間150日は雪の上にいる。人々は彼らを目指し、彼らがスノーボードの限界を押し上げている。彼らのフィードバックから全ては始まるんだ。一年中どこかに雪はある。北米が夏でもライダーたちは南半球で滑ることができる。この開発のプロセスは決して止まることなく回り続けているんだ」

チェアリフトで生まれた画期的なアイデア

新しいアイデアは「4B」で生まれる、とよく言われる。

この4つのBとは、Bath（入浴中）、Bus（バスに限らず移動中）、Bed（寝入りばなや就寝中）、そしてBar（食事中や飲んでる時）という意味だ。食事中やコーヒーを飲みながら生まれた発想を紙ナプキンに書き留めたものが、後にビジネスに革命を起こす原石となった伝説もよく耳にする。スマートフォンやタブレットの原型は、テキサス・インスツルメンツという半導体開発会社の技術者が、同僚と食事中に紙ナプキンに書いたアイデアが発端だ。また物流業界に大革命を起こしたアマゾンのビジネスモデルは、創業者のジェフ・ベゾスがレストランの紙ナプキンに描いた一つのビジネスサイクル図が元になっている。

バートンの新しい製品のアイデアは、紙ナプキンの上ではなく、雪の上で生まれることが多い。近年のギアの開発の中で、最も革新的なバインディングのシステムの一つ、ESTバインディングとチャネルもそうだ。当時チームライダーだったジェレミー・ジョーンズとバートン社員で当時バインディング部門の製品マネージャーだったクリス・カニングハムが、スキー場のチェアリフトに乗っている時の会話から全ては始まった。

それまでのバインディングは、板に埋められたネジ穴にネジで固定するシステムだが、ディスク式と呼ばれるものが主流で、足を乗せる底面にプラスチック製の丸いディスクがあり、そのディスクを回転させてネジの位置を変えることで、バインディングの角度を調整していた。

しかし、それでは変えられる角度も限られるし、バインディングを板に設置する位置そのものは変えることが出来なかった。つまり、スタンスの幅を変えることも出来なかったのだ。また、足の裏に硬いプラスチックのディスクがあることで、板のしなりを直接足に感じにくく、板のしなり自体も制限されていた。

ジェレミーは、この日一緒に滑っていたクリスとチェアリフトに乗った時に、この問題をなんとか改善できないか相談した。

「昔のベースレスのバインディングは、板の上に直接乗ってる感覚があったんだよね。あれを現代風に改良することって出来ないのかな？」

ジェレミーの言うベースレスのバインディングとは、足を後ろから差し込むシンプルなタイプで、足の周りをホールドする枠だけがあり、底面のディスクのプレートはなかった。確かに板のしなりは直接足に伝わるが、バインディングは完全な固定式で、位置や角度の調整は困難だった。

クリスはその日会社に出勤した後、倉庫から古いベースレスバインディングを引っ張り出してきて試行錯誤を始めた。本来の業務とは別のサイドプロジェクトとして、机の横にそれを置き、時間を見つけては改良に取り組んだ。古いバインディングを元にして、そこにかかと側をがっちりホールドするハイバックと、現代風のストラップやバックルを取り付けた。足を乗せる部分には、クッションになるパッドを色んな素材で試してみた。

仕上がった試作品をジェレミーに乗ってもらい、フィードバックを受けて改良を加えていった。板のしなりを足に受け、板に直接乗っている感覚は摑むことが出来た。後は、底面に硬いプレートがない状態で、このバインディングをどうやって角度調整が出来るように板にマウン

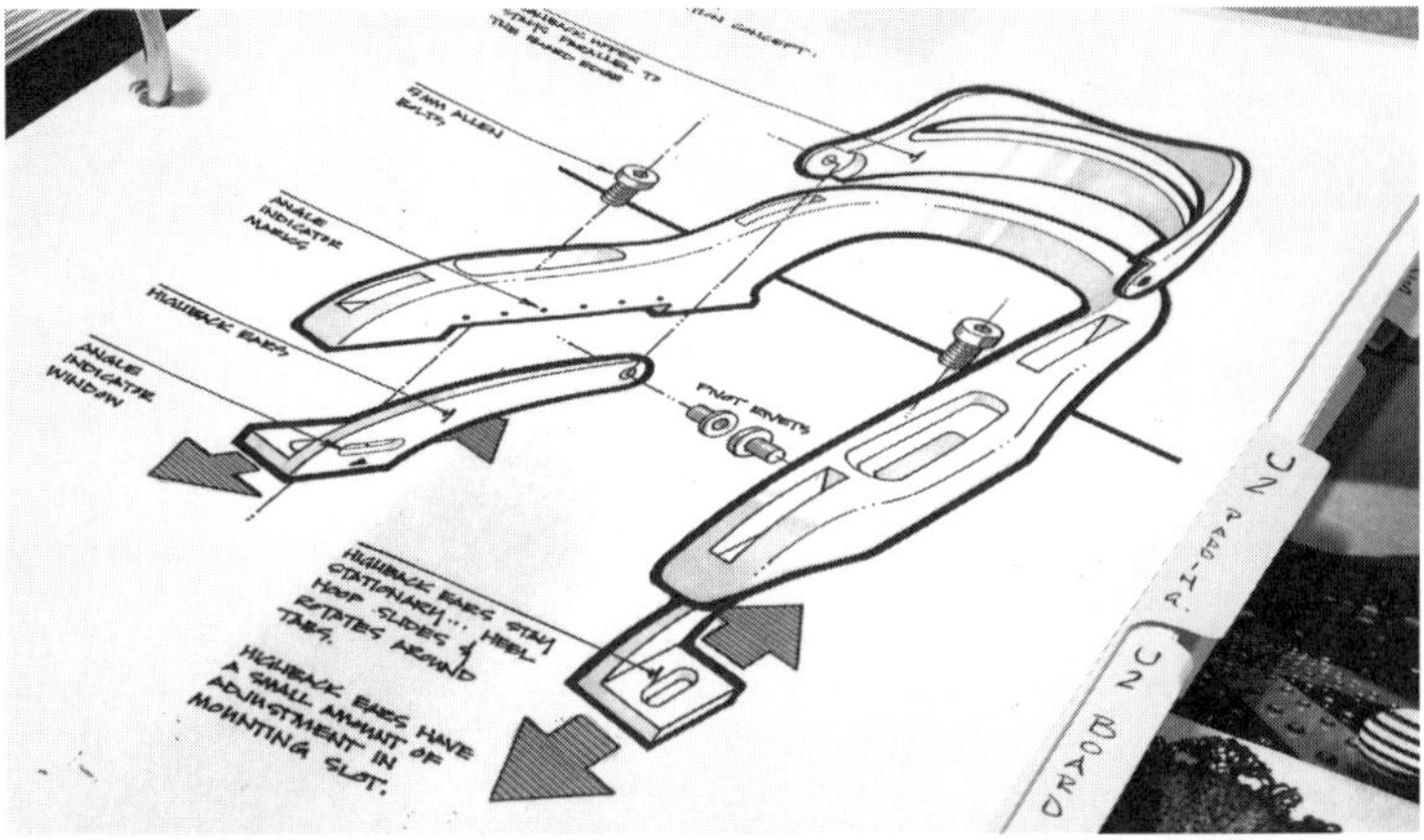

ESTバインディング開発過程のスケッチ

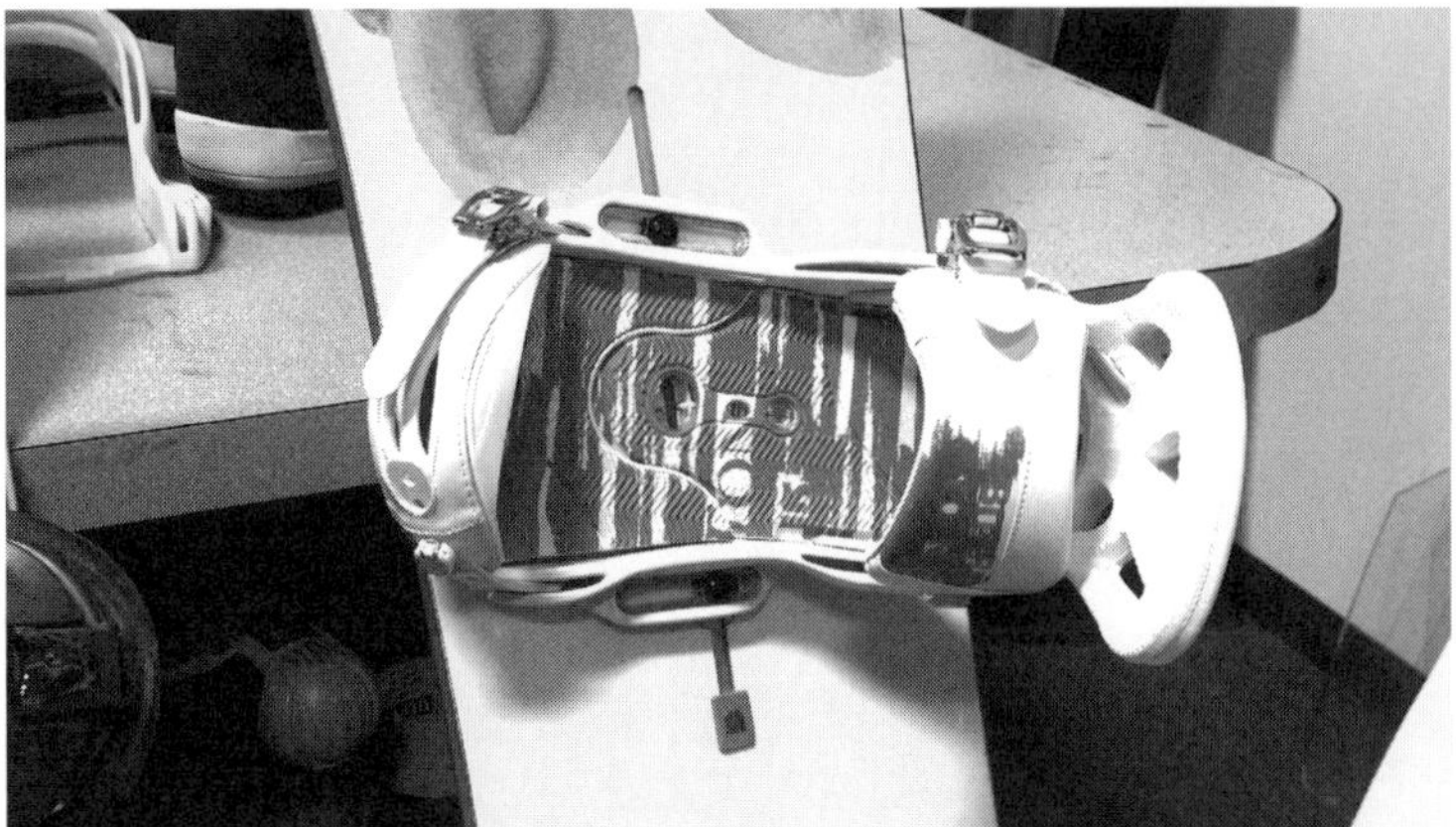

チャネルシステムとESTバインディング

トするかが問題だった。この頃には既に開発部のメインプロジェクトになり、ボード部門のエンジニアたちも開発に加わっていた。そして、彼らとも協力しながら、ついに画期的なマウントシステムを考え出したのだ。

それは、板にネジ穴を空けるのではなく、縦に細いレール状の溝を掘り、バインディングの両サイドの2本のビスでその溝に固定することで、バインディングはその溝の幅の間をスライドして位置を変えることが出来る上に、角度も自由に調整することが可能になった。これをバートンはチャネルシステムと呼んだ。しかも、4つのネジ穴を板に空ける必要がなくなったため、金属のメスネジ分の重さと、バインディングのベースプレートの重さがなくなり、軽量化にも繋がった。スノーボードの歴史の中で、最も画期的な開発の一つと言われるESTバインディングとチャネルシステムは、ジェレミーとクリスのチェアリフトでの会話から18カ月後に、製品となりこの世に送り出された。現在、バートンが製造するほぼ全てのボードにこのチャネルシステムが採用されている。

CHAPTER

12

Invisible Enemy

見えない敵との闘い

"Snowboarding to me is not all about competition.
There's this whole other part of snowboarding,
getting out in the powder, cruising around and having fun,
and that's really where I plan on taking my snowboarding next."

「僕にとってスノーボードは競い合うためのものじゃなかった。
そこにはもっとたくさんの世界があるんだ。
パウダーでクルーズして楽しむ、それが僕のこれからのスノーボードさ」

—— ケビン・ピアース（プロスノーボーダー「Love your Brain」創始者）

告知

CEOに復帰して経営危機と戦っていた時、ジェイクは実はその裏でもう一つの見えない敵とも闘っていた。病である。復帰1年後の2011年4月末、社員に心臓の手術を行うことを告げた。ジェイクは生まれつき「僧帽弁逸脱症」という病気を抱えていた。左心室と左心房の間の弁が逆方向に開き、ひどくなると血液が逆流してしまう病気だが、その難解な名前とは裏腹に、アメリカでは国民の20人に1人の患者がいるありふれた病気で、生命の危険はなかった。

「一応心臓を切り開く手術ではあるんだけど、胸を大きく切るんじゃなくて内視鏡手術だったので、7つの小さな穴が空いただけだよ。ハイテクだよね」

ミネソタ州にあるアメリカでトップクラスの総合病院メイヨークリニックで行われたこの手術は無事成功した。しかし、その手術の準備段階で撮ったレントゲン写真やMRIスキャンの中の一枚に、担当医は一つだけ気になるものを見つけた。

「腰の部分に小さなしこりがあるんだけど、まぁおそらくスノーボードの怪我の跡か何かでしょうね」

担当医もジェイクもそれほど深刻には捉えず、そのまま退院して元の生活に戻った。異変に気づいたのは、その4カ月後である。

ニューヨーク州のロングアイランドで、サーフィンの世界大会があり、ロングアイランドの実家に多くの友人を招いてパーティを行った。その中には、11度の世界チャンピオンに輝いたプロサーファーのケリー・スレーターや、サーフブランド「クイックシルバー」の共同創始者でCEOのボブ・マクナイトもいた。

「その時に、脇の下に何か腫れ物があるのに気づいたんだ。そこにいたダニー・デイビスが『それは何かの病気なの?』と聞いてきたのを覚えてるよ」

これは検査しないといけないと思い、心臓手術を行ったメイヨークリニックに再び行き、しこりの組織の一部を切り取って調べる病理検査を受けた。麻酔から目覚めて病室に戻ると、そこにドナがいて、ドナの口から癌であることを告げられた。

「一瞬心も身体もショック状態に陥ったけど『オーマイゴッド、俺は死んじゃうのか』なんてパニックにはならなかったね。『そうか、癌なんだな。じゃあこれに立ち向かうしかないな。何をすればいいか考えよう』って感じだったね」

冷静でいられたのは、ドナが気丈に振る舞っていたからでもあるが、ドナは内心は動揺していたと言う。

「最初は『何かの間違いでしょ? そんなわけないわ。なんでジェイクなの!』って拒絶反応だったわ。でも、ドクターの話を詳しく聞くうちに、少しずつ落ち着いてきたの」

というのも、検査直後の診断は悪性のリンパ腫だったが、詳しく調べるうちに違う種類の癌だと分かったのだ。そして9月21日、ジェイクは全社員に対して「良い知らせと悪い知らせ」というタイトルのメールを送った。

悪い知らせは癌になったということ。良い知らせは、それは治癒できる癌だということです。セミノーマと呼ばれる精巣腫瘍です(ランス・アームストロングと同じですね)。これから3カ月の化学療法に入り、そのあとに手術が待っているかもしれません。

バーモントに戻り自宅療養に入った。とはいえ、会社はまさに立て直しが始まったばかりだ。せっかく軌道に乗り始めたのに、ここでまたジェイクとドナが二人揃って不在にするわけにはいかなかった。当初、自宅から遠隔で働いていたが、ドナはジェイクに治療に専念して欲しいと思い、自分が代わりに会社に通い表舞台に立った。

「会社の幹部たちも立ち上がって助けてくれたし、社員全員が励ましてくれたわ。毎朝出勤するたびに700人に応援されているのを感じるのがどれだけ心強かったか。ジェイクがいなくても、私や社員の頭の中には常にジェイクの言葉が響いてたから、何をすべきかは明確だったわ。『ライダーのために正しいことをする』『会社ではなくスノーボードというスポーツにフォーカスする』という言葉がね」

ジェイクを自宅に残し、ドナが会社に集中できたのには、もう一人の家族の献身的なヘルプがあったからだ。当時大学に通っていた長男のジョージが、1学期間休学し自宅に戻って来た。そしてジェイクの身の回りの世話をし、化学療法のために毎週病院に行く送り迎えを買って出たのだ。

「なんてクールな息子なんだって思ったね。正直、僕が自分の父親のために同じことが出来たか？　と聞かれると、はいとは言えないな。この時にジョージとは強い絆が生まれたね」

それでも化学療法は楽ではなかった。癌細胞だけを攻撃する放射線治療と違い、抗癌剤を血管注射するので薬は全身を回る。そのため、癌細胞の増殖を防ぐと共に副作用は避けられないのだ。ジェイクの場合、特に強い抗癌剤を多量に打ったため、副作用は強かった。

「1回目の治療の後は大したことないなと思ってたら、2回目から突然きたね。暴力的なほどの嘔吐と下痢。汚い話だけど裂肛になったよ。肛門の中に常にカミソリが入っている感じなんだよ。あんな痛い思いをしたことはなかったね。生活の質はガタ落ちだった」

心の支えになった一人のライダー

そんな辛い闘病生活を勇気づけたものの一つに、命を失いかけた大怪我からの復帰を目指す、あるチームライダーの存在があった。ケビン・ピアースだ。一般にはその名前はあまり知られていないが、怪我さえしなければスノーボードの歴史を塗り替えたかもしれない逸材だった。

ショーン・ホワイトと1歳違いのケビンは、幼い頃からショーンのライバルと目される存在だった。バーモント州で育ったケビンは2007年にプロデビューすると、テリエの主催するツアー最終戦である「アークティックチャレンジ」で優勝、2008年には連覇した。また「エア－&スタイル」というヨーロッパ選手権を2007年終わりにミュンヘン大会で、2008年初めにインスブルック大会で優勝し、1シーズンで同じ大会の2つのタイトルを獲得した世界初の選手となった。そして、2007－2008年シーズンのTTRワールドツアーの世界チャンピオンに輝いた。また2008年には、アスペンのXゲームで、スーパーパイプで銅、ビッグエアーとスロープスタイルで銀メダルを獲得し、一つの大会で3つのメダルを同時に摑んだ世界初の選手となった。

ショーンを押さえての優勝も多く、2010年のバンクーバー五輪で、ショーンの金メダル連覇を阻む唯一の脅威と言われていた。あまり他のライダーとつるまず、競技で勝つことに集中する一匹狼のショーンと違い、ケビンは常に仲間とライドすることを好み、多くのライダーに愛される存在だった。競技の世界で活躍しつつも、親友のダニー・デイビスやスコッティ・ラゴ、キア・ディロンなどと8人で「フレンズクルー」というチームを結成し、競技やビジネスにフォーカスし過ぎた近年のスノーボード業界を、仲間たちで楽しく滑る原点に戻そうとしていた。トレーニングも常にこの8人で楽しみながら行い、大会にも一緒に参加して、競い合いながらも、一人が勝てば全員が駆けつけて円陣を組んで喜ぶ姿が常に見られた。

ダニー・デイビスは言う。

「ケビンはあらゆる面でショーンより優れたライダーだったよ。彼のトリックには、なんとも言えない巧みさ、精妙さがあった」

ベビーフェイスのあどけない顔に、微笑みを絶やさない親しみやすいキャラクターで、常に仲間のライダーに囲まれ、しかし競技ではダントツの強さを見せたケビンは、スノーボード界の新しいスターになるはずだった。

あの２００９年12月31日の事故さえなければ……。

バンクーバー五輪を2カ月先に控えた大晦日、ケビンはいつものように、スコッティ・ラゴやルーク・ミトラーニたち「フレンズ」の仲間と、ユタ州のパークシティのハーフパイプで練習中だった。朝一番の最初のランで、『キャブダブルコーク１０８０』（利き足と逆のスタンスから斜め軸に縦2回転＋横3回転する複雑な技）に取り組もうとしていた。これは五輪で勝つために必要な当時の最高難易度の技だった。ルークはその時のことをこう振り返る。

「僕とケビンはパイプの上にいて、久しぶりのダブルだったんで、二人とも結構ナーバスになってたんだよね。いつも最初のダブルは怖いものなんだよ。だからみんなでジャンケンして、負けたケビンが最初にドロップインしたんだ」

ケビンは加速をつけて、パイプのリップからキャブダブルコーク1080に挑んだ。1回転、2回転、3回転、そして着地しようとした時……飛んだ位置がパイプの内側に入り過ぎていた。本来、パイプの縁の近くの斜面に足で着地するはずが、パイプの底近くまで真っ逆さまに落下し、顔を打ちつけた。パイプの縁から4メートル近くジャンプした高さから、パイプの底付近まで合計8メートル近く落ち、しかも回転力が加わったまま、顔面から硬い氷の壁に叩き付けられたのである。氷に手をついて衝撃を弱める暇もなかった。

意識不明の重体だった。

その一部始終をパイプの上から見ていて、すぐに駆け寄ったスコッティ・ラゴは、忘れたくても忘れられないという表情で、こう話す。

「あれより悪い落ち方はできないくらい、最悪の落ち方だった。ケビンは鼻からも口からも血が出ていて……釣り上げたばかりの魚のように身体が震えてたよ。眼球は膨れて瞳孔が開いていた。これはやばいと思って、すぐに救助のヘリコプターを呼んだんだ」

ユタ大学の大学病院に搬送されたケビンは、昏睡状態で10日間生死を彷徨った。家族は医者から「もしヘルメットをしていなければ即死でした」と言われた。それほどの衝撃だったのだ。何とか一命は取り留めたが、意識が戻るまでにはさらに2週間かかった。人工呼吸器や何十本もの管を繋がれた状態でＩＣＵで目覚めたケビンは、全身が麻痺し言葉を発することもできなかった。

外傷性脳損傷と診断された。脳の一部が局所的にダメージを受ける脳挫傷と違い、脳の軸索が広範囲に損傷を受ける症状だ。重度の場合は、脳機能障害や記憶障害をもたらす。

ケビンは当初寝たきりで、話すことも出来ず、左手が微かに動くだけだった。仕事を辞めて、弟ケビンの看病に当たった兄のアダムが回復の兆しに気づいたのは、それから数日後のことだった。

「ケビンがスノーボードをする時によく聴いていた曲を病室で流していたら、ケビンがその歌詞を口ずさみ始めたんだ。これはなんとかなるかもしれないと思った」

それから少しずつ脳の機能を回復し始めたケビンは、再び話すことを覚え、リハビリを繰り返して歩くことを覚えた。5カ月後、ようやく退院して自宅に戻った。ケビンは、言葉を話せるようになってからずっと「またスノーボードに戻りたい」と言ってきた。しかし、医者から突きつけられた現実は厳しかった。

「二度とスノーボードは出来ないでしょう。次に転倒して頭を打てば、再び起き上がることは出来ないでしょうし、命の保証もありません」

しかも、左右の目の軸がずれてしまったケビンには、常に世の中が二重に見えていて、両腕には突然予期せぬ痙攣《けいれん》が襲うこともあった。それでもケビンは諦めなかった。もう一度大好きな雪の上に戻ることを夢見て、自分の身体の一部のようになっていたスノーボードに再び乗ることだけを目指し、必死にリハビリに取り組んだ。

そして、2011年12月13日。

命を失いかけたあの大怪我から約2年、ケビンはついに雪の上に帰ってきた。コロラド州のブレッケンリッジスキーリゾートには、この奇跡の瞬間を見届け、共に体験しようと大勢のファンやメディアが集まった。リハビリと闘ってきたこの2年間、ファンや仲間のライダーたちは、バートンが作った「I Ride for Kevin」(ケビンのために滑る)というステッカーをボードに貼って滑ってきたが、この日は「Ride with Kevin」(ケビンと共に滑ろう)というステッカーに貼り替え、再びケビンと共に滑れる喜びを分かち合った。

少し緊張しながらも、待ち切れない様子でチェアリフトから滑り降りたケビンは、昔と変わらぬ滑らかなスタイルで、青空の下を気持ちよく滑り出した。ファンやカメラも追い付くのがやっとの快調なスピードだった。

それもそのはず、ケビンはブレッケンリッジに来る前に、その朝本当に親しい仲間たちだけで、近くのベイルスキーリゾートでプライベートな本物の最初の1本を滑っていたのだ。そのメンバーとは、怪我からリハビリの間もずっと近くで支え続けてくれた兄のアダムと「フレンズ」のメンバーたち、そしてバーモントから駆けつけたジェイクだった。

ケビンが5歳の時に、最初のスノーボードをくれたのがジェイク本人だった。それからスノーボードの虜になり、17歳でバートンの契約ライダーになってから、ずっとケビンはジェイクとバートンに支えられてきた。怪我の後、再び雪に戻るための練習を始めた時に、子供サイズのボードをカスタムメイドで作って提供してくれたのもバートンだった。ケビンはその恩を忘れられないと言う。

「僕が怪我して滑れなくなっても、契約を切らずにスポンサーし続けてくれたんだ。ジェイクは僕の人生最大の憧れだ。ジェイクと一緒に1本目を滑れるなんて、本当に特別な瞬間だった」

ジェイクはこの時、自らの癌の化学療法の真っ最中だった。抗癌剤の副作用で抜けてしまった髪の毛を隠すように、キャップを深く被って笑顔でケビンの復活を喜んだ。

「ケビンの前向きな姿勢とユーモアのセンスは、何百万もの人々を勇気づけたけど、一番勇気をもらったのは何を隠そうこの僕かもしれない。ケビンと一緒にまた雪の上に立てて、これ以上幸せなことはなかった。この日のことは一生忘れないよ」

ケビンに勇気をもらったジェイクは、それから数週間、最後の抗癌剤治療を乗り切った。そしてケビンと滑ってから1カ月後の2012年1月21日、バートンの全社員宛に「癌をやっつけたぜ！」とメールを送った。


結局ケビンは再び競技の第一線に戻ることはなかった。命の危険を冒してまで競技にこだわるつもりはなかった。しかし、コメンテイターとして大会で実況解説などを行い、競技と繋がっていることは忘れなかった。そして、バックカントリーで仲間たちとパウダーをゆったりクルーズすることにスノーボードの楽しみを見出した。また兄のアダムと共に「Love Your Brain」（脳を愛しましょう）という非営利団体を立ち上げ、自分と同じように外傷性脳損傷からの回復を目指す人たちを支援する活動に情熱を燃やしている。

「前進」こそバートンの魂

その翌年の3月、ジェイクは再びコロラド州のベイルスキーリゾートにいた。ベイルは日本ではそんなに馴染みがないが、アメリカで3番目に大きい世界有数のスキー場だ。デンバーから車で2時間、ロッキー山脈に向かって走れば、山の谷間に巨大なリゾートが現れる。麓には

抗癌剤治療中のジェイクと外傷性脳損傷から復活して初ライドするケビン（右）

2つのビレッジがあり、ヨーロッパ風のホテルとお洒落なショップやレストランが立ち並ぶ高級リゾート地だ。

スキー場の規模も桁違いだ。2つのビレッジに挟まれた山一面にリフトが張り巡らされていて、その山の裏側にも、さらにその先の山にもゲレンデが広がっている。合わせて7つの尾根に250本ものコースがあり、一度や二度来たくらいではとても全てを回り切れないところも、世界中から訪れる多くの客を魅了している理由だ。しかも、ロッキー山脈の奥深くという恵まれた立地から、シーズンを通して羽毛のような極上のパウダースノーを味わえるのだ。

ジェイクは、ドナや息子たちと毎年3月の第1週目は、ここにバケーションで滑りに来ていた。癌の治療のせいで2011－2012年シーズンは、初めて年間100日ライドを達成できなかったが、その翌シーズンは2月末で既に70日を滑っていた。しかし、今回ベイルに来たのは休暇ではない。バートンの歴史において、大事なイベントが開催されようとしていた。

会社がどんなに経営危機に陥っても、社長のジェイクが病に倒れても、バートンが創立6年目の1983年から毎年欠かさず開催してきたもの、それが全米オープン選手権だ。ジェイクの地元バーモント州で開催されて30年、世界で最も歴史の古い権威あるスノーボードの大会として、多くのプロライダー、そしてファンに愛されてきた。その全米オープンを、2013年にここベイルスキーリゾートに移す決断をしたのだ。

「最初に全米オープンがバーモントで始まった時は直滑降だけだった。それにスラロームが加わり、今ではフリースタイルが主流になった。『前進』こそスノーボードの全てであり、バートンの全てであり、全米オープンの全てだ。さらに良いスロープのコース、完璧なパイプ、そして大会そのものの規模を大きくするために、ベイルに移ったんだ」

空気に春の匂いを感じ始めるこの3月の全米オープンが、事実上シーズンの最終戦になる。集まったトップライダーたちは、有終の美を飾ろうと逸《はや》る気持ちと共に、これで長かった戦いのシーズンが終わるという安堵で、その表情は明るくどこか晴れやかだ。この時点でこの大会で既に7つの金メダルを獲得していたショーン・ホワイトは、自分と全米オープンとの特別な関係をこう話す。

「人生で初めてファンにサインをしたのがこの大会だったんだ。まだ幼くて前座でしか滑れなかったけど、大きなプロの大会に出るのがどういうものかを体で感じたよ。そしてプロになることを決めたんだ。毎年全米が終わったらウェアを脱ぎボードをガレージにしまって、夏が終わるまで見ることもないよ。僕にとってはスケートボードのシーズンが始まるんでね」

ベイルに移った記念すべき最初の大会のハーフパイプは、ショーン・ホワイトと14歳の平野歩夢のデッドヒートとなった。決勝では、平野を僅差で押さえたショーンが8回目の金メダルに輝いた。女子のハーフパイプでは、ケリー・クラークがこの大会最多優勝を飾り、男子スロープスタイルでは、マーク・マクモリスが初優勝、バートンチームライダーの活躍が目立った。

CHILLという名の癒し

決勝が行われた日の朝、ゴール下のショップなどのブースが並んでいるエリアに、ジェイクとドナが現れた。手にはスノーボードを持っている。黒いテントにピンクの文字で「CHILL」と書かれたブースの前には、小学生から高校生くらいまでの子供たちが、お揃いのベストを着て、頬を紅潮させながらジェイクたちを待ち受けていた。

彼らは、ジェイクとドナが1995年に始めた「CHILL」という非営利活動法人の参加者たちだ。スノーボードに縁のない子供たちに、ライドすることの楽しさを知ってもらおうというプログラムだ。

「スノーボードが流行したのは、ティーンエイジャーたちのおかげだったので、最初は彼らに恩返しをしようと思って始めたんだ」

参加する子供たちは、貧困地域に住んでいたり、非行に走っていたり、麻薬中毒だったり、恵まれない家庭環境の子供たちばかりだ。自分の住む街から一歩も外の世界に出たことがない子も多い。コロラドに12年間住んでいながら、一度も山に行ったことがない子もいる。地域のグループホームや児童養護施設などと協力して募集した子供たちに、無料でスノーボードのギアやウェアを提供し、数週間のレッスンを行う。

参加した子供たちは、もちろん最初は転んでばかりだ。しかし、雪山では途中でやめたいと思っても少なくとも下までは滑らないといけない。なんとか滑り切った頃にはコツを摑んで、いつの間にか夢中になっている。

普段は、何かに失敗し、立ち上がり、挑戦して成し遂げる機会もなかった子供たちは、夢中になれるものもなかった。山を登って、そして自分の力で滑り降りるという行為が、子供たちが直面している問題に似ているのかもしれない。バスに乗って参加する子供たちの表情が、街を離れて山に向かうまでに既に変化するのを感じるとドナは言う。

「最初はスノーボードを習うためのプログラムだったのが、ターンを覚える上で必要なこと、つまり我慢や勇気は人生において欠かせないものだと気づいたの。それ以来CHILLは子供たちの成長をサポートするプログラムになっていったのよ」

最初は地元バーリントンで始めた小さなプログラムだったが、その後全米の主要都市に広がっていった。この日は、全米15都市のプログラムからそれぞれ一人ずつ選ばれた子供たちが全米オープンに招待され、大会を観戦できると共に、ジェイクやドナと一緒に滑るという企画が用意されていた。スタッフを含め総勢25人のグループが、リフトで山頂に登り「さぁ行こう！」

と一斉に滑り出す。ちょうど朝から新雪が舞い降り、斜面は柔らかいパウダーで覆われていた。

山はどんな子供でも平等に受け入れる。子供たちは、いつターンして、どんなスピードで滑るか、自分で決めるようになる。山で自信がつき、自分らしさを大切にできるようになるのだ。スピードを出し過ぎて転げてしまった子に近寄って助け起こす子がいた。個人の自由と仲間との触れ合いの両方が、ボードスポーツにはある。少しずつ前に進み、自分の限界を知り、仲間のサポートを受ける。スノーボードを通じて難関や恐怖を克服することで、世界は広がるのだ。ジェイク自身も、パウダーでのライドを楽しみながら、時折止まってはそんな子供たちの様子を目を細めて眺めていた。

全員が下まで滑り下り「サイコー！」と口々に歓声を上げて喜んだ。ジェイクは子供たち一人ひとりとハイタッチして記念写真に応じていた。シカゴから参加した黒人の少年は言う。

「これまでやったこともないことを体験させてくれる。普段のストリートの生活から抜け出させてくれるんだ」

ＣＨＩＬＬでは、２００１年9月11日にニューヨークで起きた同時多発テロで命を落とした消防士や警察官の数多くの子供たちに参加してもらい、勇気や自信を取り戻してもらった。日本でも小倉が社長だった時代に、CHILL JAPANを立ち上げ、阪神淡路大震災で親を亡くした子供たちを六甲山スキー場に招待した。2000年には三宅島の噴火や有珠山の噴火の被災者の子供たち、そして2011年からは、東日本大震災で親を亡くしたり家をなくした子供たちを、毎年東北のスキー場に招待している。

また東京では、教会の子供寮で預かっている親のいない子や家庭内暴力を受けた子、そして不登校の子などもプログラムに参加している。バートンジャパンを辞めても、CHILL JAPANの代表理事を務めている小倉は、ある不登校の参加者のこんなエピソードを明かす。

「中学3年の女の子が参加していたんですが、彼女は発達障害で小学2年の時から人と喋ることが全く出来なかったらしいんです。1泊2日のプログラムの最後に、ジェイクがサインした修了証書を渡して一人ずつ挨拶するんですが、その子が『すごく楽しかった。ありがとうございました』って声を発したんです。付き添いで来ていた先生はそれを見て涙していました。僕らは事情を知らなくて。というのも、みんな雪の上では明るくて楽しんでいて、何か問題を抱えている子供には全く見えなかったんです」

CHILLは今や世界10カ国24都市に広がり、毎年3000人の子供たちが参加して人生を変えるきっかけを摑んでいる。アクティビティも、スノーボードだけでなく、サーフィンやスケートボード、パドルボードなど、他の横乗りスポーツにも広がった。

会社が成功を収めた後に、税金対策で非営利団体を立ち上げたり、慈善事業を始める起業家は多い。しかし、ジェイクの場合は、まだバートンが軌道に乗り始めたばかりの1995年に、純粋な社会貢献としてこのCHILLを立ち上げたことは特筆に値する。

また、この「ＣＨＩＬＬ」という言葉は、「リラックスしよう」「まったりしよう」という癒しの意味で、ここ数年若者の間で非常によく使われるようになったスラングだが、それを今から25年以上も前にプログラムの名前に付けているところに、クールさが現れている。

サイボーグジェイク？

１９７０〜１９８０年代、ボードを開発しながら自分で毎日のように試乗し、会社が軌道に乗ってからは、年間１００日ライドを続けてきたジェイクは、おそらく世界で誰よりも多い本数を滑った人間と言えるかもしれない。その蓄積は膝の関節を蝕んでいた。木に衝突して脛骨《けいこつ》の上部を骨折したこともあれば、関節炎を慢性的に患うようになり、半月板の手術もした。次第に膝は悲鳴を上げるようになり、ついに２０１５年２月、両膝に人工関節を入れる手術に踏み切った。当時60歳。それでもまだまだ滑りたいからだ。

そして手術からほんの3週間後の全米オープンで、人工の膝でゲレンデに戻り周囲を驚かせた。

「早過ぎたかもしれないけど、なにせ全米オープンだよ、滑らないわけにいかないじゃないか。えーい、どうにでもなれ、って感じだったよ。何本か滑って『そうだ、僕はまだスノーボーダーなんだ』って言いたかったんだ」

この復帰ライドには、今度はケビン・ピアースが一緒に滑ってくれた。

膝の手術は無事に成功し、再び元気な身体を取り戻したかに見えた。

少なくともこの時は……。

紙と文字に救われた命

そのほんの1週間後、ジェイクはニューハンプシャー州のダートマスヒッチコック病院のICUのベッドにいた。人工呼吸器に繋がれ、鼻には栄養注入チューブが挿入されている。全身が麻痺して唯一動かせるのは手だけだった。お腹の上に置かれたクリップボードに挟んだ白いコピー用紙に、伝えたい言葉を走り書く。

一体いつになったら呼吸が楽になるんだ?

頭が左に傾いちゃうんだ

鎮静剤で眠らせてくれ

スノーボードで怪我したわけでも、交通事故に遭ったわけでもなかった。心臓疾患が悪化したり癌が再発したわけでもない。神経に異常が生じる原因不明の病気に罹ったのだ。

それは全米オープンから戻って数日後のことだった。家のジムで運動していたら、急に視界が二重になった。翌朝にはろれつが回らなくなり、すぐに医者に行ったが、脳卒中でも心臓発作でも脳損傷でもないと言われ、隣の州の総合病院に救急車で搬送された。精密検査の結果、身体の筋肉が動かなくなるギラン・バレー症候群に似たミラー・フィッシャー症候群と診断された。自分の免疫システムが神経を攻撃する病態だ。

ギラン・バレー症候群は、毎年10万人に1〜2人が罹る稀な病態だが、ミラー・フィッシャー症候群は、100万人に1〜2人というもっと稀な病態だ。ギラン・バレーは足から進行して上がっていくが、ミラー・フィッシャーは目から発症して全身に下がっていく。原因は分からないが、数週間前の膝の手術や菌による感染が引き金になった可能性は高いという。

そして神経科医は続けて、恐ろしいことを予告した。

「もし私の診断が正しければ、明日にはあなたは目を開けられなくなり、その翌日には物を飲み込むことが出来なくなります。そして3日目には呼吸できなくなるでしょう」

果たして、その医者の言う通りになった。

病院に着いた日は歩けたのに、翌日には身体が徐々にロックしていき、数日中に全身が麻痺して目を開けられなくなった。ジェイクには、ALS（筋萎縮性側索硬化症）で苦しんで亡くなった友人がいたが、

「彼に6年かけて起こったことが、僕にはたった3日で起こっている」

と感じた。


両手以外は硬直して動かせず、目を開けない暗闇の中で、耳だけが機能していた。医者とドナが話している声が遠くに聞こえる。医者は時間が経てば回復すると言っていた。ドナも医者の言うことを信じ、ジェイクに励ましの言葉をかけ続けた。

「ドナのことは愛しているし信頼していたけど、この時だけは信じられなかった。回復するな

んて、とても思えなかった。世界一賢いお医者さんたちが言うことも信じられなかったんだ」
毎晩悪夢に襲われていた。とてもリアルな夢だと言う。
「ある夜、二人の男が病室にいるんだ。どう見てもテロリストだ。間違いない。一人の男は頭からストッキングをかぶり髪は後ろで束ねている。そして僕を絞め殺そうとするんだ。僕は動けない。確実に死ぬと思った。その夢は恐ろしいほど鮮明なんだ。鎮痛剤や睡眠薬など薬漬けだったせいもあると思う」
初期治療のおかげで、全身が麻痺しても手だけは動かせた。紙の上に文字を落とすことが、唯一生きている証となった。最初の頃の文字はミミズが這っているようだ。目が見えない状態で書いている。

酸素が足りない

昨夜は睡眠ゼロだ

その多くは、毎日付き添ってくれたドナ、そして三人の息子に向けたものだ。長男のジョージは26歳、テイラー22歳、そしてティミーは19歳になっていた。

ティム、残って僕の髭を剃ってくれる? ビクトリア、後で歯を磨いてくれる?

ごめん、ちょっと漏らしちゃった

BOSEのボリュームを上げてくれる？

何日間目が開けなかったか、正確には覚えていない。しかし長い時間だった。目が開けられた後も、自分で呼吸することも食べることも出来なかった。3週間が経ち、4週間を過ぎても、歩くことはおろか寝返りを打つことすら出来なかった。書き連ねる言葉にも苛立ちが現れる。

あいつらのせいでイライラするんだ

ヤンキースなんか大っ嫌いだ

死にかけと思わなかった？　3月14日から歩くことも話すことも食べることも出来てないんだよ

僕を殺そうとしてたでしょ

今死んだら光なんて見えないよ。あんなの嘘っぱちだ。クソ喰らえだ

今は本当に不幸だ。君が来てくれてやっと僕の一日が始まる

息子たちに自殺したいって言っちゃったんだ。情けないよ

紙の上にはついに「自殺」の2文字が浮かぶようになった。

「出口が見えなかった。回復するって言われても、何を信じればいいか分からなかった。脈を打ってるだけじゃ生きているとは言えない。友達がいて生活を経験する、それがなくなったら人生とは呼べないよ。自分の未来が完全にネガティブになった時、人は自殺願望が出るんだね。よく死ぬときは眩《まばゆ》い光を見るって言うじゃない？　あれは全くの嘘だね。僕は死の淵に長くいたんで分かるよ。光なんてありゃしない、ただ暗闇の中に眠るように落ちていくだけだ。僕のトンネルの先には光は見えなかった」


ドナはそんな夫を毎日励まし続けたが、それでもジェイクの気持ちは痛いほど分かった。

「ICUに2ヵ月もいる人なんて聞いたことある？　周りのベッドは、新しい患者が来ては数日で出ていく。そんな中、自分だけがいつまで経っても出られない。生涯スノーボーダーで、身体を動かすのが生きがいの人が、ベッドに杭のように打ち付けられ、いつ回復するか分からないなんて……自暴自棄になるのは仕方なかったわ」


それでもドナは決して希望を失わなかった。今回の病気はあまりに急で、原因も、また明確な回復の見込みも分からなかったため、家族とごく身近な人にしか伝えていなかった。しかし、ジェイクがそれまでしてきたように、家族同様と考えている社員たちにも伝えるべきだと思った。ドナは400人の本社の社員と1000人の全世界の社員に向けて、15分間のビデオスピーチを行った。

「みなさん一人ひとりにまず最初に言っておきます。この物語には必ずハッピーエンドが待っ

I know if I had died there wouldn't have been some f*cking light show. I know there wouldn't have. I think that is all just a lie.
Bullsh*t

病室で書かれたジェイクの直筆メモ
「今死んだら光なんて見えないよ。あんなの嘘っぱちだ。クソ喰らえだ」

ています」

その後、本社のカメラマンが自発的にジェイクに励ましの写真を送ろうと考えた。400人の社員全員が、開発研究所クレイグスの前に集まりグループ写真を撮った。全員が笑顔で、カメラに向けて中指を立てている。そして下のキャプションには、"We Fucking Love you Jake"「クッソ好きだよ、ジェイク」と書かれている。この中指を立てたポーズが、愛の象徴となり、バートンの世界6つのオフィスも同じような写真を撮り、ポスターサイズに引き伸ばしてジェイクに送った。それらは病室のジェイクから見える位置に飾られた。

「これは僕を導く光になったね」


ICUの看護師たちの献身的なケアも、死の淵にいるジェイクを暗闇から引きずり出したとドナは言う。

「彼女たちは本当に天国からのエンジェルだわ。『大好きな山を見ればジェイクがきっと元気になる』と、6人がかりでジェイクの巨体を持ち上げ車椅子に乗せて、外まで連れ出してくれたの」

ジェイクはその後、紙にこう書いた。


また生きたくなったよ。山を見て、人生が描けるようになった

それからまた毎日、コピー用紙に思いを綴り始めた。元々、メモを取るのが好きだった。オフィスでは、バートンロゴの入った再生紙のノートパッドをそばに置き、アイデアが浮かべば

書き留めていた。

この「文字を綴る」という行為がなければ、きっと正気ではいられなかったと言う。

「それは僕にとって救済であり意思疎通であり、全てだったよ」

5週間の言葉を綴ったコピー用紙は、両手で抱え切れないほどの量になった。病と闘う男の無秩序な日記とも言えるその紙には、少しずつ希望やジョークも見えるようになってきた。そして感謝の言葉も。

僕は意識が薄れちゃったりするかもだけど、そばにいてくれて本当に嬉しいよ

今週末は家に帰って庭の手入れをしたら?

たまにはキスするのを忘れないでね

ジルのケーキを味見もしないで美味しいよって言ってる悪夢を見ちゃった

来てくれて勇気づけてくれてありがとう。こんなに世話を焼かせてごめんね

君たちがいてくれるだけで10倍も強くなった気がするのはなぜだろう?

こうなってよかったとさえ思う時があるよ。お互いを愛して感謝することを学んだもんね

発症から約6週間経った4月末、ようやく全身の麻痺が解ける兆しを見せ始めた。気管切開手術を行い、喉にチューブを入れて人工呼吸器からようやく解放され、ボストンにあるスポルディングリハビリセンターに移った。ここはボストンの湾岸沿いにあるハーバード大学付属の病院で、最新設備が揃い脊髄系や呼吸器系のリハビリを専門にしている。

人工呼吸器が外れたとはいえ、まだ栄養注入のチューブは入っていたし、身体に麻痺は残っている。まずナイフやフォークを並べる練習から始め、自分で食べるやり方を習った。そして、2カ月ぶりに自分の声で話し始めた。少しずつ元気を取り戻し、ジェイクらしさも戻ってきた。

リハビリを担当してくれた女性があまりに献身的にサポートしてくれるので、お礼がしたくなった。彼女が休暇でボーイフレンドとメキシコのカボサンルーカスに行くと聞き、自分もよくそこにサーフィンに行っていたので、最高のレストランを知っていた。そこで、ホテルからタクシーの送迎付きでそのレストランでの極上のディナーをアレンジしたのだ。

しかし、病院から「スタッフへのお礼は20ドル以内と決められているのでダメです」と言われた。頭にきたジェイクはこんな行動を取った。自分の誕生日に病棟のスタッフ全員に19ドルのカップケーキを振る舞った。母の日には、ママさんの看護師や患者たち全員に19ドルの薔薇の花束をプレゼントした。

「スノーボーダーの、そしてバートンの反抗的な姿勢の現れだね」

と笑う。ユーモアといたずら好きのジェイクが戻ってきた。

「看護のスタッフも本当によくしてくれたんだ。体重80〜90キロはある巨漢の黒人のおばちゃ

んたち5人なんだけど、毎日僕の身体をお尻の穴まで綺麗に拭いてくれて、着替えさせてくれてさ。『ドナ、最初のキスが欲しいなら今よ、急いで!』なんて言うんだよ。最高だよ」

家族以外の訪問客も病室に来るようになった。マーク・マクモリス、ケリー・クラーク、ダニー・デイビスなど古くからのバートンライダーたちだ。彼らは痩せ細ったジェイクの変わり果てた姿に驚いたが、中身は変わらぬジェイクと知り安心した。競技会や撮影のこと、スノーボード業界の近況をジェイクに話して聞かせた。帰る間際には必ずポラロイドカメラでスナップショットを一緒に撮り、それらが病室の壁を埋めていった。

ショーン・ホワイトが訪問した時には、ちょうど歩行器を使って歩く練習を始めたところだった。

「ジェイクは『君を見れば元気になる子がたくさんいるんだよ』って、フロアを何階も行ったり来たりして僕を連れて回るんだ。まだそんなに歩いちゃいけないのに『平気平気、大丈夫さ』ってね。他の病室の患者の名前を全部覚えててね。あのキャラですっかりみんなと友達になってたね」

6月初め、ジェイクはどうしても行きたいところがある、と医者に懇願した。アメリカ競馬の三冠を賭けたレース、ベルモントステークスが、生まれ故郷のロングアイランドにあるベルモントパーク競馬場で行われるのだ。ケンタッキーダービー、プリークネスステークスと連覇したサラブレッド、アメリカンファラオが勝てば、37年ぶりの三冠馬に輝くという歴史的なレースだった。

看護師長と呼吸セラピストも一緒という条件付きで、数時間だけの外出を許可されたジェイクは、三人の息子と友人も誘いプライベートジェットでニューヨークに飛んだ。帽子を被り首にはスカーフを巻いて、喉の穴を隠しながらスタンドから観戦した。レースは見事アメリカンファラオが三冠を達成し、賭けた3つの馬券全てを当てたジェイクは、5000ドルを手にした。そのお金は、退院の時に看護師たちに全額寄付した。

6月15日、丸々3カ月の入院生活のあと、ついに退院して自宅に戻った。と言っても、まだヨロヨロと歩けるようになった程度で、自宅療養に切り替わったという段階だ。ドナが40時間もの講習を受けて、自宅で看護師の代わりをやることになった。セラピストが定期的に通い、リハビリは続ける必要があった。それでもやっとジェイク自身に「完全に回復できる」という自信がついてきた。

「プロライダーたちが大怪我をして、再起不能と言われながらも復活してきた姿を何度も見てきた。生きたい、という自分の意思と周りのサポートがあれば、きっと回復できると思えるようになったんだ」

7月には、久しぶりにバーリントンの本社に顔を出すことが出来た。自分が病気で不在なことで、会社の士気が下がっていないか、辞めてしまった従業員がいないか心配していたが、杞憂に過ぎなかった。社員全員がいつもと変わらず楽しんで働いていた。

8月19日には、実に5カ月間身体に挿入されていた栄養注入チューブを外すことができた。もちろん、完全回復にはまだまだ時間がかかる。病気になる前は40回できていた腕立て伏せは、まだ1回がやっとだ。プールでは疲れ知らずのスイマーだったが、まだ2ラップが精一杯だ。体力も筋力もバランス感覚も取り戻さないといけない。冬が来る前に少しでも力をつけておきたい。目標は明確だった。そして、この壮絶な半年をこう振り返った。

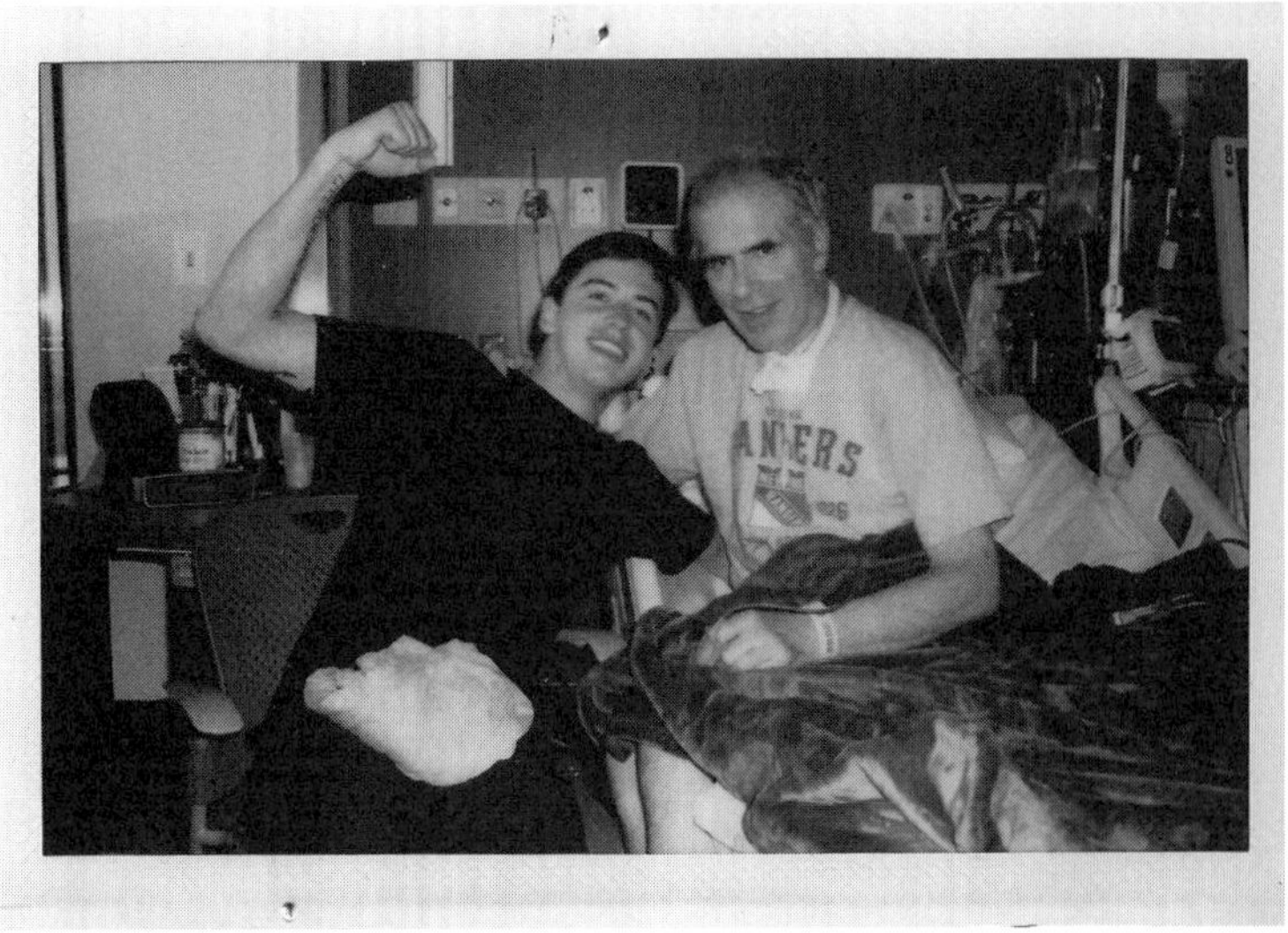

見舞いに来たバートンライダー、マーク・マクモリスとのスナップショット

「病気する前も家族がバラバラだったわけじゃないけど、忙し過ぎて会社を再び軌道に乗せるのに精一杯だった。それが、フリーズしたように全てが一旦止まったんだ。生まれ変わった気分だよ。自分でコントロール出来ないことは心配しなくなった。ドナや子供たちのことを以前に増して尊敬している。ゼロから再び一緒に成長した気がするんだ」

12月、ミラー・フィッシャー症候群から回復して初めて、ジェイクはスノーボードに乗った。

CHAPTER

13

No Regrets

何ひとつ悔いのない人生

"Snowboarding is my life.
I consider myself lucky to have created this relationship with the sport."

「スノーボードは僕の人生そのものだ。
このスポーツと特別な関係が築けて、なんて幸運な人間だろう」

―― ジェイク・バートン

「もう腰をかがめたくないんだ」

スノーボードがこの世に生まれてから40数年、ギアはあらゆる進化を遂げてきたが、ただひとつ、成し得ていないことがあった。しかも、それはスノーボーダーなら誰しも望んでいることで、またスキーヤーやスキー場でさえ望んでいることだ。

それは、立ったまま簡単に足に板を装着できるシステムだ。

スキー場に行ってリフトを降りると、そこら中にスノーボーダーが座ってコースを塞いでいて、邪魔だなぁ、危ないなぁと思うスキーヤーは多いだろう。しかし、彼らも好きで座っているわけではないのだ。

スノーボードは両足を板に装着した状態では平地を歩けないため、一度滑り降りると、片足をバインディングから外し、その足で地面を漕ぐようにして前に進みリフトに乗る。そして山頂でリフトを降りると、再びその片足をバインディングに装着しないといけないのだ。

現代の一般的なバインディングは、ソフトブーツを板に乗せ、つま先と足首の2箇所をストラップで固定するシステムだ。ストラップは、ギザギザのついたベルトをバックルに差し込み、カチカチと絞ることで装着するタイプが一般的だ。

このシステムもかなり進化して、外すときはバックルをリリースすることで、簡単にベルトが抜けるようになっているが、装着するときはベルトをちゃんとバックルの穴に通さなければならないので、斜面で立ったままでは出来ず、ちゃんと座って2箇所締める必要がある。

1本滑るたびに、座って片足の脱着を繰り返すこの作業は、スノーボーダーにとってもかなりの負担だし時間も無駄だ。スキーヤー仲間と一緒に滑る時は、いちいち待ってもらわないといけない。この作業が簡略化されれば、リフト降り場での衝突事故なども減り、スキー場にとっても嬉しいはずだ。

誰もが「そんな夢のバインディングのシステムがいつか開発されないかな」と長い間願っていた。

その画期的なシステムが、2017年の秋、ついにバートンから発表されたのだ。

全てはジェイクのつぶやきから始まった。

その5年前の冬、ジェイクはいつものようにストウで出勤前の100日ライドをしていて、その日はバートンの開発部長と一緒だった。山頂で赤いゴンドラを降り、ボードを手にして外に出る。平らな場所を見つけてボードを置き、右足、そして左足とバインディングのストラップにベルトを通しながら、隣で同じ作業をする部長につぶやいた。

「なぁ、もうすぐ俺も60歳だよ。こうやって40年も毎回腰をかがめて足元のストラップを締めてきた。そりゃまだ出来るよ。でもなぁ、やらなくていいんならやりたくないね。出来ないかなぁ、ストラップ無しでも同じパフォーマンスを発揮するバインディング」

それが全ての始まりだった。

ストラップ無しで装着が簡単なシステム、しかし操作性と快適さは失ってはいけない。確かに夢のような話だ。簡単な要求ではなかったが、不可能ではないと思えた。

開発部は、エンジニアの中から最高の4人を選び抜き、極秘プロジェクトを立ち上げた。その一人、社内で長い間「マッドサイエンティスト」の愛称で親しまれてきたクリス・ドイルは言う。

「ある日突然『君たち4人は今やっている業務を中断して、今日からこの部屋で働いてくれ』と言われたんだ」

そこは開発研究所クレイグスの中に新しく作られたプロジェクトルームで「ホワイトルーム」と呼ばれた。

「中に入ると、真っ白な部屋にホワイトボードが置いてあり、そこに2文字だけ書かれていたんだ。『快適さ』と『便利さ』。僕たち4人は顔を見合わせてうなずいた。やるしかないな。自分たちが乗りたいと思うようなものを作ろう、そしてテリエが乗りたいと思うようなものを作るんだ、とね」

数千のアイデア

チームはまずコンセプトを考えた。思いつくアイデアを全てテーブルに並べてみた。磁石を使う方法、ネジを使う方法、そして接着剤まで。

「これはどう?」「もしこんなのが出来たら」。1つのアイデアが別のアイデアを呼び、気づいたら数千のアイデアが浮かんでいた。

実はバートンでは15年以上も前に、似たような製品にトライしたことがあった。しかし、ステップインと名付けたそのバインディングは、性能に問題があり売れなかった。他社も似たような製品を作っていたが、どれも失敗に終わっていた。チームは今の最新のテクノロジーをもってすれば、もっと良いものが作れる自信があった。

ドイルはまず足を置く部分の周りにアルミでフレームを作り、4台の小型カメラを設置した。雪の上で滑る時、バインディングが足にどんな働きをしているかを、色々な角度で撮影して学ぶためだ。

その結果、既存のストラップ付きのバインディングでは、ターンの時にちゃんとストラップが足の動きに合わせて動いていることが分かった。

スキーのバインディングが、踏むだけで簡単に脱着できるのは、ハードブーツなので靴底さえ板と固定すれば安定するからだ。快適さを望むスノーボードはソフトブーツなので、靴底だけで固定しても安定せず、ブーツ全体をストラップなどで覆いガッチリ板に固定する必要があった。

今回の新製品は、簡単に脱着できると同時に、ストラップ無しでもホールド感を確保しなければならなかった。

様々なアイデアを実際に形にしてみた。

バインディングではなくブーツの方に、ストラップを付けてしまうもの。

ブーツの側面にバックルだけ縫い付けたもの。

ブーツのかかとに突起物を付け、バインディングのハイバックに引っ掛ける方法。

挙げ句の果てには、ブーツの底を直接ネジで板に打ちつけたりもした。バインディングは無しだ。これらを全部、ドイルたちが実際にスキー場に持ち込んで滑り、動画を撮って研究した。

「奇妙なものに乗っているので、たまにスキー場で客の目を引くことがあったけど『見なかったことにしてね』と念を押しておいたよ」

クレイグスが可能にした試作品製作

　浮かんだアイデアをすぐに試作品に出来たのは、レーザー焼結マシンなどクレイグスの最新設備のおかげだ。パソコン上で組み立てた3Dモデルを、ものの1時間で実物にし、その日に雪山で試すことができた。

　アイデアは次第に絞られ、ブーツに硬い突起物を付け、それをバインディングに引っ掛けるタイプが現実味を帯びてきた。つま先、足首、かかとなどあらゆる場所で固定する可能性を探ったが、左右4箇所で固定するタイプと、かかとと前2箇所で固定する3点式が並行して開発された。

　3点式をオレゴン州のマウントフッドで試した時に、ブレイクスルーは訪れた。ブーツのかかとにギザギザの突起物を付け、それがバインディングのハイバック側に付けられたバックルにはまるシステムを試してみた。つまり、ベルトがバックルに挿入されてカチカチと締まっていく旧来のストラップの構造を、そっくりそのままブーツとハイバックに移動させたのだ。

　これが見事に上手くいった。真上から板を踏み込むだけで、ブーツがバインディングにカチッとはまるのだ。そして滑っている間も外れなかった。それから3点式を商品化に向けてさらに細かくデザインしていった。

初めて開発を遅らせた

試作品を雪山で乗るたびに新しい問題が生じた。これまで作ったことのないタイプの製品なので、直面する問題も未経験のものばかりだ。よくスキーで生じることだが、ブーツと板の間に雪が挟まってバインディングがカチッとはまらない事態が起きた。この症状を研究するため、クレイグスの中で雪を再現する必要があった。冷凍室にスノーガンを設置し、ブーツに雪を吹きかけた。どれだけの量の雪なら問題ないか？　雪が付きにくいソールの構造はないか？　改良を重ねた。

衝撃テストも行った。バインディングに装着したブーツにワイヤーをつけ、錘《おもり》を落として引っ張る。スノーボードはスキーと違い、転倒しても足から外れない構造になっている。2本の板を履くスキーは、転倒した時に外れないと、板同士が絡まったり雪に突き刺さって、足首が変な方向に曲がり骨折する危険がある。

一方スノーボードは一枚の板に両足を乗せるので、板同士が絡まる危険性はないし、逆に片足だけ外れて、残った足一本が板に持っていかれると、その足首を骨折する可能性もある。そのため一度装着したらどんな衝撃でも外れない強度が必要だった。

実験では、引っ張られる衝撃でブーツが吹っ飛ぶ、バインディングの接合部分が壊れる、ブーツの底が剝がれる、など何度も失敗した。その度に改良を重ね、どれだけ引っ張っても外れない強度を目指した。

最終的な3点式のデザインは、かかとのバックルに加え、ブーツの親指の横と小指の横に付けた突起を、バインディングのフックに引っ掛けるというもの。上から踏み込んで、カチ、カチ、カチ、と3箇所がロックすれば、どんな衝撃でも外れないシステムが完成した。

しかし、リフトに乗るときは片足を外さないといけないので、簡単に外れるシステムも必要だ。それは、かかとの横につけたリリースレバーで、ワンタッチで外れるようにデザインした。それでもまだ完成ではない。1日に何度も脱着を繰り返せば、当然接合部分は摩耗する。耐久テストが必要だった。クレイグスの中に、自動で脱着を繰り返す装置を組み、何千回、何万回とブーツとバインディングを脱着させ、より摩耗する部分を探った。それを元に、最終的な突起物とフックの形状を決めたのだ。

今回の製品はそれまでの何よりも入念にテストを重ねた、とドイルは言う。

「業界全体から注目されているのが分かったので、完璧になるまで何度もテストを繰り返したんだ」

ジェイクも言う。

「期待値はとても高かった。絶対に妥協はしたくなかった」

そしてドナも、

「会社の歴史上、開発をあえて遅らせたのは初めてだったわ。完全に準備が整うまで発表しなかったの」

と語った。

考えられる失敗は全て試した。失敗するたびに学び、製品の質は上がっていった。どんな場面に遭遇しても、これ以上もう失敗は生まれないという領域に達して、ついに発表の準備が整った。最終モデルは、3点式のバインディングに加え、ブーツのスネと足首にあるダイヤルを回せば、ワイヤーでブーツがギュッと締まるデザインに落ち着いた。

最後のハードル

チームライダーたちに初めてお披露目し、まずはカーペットの上で履いてもらった。平昌五輪女子ハーフパイプ金メダリストのクロエ・キムは、立ったままカチ、カチと両足を差し込み、左右に身体を揺らして確かめた。

「快適！　まるでストラップがあるようなホールド感ね」

ドナが初めて履いたのは、チリのスキー場だった。

「雪質は悪くて、ガチガチの圧雪で急斜面だったの。『せっかくここまで来たのに私の試乗で失敗しちゃうんだわ』と思ったら、なんと、ストラップ付きのバインディングと全く変わらない乗り心地だったわ」

それからコロラド州のベイル、スイスのラークス、日本の白馬五竜などで、チームライダーやディーラーなど関係者限定の試乗会を行った。プロたちは、初めて見る画期的なシステムにワクワクしながら足を乗せた。彼らは立ったまま装着するどころか、リフトを降りて緩斜面を片足で滑りながら、そのままもう一方の足をカチッと固定することが出来た。

斜面では様々なトリックを試してみた。まずは『グラトリ』（グラウンドトリック）と呼ばれる、トウを浮かせたり、ヒールを浮かせたり、クルッと360度横に回転する技で、乗り心地を確かめる。

ノルウェー出身のチームライダー、ミッケル・バングは、パイプにドロップインしてジャンプを決める。

「ヒールからトゥまでしっかりホールドしてくれる感覚があるね」

マックス・ゼベは、

「革命だね。こんな一瞬で脱着できるなんて」

とリフトの上で、次に足を乗せるのが待ち切れない様子だ。

ライダーたちは、パイプ、パーク、パウダーなどで自由にライドを楽しんだ。スケートボードのように板をクルクル回して投げ、そこに飛び乗って装着したり、両足を外した状態で滑り始め、ハードルをジャンプして着地する時に、バインディングにカチッとはめたり、このシステムで出来る技の可能性は無限だ。


開発チームには、自分たちで設定した最後のハードルがあった。世界チャンピオンであり、レジェンドであるテリエ・ハーコンセンに認められて、初めて本当の完成と言えるのだ。テリエは自分が気に入ったものしか乗らないことで知られている。

まずクレイグスのカーペットの上で乗ってもらったところ、興味を示した。そして、スウェーデンのリクスグレンセン、コロラドのベイルに続き長野の白馬五竜で試してもらった。

傾斜で板をゆっくり流しながら、両足でジャンプして飛び乗る。カチッという音と共にはまった板でそのまま一気に滑り降りた。トゥを直角に立て、雪を削るグラトリでホールド感を確かめる。それから得意の高速のカービングでゲレンデを縦横無尽に駆け抜ける。コース外の崖で大きくジャンプして、木の枝を蹴散らしながらランディング。限界までプッシュしてみたテリエは、滑り終えてこうコメントした。

「快適な上にエッジからエッジまでのレスポンスが素晴らしい。それでいて手軽に使えるんだ。2〜3年のうちに、誰もがこれを使うんじゃないかな」

開発チームはついに最後のハードルを乗り越えた。開発を始めてから5年、ジェイクの肝いりの新製品『ステップオン』が完成した瞬間だった。

「このテクノロジーはスノーボードの歴史を塗り替えるだろうね。女性や子供など、初心者でもとっつきやすくなるはずだよ」

「MINE77」僕のものはみんなのもの

2019年10月25日——。

表参道から脇に入った狭い路地に、ファッションブランドが立ち並ぶ裏原宿。その一角にあるショップ「NEIGHBORHOOD」の奥のテーブルにジェイクが座っている。隣には、クリエイティブディレクターのグレッグ・ダーキシェンもいる。

コンクリート打ち放しの壁、ハードウッドフロア、落とし気味の照明にところどころスポットライトが当たった店内に、ダメージジーンズやミリタリー系のジャケットなど、無骨な男のファッションが並んでいる。

NEIGHBORHOODは、モーターサイクルの文化をファッションに落とし込んだパイオニア的なブランドで、いわゆる裏原系と呼ばれるストリートブランドの中心的な存在でもある。ジェイクが待っているのは、オーナーの滝沢伸介だ。

この日は、ジェイク自身のコレクション「MINE77」とNEIGHBORHOODがコラボした製品の最後のサンプルチェックだ。

数年前に生死を彷徨う病を患い、闘病生活を経て復活したとき、それまでとは違う自分に気づいた。

「1秒1秒を生き、日々精一杯命を燃やすようになったんだ。同時にクリエイティビティが湧いてきて『今までやったことのない何かをやりたい』と強く思うようになったんだ。革新的な何かをね」

背中を押したのはドナだった。

「自分のやりたいことをやればいいのよ」

そこで、バートンを興して40年、初めて自分自身のシグネチャーコレクションを作ることにしたのだ。

コレクションは、ボードやバインディングやウェアなどのスノーボードギアから、普段着やバッグなどのアクセサリーまで幅広い。全ての製品に自分のこだわりをちりばめた。ピンクや紫のペイズリー柄で上下つなぎになったウェア、マンハッタンのど真ん中で手染めした紺のまだら模様のワークパンツなど、これまでのバートンのラインには全くなかった新しいものだ。

「アイデアは僕がどこかで見てインスパイアされたものや、僕自身のスケッチから来る。でもそこには必ずライダーや周りの人たちからのインプットやフィードバックが加わるんだ」

見た目がクールなだけでなく機能的であることにもこだわった。ポケットは最も手を入れやすい位置と角度でたくさん付けられ、ジッパーで閉まる上にフラップにマグネットが付いたものまである。

「ジムで穿くショーツってポケットがないか、あっても大体おっきなポケットが空いてるだろ？ あれが許せなくてね。運動中でも携帯とか大事なもの入れたいじゃないか。僕のはジッパー付きで逆立ちしたって中身は落ちないんだよ」

夏用の服には、最も涼しい素材を世界中の繊維工場を訪ねて見つけた。コストはある意味度外視して、徹底的にクオリティの高さを追求している。蝶の柄のテントやハンモックなどのキャンプ用品、カクテルを作れるバーのセットをそのまま詰め込めるバックパックなど、遊び心満載の製品もある。

新作発表の動画には、三男ティミーがモデルになって登場し、ナレーションはジェイク自身が入れるなど、最初から最後まで製作過程を楽しんだ。

ショップの奥から滝沢がやってきた。蓄えた髭に満面の笑みを浮かべ手を振って歩いてくる。ジェイクはテーブルから立ち上がり抱き合って再会を喜んだ。二人の付き合いはそんなに長くはないが濃厚だ。2015年に、バートンのストリートウェアをNEIGHBORHOODとコラボしたのが始まりだった。その時に滝沢のモノづくりに惚れ込んだジェイクは、2018年に滝沢がロサンゼルスでアディダスとコラボをした時に、わざわざロスまで会いに来た。その時の印象が滝沢にはジェイクの人柄を表す出来事として強烈に焼き付いている。

「いつもポケットがいっぱい付いたワークパンツを穿いているんですけど、そこにコーヒーを飲み終わった紙コップがそのまま突っ込んであったんです。プライベートジェットで来るような大会社の社長さんが、自分でふらっとコーヒーを買いに行ったりするんですよね。このポケットの印象が面白くて、彼のストーリーとしてMINEとのコラボにも繋がっていきました」

今回のコラボはジェイクから声を掛けた。MINE77の新しいラインとして、デニム素材のコレクションを作りたいと滝沢に提案したのだ。

「デニムといえばシン（滝沢）だからね。何よりもリスペクトだね。シンは僕がスノーボードでやってることをリスペクトしてくれているし、僕は彼がストリートウェアでやっていることをリスペクトしている。仲の良い友達なのはもちろんだけど、ベストを作り出す者としてお互いを尊敬し合ってるんだ」

ストリート文化をファッションのメインストリームに押し上げた滝沢と、ソリから始まった裏山の遊びをメジャースポーツに発展させた自分に同じ匂いを感じたのだろう。

思い出話もそこそこに、早速サンプルのチェックを始める二人。それまでも滝沢から送られた写真などでデザインは見てきたが、実物を前に早く袖を通したくてうずうずしている。ビンテージの風合いを醸したデニムのジャケットやジーンズに、濃いめのコントラストでグラデーションが入っている。ジャケットにはフラップ付きの4つのポケットが付いている。

「おい、シン。ここはボタンじゃなくてマグネットにしようぜ」

最もこだわったのは隠しポケットのネームタグ。鍵などを入れられる小さなジッパー付きの内ポケットを開くと、そこにネームタグがあり、“designed and tested by Jake Burton Carpenter”「ジェイク・バートン・カーペンターによってデザインされテストされた」と書かれている。

この「MINE77」という名前には二つの意味がある。自分自身のコレクションという意味のMINE（私のもの）と、スノーボードという鉱脈を掘り当てたという意味でのMINE（鉱山）、そして77はもちろんバートンを創業した1977年のことだ。

「このコレクションは僕のクリエイティビティを吐き出す場所であり、情熱を共有できる人とコラボレーションする場所でもあるんだ」

だからこそ、製品発表の動画の最後には、必ずジェイク自身のナレーションと直筆で、こんな言葉と字幕が流れる。

“the mine is ours”「僕のものは我々みんなのものなんだ」

1980年代からほぼ毎年日本を訪れているジェイクは、世界の中でも日本がお気に入りだ。冬に来るときは必ず北海道に行き、大好きなニセコのパウダーを楽しむ。日本のモノづくりの姿勢にも感銘を受けている。

「日本から学ぶのはクオリティの高さ。丈夫な作りで商品が仕上がっている。日本人は安いものをたくさん買うんじゃなくて、お金を貯めてより良いものを買うようにしている。安くはないけど質と耐久性を併せ持ち、長く使ってもらえる商品を提案しているバートンの哲学とリンクしてるんだ」

雪山を超えて街でも着られるアパレルを目指していたジェイクは、ストリート文化を体現した裏原ファッションに興味を持った。そんな中で中村ヒロキを通じて藤原ヒロシとも知り合いになった。自身も生粋のスノーボーダーで、バックカントリーのパウダーをこよなく愛する藤原とは、特に気が合い一緒に滑る仲だ。これまでも藤原はバートンのアウターウェアの中でハイクラスのライン「iDiom」や「AK457」などを創り出してきた。

ジェイクは日本を訪れると、藤原をお茶に誘い何気ない会話を楽しむ。このMINEのサンプルチェックで訪れた2019年10月末も、藤原と都内のカフェで昼過ぎから夕方まで過ごした。その時の面白いエピソードを藤原は笑いながら明かす。

「もう日本に何度も来てるから日本の雰囲気も分かっているはずなんですが、お茶した時にウエイトレスにチップで1万円渡したんです。もらった方も驚いてましたよ。ヨーロッパから南米まで世界中を回っているから、地球全部一緒というか、国々の決まりとかを飛び越えて、どこに行ってもジェイクはジェイク、という感じがしましたね」

日本に来る前に寄ったタイの話、サーフィンの話、そしてその数日前に観戦に行ったラグビーW杯の話など、取りとめない話題を笑いながら楽しんだ。藤原はお酒は飲まないが、ジェイクは昼間から濃いめのウイスキーを飲んでいた。いつもと変わらない二人の時間だった。

しかし、これが最後の出会いになるとは、藤原はこの時、夢にも思わなかった。この数日後、急に体調を崩したジェイクは、予定を全て切り上げアメリカに帰国した。

最後のメール

その10日後、2019年11月10日、全世界のバートン社員に向けて、ジェイクから1通のメールが届いた。


信じられないとは思いますが、以前患った癌が再発しました。最初の時と同じ腫瘍で前回の治療では完全に取り除けていなかったようです。小さな腫瘍がリンパ節で悪さを始め、再発という形で戻ってきました。

克服できる確率が高いとは言え、困難が待ち受けていることは確かです。

不安を感じていますが、家族の存在がそれを和らげてくれます。

会社や友人、スノーボードに対しても同じ気持ちです。また病を克服して戻ってきますが、信頼できる人たちに全てを任せられるという安心感は、とてもありがたいものです。


バーリントンの病院に入院したジェイクは、意外にも落ち着いていた。癌の再発が分かったときに、もう心は決まっていた。バーモント州では、数年前に尊厳死を認める法律が可決された。その権利を選択すると決めたのだ。

ドナはもちろん反対した。

「あなた、まだ治療を始めてさえいないじゃない」

しかし、ジェイクは首を振って答えた。

「いや、もういいんだ。自分で運命をコントロールしたいんだ。もうこれ以上身体を痛めつけたくない」

一度目の癌、そしてミラー・フィッシャー症候群、壮絶な闘病生活を繰り返して、もう闘う体力も気力も残っていないのはドナにも理解できた。

「ジェイクだけあんなに苦しみ続けて、世の中はなんて不公平なの、と恨んだけど、息子たちもしっかり成人したし、会社も順調だったから、ジェイクは安心しているようだったわ。そして私に『僕が天国から見守るから大丈夫だよ』って笑ってくれたの」

病室の窓枠に、柔らかな粉雪が舞い降りた。

住み慣れた第二の故郷バーリントンの街に、一年で一番好きな冬が訪れる。

「積もりそうだな……みんな明日はパウダーを楽しめるといいな」

癌が再発してから3週間後の2019年11月20日。

ジェイク・バートン・カーペンターは、家族に見守られながら静かに息を引き取った。

65歳だった。

最期の瞬間はドナの手を握りしめてこう言った。

「ドナ、僕の人生にはなんの悔いもないよ」

エピローグ

NEIGHBORHOODの滝沢は、その数日後にバートンジャパンから訃報を聞いた。驚くと同時に思い出すのは、ほんの数週間前にサンプルチェックの後で打ち上げをした、ディナーの時のジェイクの様子だった。

「彼、毎年ハロウィーンの写真には命かけてるじゃないですか。ちょうど最新の写真を撮り終えたばかりだったみたいで、携帯でそれをみんなに見せて大爆笑してるんです」

それは、雑誌「スポーツイラストレイテッド」の水着特集のカバーをパロディにしたものだ。ブロンドをなびかせてビキニを着たジェイクが、ブラジャーを外して振り返りながら、親指を噛んではにかんでいる。これまでの女装シリーズの最高傑作と言えるだろう。

「『今から全社員に一斉メールで送るんだ』って、嬉しそうに言っていたあのいたずらっ子っぽい顔が忘れられませんね」

この写真はジェイクのインスタグラムの一番最後の写真として今も残っていて、1万200

0以上の「いいね」が付いている。

滝沢とコラボしたMINE77のコレクションが、ジェイクの最後のプロジェクトとなった。

「最後が僕でよかったのかな、という戸惑いはありますけど、彼とコミュニケーション取った時間は僕にとって大切な時間でした。当たり前にいた人が急にいなくなって初めて気づくことですが、誰にでも死は公平に訪れるんだなと。そんな彼の人生に僕が少しでも関われたのは、すごく光栄だなと思います」

かつて、中村ヒロキが願ったように、ジェイクは自分がブランドの前面に立ち、自分のカラーを思い切り出したコレクションを発表して生涯を終えた。ジェイクは最後の東京で、中村ヒロキのブランド「visvim」のショップも訪れていた。

「日本に来る度に寄ってくれて、お気に入りのジャケットとか、いつもたくさん大人買いしてくれるんですよ」

その日、中村は不在で担当スタッフが対応した。いつもなら夜一緒にご飯を食べに行くのに、その時は急に体調が悪くなってホテルに戻るので、商品はホテルに届けて欲しい、と言われた。

中村は結局ジェイクに会えないまま、その3週間後にスタッフから訃報を聞くことになった。

「本当に寂しいです。ジェイクみたいになりたいって自分でブランドを始めて、あんな風に人の心を惹きつけるようなものを作りたいって、ずっと思ってきたので。ビジネスになるかどうか先が見えない中、自分を信じてスノーボードを伸ばしてきた。パイオニアですよね。なんかアメリカっぽくないですか？　うん、そうだ、アメリカそのものですね」

ジェイクは晩年に自分とバートンの未来についてこう語っている。

「もう死ぬ覚悟は出来てるんだ。明日バスに轢かれて死ぬかもしれないしね。それでも自分は世界で一番幸運な男だと思ってるよ。

バートンは今後も長く利益を生みながら楽しい会社でいられると思う。僕は縁故主義が好きじゃないんで、バートンがずっと家族経営でいるような計画はしていない。ちゃんと資産計画をして保険も掛けてるから、もしドナと僕が明日死んでも、会社を叩き売りするような事態にはならないよ。会社はどんどん僕の存在に頼らなくてもよくなっている。

それでいて、今の僕の仕事は楽しくて仕方ないんだ。わがままだけど、それが大事なんだ。40年以上も大好きなことをし続けられるって最高じゃないか」

謝辞

本書は2014年にWOWOWで放送したドキュメンタリー番組の取材がきっかけとなっている。取材を通じてジェイクの人生やスノーボードの魅力に触れ、2019年にジェイクの突然の訃報を聞いたとき、彼の功績を是非多くの人に知って欲しいと思い筆をとることにした。

本書の内容は、本文内で登場する左記の方々への取材に基づいている。ジェイク・バートン・カーペンター、ドナ・カーペンター、ショーン・ホワイト、平野歩夢、テリエ・ハーコンセン、マーク・マクモリス、ダニー・デイビス、ケリー・クラーク、キミー・ファサニ、アリエル・ゴールド、ザック・ヘイル、キース・ウォレス、パット・ブリッジス、クリス・ドイル、小倉一男、藤原ヒロシ、中村ヒロキ、滝沢伸介。この場を借りて心からお礼を申し上げたい。

またこの企画に賛同し実現にご尽力頂いたバートンジャパンの石原公司さん、常に的確なアドバイスで最後まで正しい方向に導いてくれた文藝春秋の藤森三奈さんには、感謝の念に堪えない。

著者

引用・参考資料

【ポッドキャスト】

Snowboarding Pioneer, Paul Graves #1, be what you want with Chris Hall 2021年2月3日

Donna Carpenter / Building Burton : A Love Story, Good Life Project 2020年8月23日

Remembering Jake Burton Carpenter How I built this with Guy Raz 2019年11月21日

Remembering Jake Burton Carpenter - Bonus Episode, The Snowboard Project 2019年11月21日

【ドキュメンタリー】

ノンフィクションW「板一枚で世界を変えた男　バートンスノーボード創始者の軌跡」WOWOW　2014年1月31日

The Crash Reel - Kevin Pearce 2013年

burn PRESENTS: We Ride - The Story of Snowboarding 2013年

Powder & Rails VICE, Tom Sims 2010年

Let It Ride : The Craig Kelly Story 2007年

【新聞・雑誌記事】

A Paper Trail : The Jake Burton Carpenter Interview, Snowboarder Magazine 2016年9月

Notes From the Abyss: A Snowboarder Details His Paralyzed Life, The New York Times 2015年12月28日

五輪との共存、スノーボーダーが抱えるジレンマ　日本経済新聞 2014年2月8日

故・ジェイク・バートンが語った「シグネチャーコレクション『MINE77』の哲学」GQ 2020年8月20日

【書籍・研究論文】

Snowboarding in Southern Vermont : From Burton to the U.S. Open, Brian Knight 2018年11月

Buried, Ken Wylie 2014年9月

「横乗り文化」と変容するライフスタイル：スノーボード文化の社会学的考察　山本敦久 2013年12月

カバー・帯・表紙写真	Burton
本文写真	Burton／WOWOW／James Cassimus Hubert Schriebl／Vianney Tisseau
ブックデザイン	観野良太
DTP制作	エヴリ・シンク

福原顕志（ふくはら・けんし）

1967年、広島県呉市生まれ。神戸大学文学部を卒業後、NHK入局。報道番組部ディレクターとして、スポーツ中継、ドキュメンタリー番組を制作。1996年に独立し渡米。現在、ロサンゼルスを拠点に、ドキュメンタリー番組の制作、ノンフィクションの執筆を続ける。著書に『超一流のメンタル　マイケル・チャンのテニス塾』、構成に『顔に魅せられた人生』などがある。

スノーボードを生《う》んだ男《おとこ》　ジェイク・バートンの一生《いっしょう》

2021年11月20日　第1刷発行

著　者　福原顕志《ふくはらけんし》
発行者　松井一晃
発行所　株式会社　文藝春秋
〒102-8008　東京都千代田区紀尾井町3-23
電話 03-3265-1211
印　刷　凸版印刷
製　本　凸版印刷

ISBN978-4-16-391472-5　　Printed in Japan